새로운 교육심리학

김준권 · 박선영 · 이현주

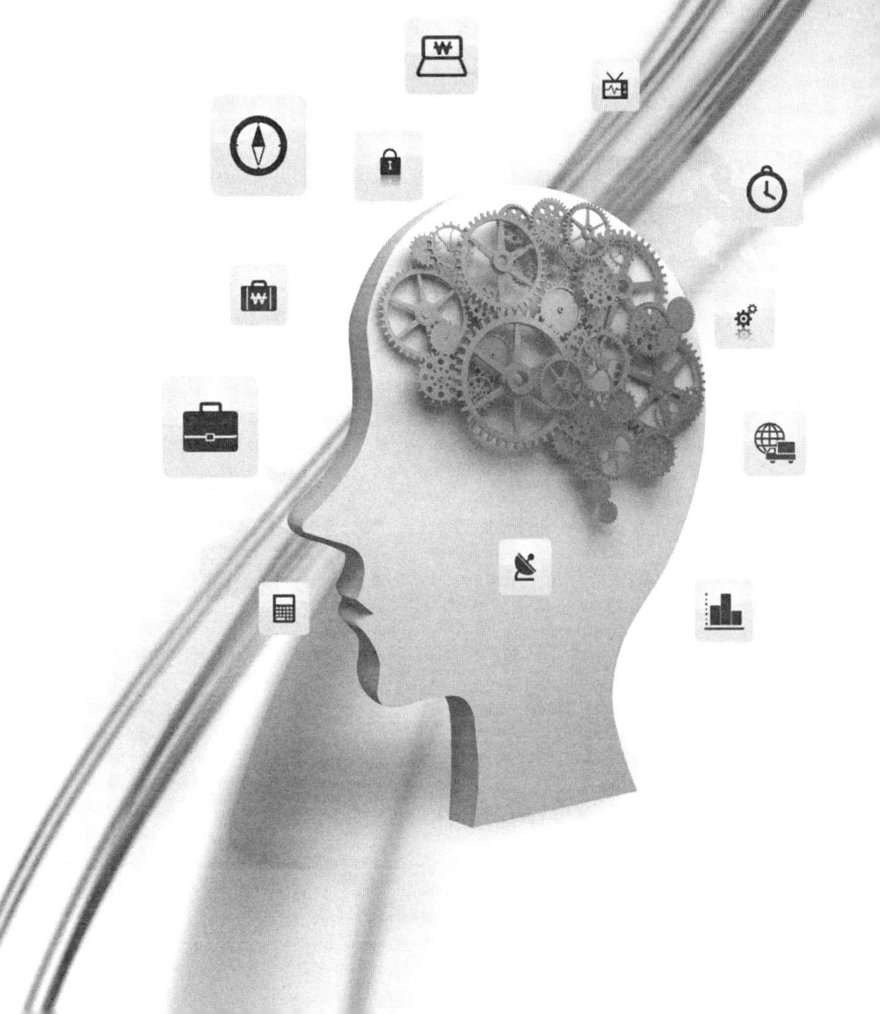

태영출판사

머리말

교육의 본질은 학습자를 성장 · 발달시키는 일이다. 학습자에게 형식적 · 비형식적 방법을 통해서 영향을 줌으로써 그들을 가치 지향적으로 변화시키는 것이 교육의 핵심이다. 특히 학교교육은 형식교육에 비중을 두면서 체계적이고 계획적으로 학습자의 변화를 지원한다. 교사는 목표의식을 갖고 그 목표를 달성하기 위해 다양한 내용과 방법을 활용해서 학생들을 그 목표에 달성시킨다. 다시 말해서 학교에서의 교육은 교수과정을 통해서 학습자에게 특정 목표를 학습시킴으로써 행동변화를 지원한다는 뜻이다. 그런데 학습자의 변화는 연속적이고 점진적으로 이루어질 수 있지만 비연속적이며 비약적으로 일어날 수도 있다. 교사의 교수과정에서는 이 두 가지를 모두 염두에 두어야 한다.

교수-학습과정에서 교사가 유념해야 할 또 다른 것은 교수활동은 교육과정에 바탕을 두고 그 범위 내에서 이루어져야 한다는 것이다. 교사는 국가 및 사회수준, 학교수준의 교육과정을 분석하고 종합해서 학습자 수준에 알맞는 교사수준의 교육과정을 계획하고 타당한 방법을 동원해서 교수활동을 전개해야 한다는 것이다. 즉 교육과정을 바탕으로 교수-학습의 과정을 통해서 학습자가 교육과정에 있는 것을 잘 학습할 수 있도록 해야 한다는 것이다.

본서는 위와 같은 관점을 염두에 두고 작성된 대학교재이다. 즉 본서는 교수가 대학에서 학생들에게 교육심리학을 가르치도록 작성한 교재용 지침서이다. 교육이론의 한 분야로서의 학습지의 발달과 학습과 관련된 것을 이론을 위주로 제시했다.

본서는 총 9장으로 구성되었는데 제1장은 교육심리학의 기초를 다루었다. 여기에서는 교육심리학을 학습하기 위한 기초가 되는 것으로 교육과 심리학, 교육심리학의 개념, 그리고 교육심리학의 연구방법을 다루었다. 제2장은 인간발달과 교육으로 구성했다. 구체적으로 발달의 의미, 지능발달과 교육, 그리고 창의성 발달과 교육으로 구성했다. 제3장은 발달이론인데 여기에서는 인지발달, 성격발달, 심리사회적이론, 그리고 도덕성 발달을 다루었다. 제4장은 전통적 학습이론으로 구성했다. 여기에서는 학습이란, 고전적 조건형성이론, 조작적 조건형성이론, 시행착오설, 그리고 관찰학습이론을 다루었다. 제5장은 현대적 학습이론이다. 이 장에서는 통찰학습이론, 스키마학습이론, 장이론, 기호형태학습이론, 학습과 전이이론, 학습과 기억이론, 학습과 연습이론, 그리고 인본주의 학습이론을 다루었다. 제6장은 수업이론인데 여기에서는 수업의 개념, 글레이저의 수업모형, 한국교육개발원수업과정모형, 캐롤의 학교학습모형, 브루너의 수업이론, 오스벨의 유의미학습이론, 캘러의 학습동기이론, 그리고 롸이거루스의 정교화 교수이론을 다루었다. 제7장은 학습동기이다. 여기에서는 동기, 동기이론, 그리고 학습동기 유발방법을 다루었다. 제8장은 생활지도의 이해이다. 여기에서는 생활지도의 기초, 생활지도의 내용과 활동, 상담의 이해, 상담이론, 그리고 부적응행동지도를 다루었다. 마지막으로 제9장은 교육평가로 구성했는데 구체적으로 교육평가의 의의, 교육평가의 유형, 교육평가의 방법, 그리고 교육평가 도구의 조건이다.

이 책을 교재로 활용하는 분들에게 당부 드린다. 이 책은 교육심리학을 교재로 활용하도록 집필되었다. 그러나 이는 하나의 지침이며 방향을 제시한 것일 뿐이기 때문에 실제로 이 교재를 사용하는 과정에서는 다른 교육학적 이론, 인문사회학, 그리고 예술 분야 등의 내용을 첨가하여 활용함으로써 본서에서 충분하지 못한 점을 보충해 주기를 당부 드린다. 따라서 여기 제시된 내용의 선정과 조직을 나름대로 평가해서 재조직화하는 것도 필요하다고 본다.

끝으로 이 책을 탈고하면서 많은 아쉬움이 남지만 주변에서 용기를 주신 분들에게 감사를 드린다. 특히 태영출판사 김현태 사장님과 편집부 직원 및 본인이 촬영한 사진을 편집해 주신 디자인 담당자와 관계자 여러분에게 그동안의 노고에 깊은 감사를 드린다.

2014. 1.

집필자 일동

차례

제1장

교육심리학의 기초

1. 교육과 심리학
2. 교육심리학
3. 교육심리학의 연구방법

1. 교육과 심리학

1) 교육

교육은 인류의 역사와 함께 시작되었다. 시대마다 사회가 요구하는 행동특성과 능력을 지닌 인간을 길러내는 작업인 교육이 필요했기 때문이다.

교육이라는 말은 한자어이다. 중국, 한국, 일본을 비롯해 교육이란 단어가 처음 문헌에 나타난 것은 중국 전국시대에 맹자의 사상을 기록한 서적 맹자(孟子)이다. 이 책의〈진심장(盡心章)〉에서 맹자는 군자의 세 가지 즐거움(君子有三樂)을 말하였다. 첫째 즐거움은 부모님께서 다 살아계시고 형제들에게 아무런 어려움이 없는 것이다. 두 번째 즐거움은 하늘과 땅에 한 점 부끄럼 없이 사는 것이다. 세 번째 즐거움은 영재를 모아놓고 이들을 교육하는 것(得天下英才而教育之)이라고 하였는데, 이것이 교육에 대한 최초의 언급이다.

교육(教育)은 '가르치다'와 '기르다'의 합성어이다. 교(教)는 '윗사람이 베푸는 것을 아랫사람이 본을 받다'라는 뜻으로 교육이란 성인이 아동에게 필요하다고 생각되는 바를 실천하도록 가르치고 이끄는 작용을 말한다. 육(育)은 미숙하고 부족한 자녀를 사랑으로 가슴에 품는다는 뜻이다. 교육이란 미성숙하고 불완전하며 도움이 필요한 아동들이 성숙하고 안전하며 자율적인 사랑으로 성장하도록 돕는 것을 말한다. 동양에서는 어른이 어린이가 잘 자라도록 지도하고 교화하면서 보호하고 양육하는 것을 교육이라 생각했음을 알 수 있다.

서양에서는 교육을 education 혹은 pedagogy라 한다. education은 라틴어의 educo와 educare에서 유래된 단어이다. 이것은 밖으로(e-)와 끌어내다(duco, ducare)의 뜻을 가지고 있다. pedagogy의 어원은 그리스어 paidagogos

에서 온 것으로 어린이(paidos)와 이끌다(agogos)를 합한 말이다. 서양에서는 교육을 인간의 잠재적 소질을 밖으로 끌어내어 보다 바람직하고 성숙한 상태로 변화시키는 작용이라는 것이다. 서양의 교육을 연상하면 아동이나 학생의 소질이나 개성을 중시한다는 생각이 드는 것을 어원적 의미와 무관하지 않다.

교육의 어원과 의미는 동양과 서양이 조금 다르다는 것을 알 수 있다. 동양에서는 세대 간의 교류를 통해 교육이 이루어진다고 본 반면, 서양에서는 개인적인 관점에서의 교육을 설명하고 있다. 이것은 동양의 문화는 우리라는 집단의식이 강한데 반해, 서양의 문화는 개인주의적 사고방식이 기반이 되어 있기 때문인 것으로 볼 수 있다.

교육에 대한 정의도 학자마다 조금씩 차이가 있다. 교육에 대한 정의는 세 가지로 나눠볼 수 있다. 첫째는 규범적 정의(normative definition)이다. 이 정의는 인간으로써 마땅히 따르고 지켜야 할 가치판단의 기준을 가르쳐 마음을 훈련하고 정신과 양심을 일깨워 도덕적 가치를 내면화하는 것을 교육으로 보는 관점이다. 피터스(Peters)는 교육이란 교육받는 사람이 장차 가치 있는 것에 헌신할 수 있도록 가치 있는 것을 전수하는 것이라고 정의하였다. 이것은 교육받는 사람의 정신을 바람직한 방향으로 이끌려면 도덕적인 방법으로 실현해야 하는지 교육을 지식과 이해, 그리고 지식인 안목을 포함해야 한다고 하여 인지적 변화에 무게를 두었다고 하였다. 칸트(Kant)는 교육에 의해서 인간은 양육을 필요로 하는 젖먹이에서 훈련을 필요로 하는 어린이가 되고 교수를 필요로 하는 학생이 된다고 하였다. 그는 인간을 교육을 필요로 하는 유일한 동물을 간주하면서 교육은 인간을 인간답게 만드는 작용으로 정의하였다. 교육의 목표를 도덕적 인간형성에 두어 인격적인 측면을 중시하였다.

둘째는 기능적 정의(functional definition)이다. 이 정의는 교육의 궁극적 목적을 사회의 범주 안에서 찾으려는 견해로 국가와 사회의 유지와 개조 발전을 위해 교육이 수단이나 도구가 되어야 한다는 관점이다. 페스탈로치(Pestalozzi)는 교육은 사회개혁의 수단이라고 정의하였다. 그는 인간의 3대 근본정신의 지식, 정서, 기능을 조화롭게 발달시키는 것을 교육의 목적으로 삼았는데 이것을 통해 사회를 개혁하는 것이 교육의 궁극적 목표라 하였다. 듀이(Dewey)는 교육이란 생활이며, 성장이고, 사회적 과정이며, 계속적인 경험의 재구성이라고 정의하였다. 교육이란 끝없는 경험개조의 과정이며 경험을 사회적으로 실용적으로 넓히고 깊게 하는 것으로 교육을 생활의 연속을 위한 수단이라고 보는 정의이다.

셋째는 조작적 정의(operational definition)이다. 이 정의는 교육의 실제에 포함되는 요인과 환경을 구성요소로 하여 교육을 정의하는 것이다. 정범모는 교육을 인간행동을 계획적으로 변화시키려는 과정이라 정의하였다. 이 정의에는 교육에서 공통적으로 관찰되는 세 가지 요소인 인간행동, 변화, 계획이 포함되어 있다. 교육을 설명할 때 인간행동의 범주에는 지적 영역(지능, 지식, 창의성, 언어 등), 정의적 영역(성격, 기질, 자아개념, 가치관, 도덕성, 태도, 흥미, 동기 등), 운동기능적 영역(신체기능, 지각속도, 체력 등)의 세 영역에서의 모든 행동을 포함한다. 계획이 의미하는 것은 목적과 의도를 가지고 인위적 변화를 위한 활동을 의미한다. 유전이나 성숙에 의해 생득적이거나 자연스럽게 변화되는 것은 제외된다. 변화라는 것은 인간의 행동이 바람직한 방향으로 바뀌게 됨을 의미한다(심우엽, 2001). 이 정의는 교육의 실제에서 의미가 있는 하위개념이나 요소들로 교육을 규정하고 있다. 또한 어떤 현상을 보고 그것이 교육인지 아닌지를 명확하게 구별하는 준거의 역할을 해줄 수 있다.

2) 심리학

인간의 마음을 이해하려는 노력은 동서양이나 시대를 막론하고 꾸준히 지속되어 왔다. 인간은 자신의 마음과 타인의 마음을 알고자 하는 욕구를 가지고 있다.

심리학(Psychology)이란 그리스어로 마음(psycho)과 진리(logos)의 합성어이며 마음을 연구하는 학문이라는 뜻이다. 이 말에서 그리스인들은 인간의 마음이란 영혼을 의미한다고 생각했음을 알 수 있다. 이 영혼이란 초자연적인 현상인 인간의 신체에 깃들게 되면 모든 활동을 지배한다고 생각했다.

그러나 현대 심리학은 인간의 마음을 초자연적 관점이나 신비적 관점에서 이해하지 않는다. 현대 심리학자들은 심리학을 행동과 정신적 과정에 대한 과학적 연구를 하는 학문으로 정의한다. 과학적 연구란 과학적 방법에 의해 얻어진 지식체계를 말한다. 과학적 방법이란 누구나 알 수 있는 객관적인 관찰과 측정과 분석에 기초하는 것이다. 심리학은 인간의 행동을 면밀히 관찰하고 기술하고 설명하는 과정 속에서 여러 가지 가설과 이론들을 받아들이고 이들을 검증한다. 그 결과 가설이 입증되면 심리학적 지식으로 받아들이지만 가설이 검증되지 못하면 수정작업을 거쳐 재검증하거나 기각한다. 이렇게 검증된 결과들을 종합하여 어떤 결론에 이름으로써 체계적인 지식이 되어 나가게 되는 것이다.

심리학의 출발은 철학으로부터 완전히 독립되지 못한 상태의 사변적 심리학에서 시작되었다. 심리학이 과학으로 자리잡기 이전에는 많은 사상가들이 인간의 마음에 대하여 질문해 왔다. 고대 그리스의 소크라테스와 플라톤은 마음은 신체와 분리될 수 있으며, 육체가 죽은 후에도 마음은 영속하며, 지식은 태어날 때부터 가지고 나온다고 결론을 내렸다. 그러나 아리스토텔레스는 영혼은 육체와 분리될 수 없으며, 지식은 선험적인 것이 아니라 기억 속에 저장된 경험으로부터 발생한다고 주장하였다. 양분된 이러한 주장은 그 후에도 계속되었다. 데카르트는 마음은 육체의 사망 후에도 존재할 수 있다는 소크라테스와 플라톤의 주장에 동조한 반면, 로크는 인간의 마음은 백지장과 같으며 그 위에 경험이 그 위에 자국을 남기는 것이라고 주장하였다.

이 같은 인간의 마음에 대한 사고는 1879년 독일의 분트(Wundt)가 라이프치히에서 심리 실험실을 세우면서 심리학을 철학으로부터 독립시키는 계기가 되었고 분트는 심리학의 창시자가 되었다. 분트는 인간의 미음을 구성하는 요소인 감각의 느낌을 분석하는 구성주의 심리학에 관심을 두었다. 그는 내성법을 사용하였는데 내성법(method of introspection)이란 물체를 보여주거나 소리를 들려주고 생각나는 것, 지각한 것, 느낀 것을 말하도록 함으로써 마음의 구성요소를 알아내는 방법이다. 그의 제자인 모이만(Meuman)은 심리학을 인간의 의식을 연구하는 학문으로 정의하였다. 인간은 자신의 마음 속에서 일어나는 정신활동을 의식할 수 있으며 그 의식의 내용을 분석하는 것이 심리학이라 하였다.

그러나 심리학자들이 구성주의 심리학을 비판하면서 미국에서는 기능주의 심리학이, 독일에서는 형태주의 심리학이 등장하였다. 기능주의 심리학자인 제임스(James)는 심리학의 연구영역은 마음의 구성요소가 아닌 마음이 기능을 연구해야 한다고 주장하였는데 마음의 기능은 생존을 위한 환경에의 적응이라 보았다.

한편, 현대주의 심리학자인 베르트하이머(Wertheimer)는 네온사인 불빛의 움직임을 보면서 실제로는 아무것도 움직이지 않지만 움직이는 것처럼 지각(percepeions)하는 현상을 연구하였다. 이러한 지각은 구성주의에서 연구하는 감각(sensations)과는 전혀 다른 종류의 감각현상으로 지각이란 감각의 단순한 누적이 아니라 개별자극이 의미 있는 형태로 조직되는 현상이라고 정의하였다.

그러나 그 후, 구성주의 뿐만 아니라 기능주의와 형태주의 모두를 비판하여 새로운 학파가 등장하였는데 이것이 행동주의 심리학이다. 왓슨은 사고라는 정신적 개념에 반대하고 행동을 예측하기 위한 자극-반응 패러다임을 사용하였다. 왓슨은 심리학이 과학적 학문이 되기 위해서는 외현적으로 나타나 관찰 가능한 행동을 연구대상으로 삼아야 한다고 주장하였다. 기능주의와 형태주의에서 주장하는 인간의 마음은 객관적으로 관찰이 불가능하고 구성주의에서 사용하는 내성법도 주관적이므로 연구대상이 될 수 없다고 보았다.

20세기에 들어와서는 마음을 연구하는 구성주의와 지각과정을 연구하는 형태주의 심리학에 힘입어 인지주의 심리학이 형성되었다.

교육과 심리학은 공통적으로 인간행동을 연구한다. 인간행동의 특성을 연구하고 법칙을 찾아 내어 인간의 행동을 예측하고 통제하고자 한다. 그렇지만 교육과 심리학은 차이가 있다. 교육은 주로 인간들의 공식적인 학습의 장에서 일어나는 일들을 대상으로 연구한다. 반면에 심리학은 인간의 학습 뿐만 아니라 동물의 학습도 포함하면서 통제된 실험장면을 대상으로 연구한다. 이성진(2000)은 교육과 심리학이 어떻게 다른지를 다음과 같이 설명하고 있다.

첫째, 일반심리학은 인간행동에 관한 보편적 원리와 법칙의 확립이라는 데에 주목적이 있는 반면, 교육은 특수한 상황에서 개개 학습자의 특성을 변화시키는 데에 그 목적이 있다. 심리학 연구가 제공하는 원리와 법칙이 교육현장에 번역되어 적용되기 위해서는 그것이 단순한 수식을 요구하는 것이 아니라 상당한 정도의 수정과 변형이 요구된다.

둘째, 보편적 법칙을 확립하고자 하는 현대의 일반심리학은 방법론적으로 정밀성과 경제성을 지향하고 있기 때문에 일관성만 있다면 행동의 작은 변화와 차이도 중요한 고려의 대상으로 하고 있다. 그러나 교육은 크고 의의 있는 변화와 차이에 관심이 있다. 교육의 경우에는 일반심리학과는 다르게 다소의 정밀성과 경제성이 희박하더라도 학습자의 행동에 의의 있는 변화를 일으키는 변인과 방법에 관심을 갖는다.

셋째, 일반심리학은 특수한 영역을 제외하면 가치중립적이며 기술적인 반면, 교육은 가치지향적이라는 점이 심리학적 지식의 교육적 응용에 무리가 있다. 현대의 심리학은 일반적으로 행동의 학습, 변화, 발달 등의 연구에서 있는 그대로의 본질적 현상을 충실히 기술하고 증명하는 입장을 취한다. 이렇게 본다면 심리학은 교육학에 비해서 그 출발부터 가치중립적인 실증과학이라고 할 수 있다.

넷째, 과거에 심리학의 원리나 법칙들이 주로 통제된 실험실에서 확립된 반면, 교육은 상당히 자연 상태에 가까운 교실에서 일어나는 과정이기 때문에 심리학의 지식을 교육의 장에 적용하는 데에 무리가 있다.

2. 교육심리학

1) 교육심리학의 정의

교육심리학은 교육현상을 연구하는 교육학과 인간행동을 과학적으로 연구하는 심리학을 사용하여 만들어진 학문이다. 교육심리학은 인간의 행동을 바람직하게 변화시키기 위해 심리학의 다양한 방법을 적용하여 교육의 효과를 최대한으로 높이는데 도움을 준다. 교육심리학의 적용은 교육이 이루어지는 장면에서 쉽게 찾아볼 수 있다.

교육이 이루어지기 위해서는 교육목적을 설정하고 교육내용을 결정한 후 적절한 교육방법을 찾아야 한다. 교육목적이란 교육의 필요성과 방향성을 나타내는 것인데 이것은 교육철학 영역에 속한다. 교육내용이란 무엇을 가르칠 것인지를 뜻하는 것으로 교육과정 영역에서 담당한다. 이 때 교육목적과 교육내용을 언제, 어떻게 가르쳐야 하는지가 매우 중요하다. 이러한 교육방법을 연구를 하는 학문이 바로 교육심리학이다. 즉 교육심리학은 학생들의 행동이 바람직하게 변화될 수 있도록 성장과 발달에 필요한 원리, 방법, 기술과 적절한 시기 등을 찾아 내어 도움을 주는 학문이라 할 수 있다.

그러나 최근에는 교육심리학의 학문적 성격이 두 가지로 나뉜다. 하나는 교육심리학을 응용심리학으로 보는 기존의 입장이다. 교육의 적절한 시기와 방법을 심리학적 측면에서 연구하여 교육현장에서 필요한 지식과 기술을 제공한다고 보는 것이다. 트로우(Trow)는 교육심리학을 교수와 학습을 취급하는 심리학 분야 중 하나라고 보았고 거스리(Gathrie)는 학교에서 아동에게 적용되는 심리학으로 보았다. 다른 하나는 교육심리학이 그 자체의 이론구조를 가진 독립적인 학문으로 근본목적이 교육에 대한 이해와 개선이기 때문에 심리학과는 구별된다고 규정하였다. 위트락(Wittrock)은 교육심리학은 단순히 심리학적 지식을 응용하는 학문이 아니라 실제 교육현장에서 행동을 기술하고 이해하고 예언하고 통제하는 학문이 되어야 한다고 주장한다. 세이훨트(Seifert)는 교육심리학이란 학습이 발생하는 기제와 학습을 촉진시키는 방법을 연구하는 학문이라고 정의하면서 이를 위해 학습자의 특성과 발달, 개인차를 가진 학습자의 능력을 조화시키는 방법, 학습에 대한 평가 등을 다루어야 한다고 하였다.

최근에 한국교육심리학회(1999)에서는 교육심리학을 "교육에 내재되어 있는 심리적인 현상을 과학적으로 연구하여 교육방법의 이론적 근거로 제공하고, 이를 토대로 교육실천의 과정을 지원하려는 학문"이라고 정의하고 있어 교육심리학을 독립적 학문으로 규정짓고 있다.

이상의 정의를 종합해 보면 교육심리학이란 교육목표를 효과적으로 달성하기 위해 교수-학습과정에서 나타나는 인간의 심리적 현상을 연구하여 실제 적용하는 학문이라 할 수 있을 것이다.

2) 교육심리학의 발전과정

교육심리학의 발전은 19세기 전반에 생리학자, 물리학자, 천문학자의 연구로부터 출발하였다. 이들은 인간의 시각, 청각 등 감각기관에 관한 실험과 두개골 형태를 근거로 인간의 특성을 분석하는 골상학이 나타났으며 인간의 뇌에 인간의 정신이 존재한다는 주장을 제기하였다. 19세기 초 헤르바르트(1776-1841)는 인간의 행동을 과학적으로 설명하려면 교육의 목적을 윤리학에서, 교육방법을 심리학에서 찾아야 한다고 하여 처음으로 심리학을 교육에 응용하였다. 교육심리학의 태동에 직접적인 계기가 된 것은 19세기 후반 갈톤(Galton)의 저서 「유전적 천재」의 출발이었다. 그는 인간의 능력을 설명하기 위해 많은 자료를 수집하고 통계적 방법을 사용하였다.

20세기로 들어서면서 교육심리학은 심리학의 발전과 함께 교육현장의 학습장면에 초점을 맞춘 독립된 학문으로 체계를 갖추기 시작하였다. 1900년대를 전후로 교육심리학이라는 과목이 미국의 대학에서 개설되었고 손다이크가 저술한 「교육심리학」(Educational Psychology)이라는 교재가 사용되었다. 이 시기에 제임스(James), 홀(Hall), 카텔(Cattell) 등은 교육심리학을 독자적인 학문으로 기반을 닦은 학자이다. 제임스는 인간의 정신을 활동적이고 동시적이며 선택적인 과정이라고 보았다. 그는 자신이 강의한 것들을 모아 책으로 출간하여 교사들에게 실제적인 도움을 주고자 하였다. 홀은 20년 동안 아동들의 행동에 관하여 조사연구를 주도하였으며 아동의 지식, 믿음, 태도 등을 연구하면서 질문지법을 처음으로 실시하였다. 카텔은 그의 제자로 하여금 「Psychological Review」를 창간하였으며, 다양한 측정방법과 통계적 도구를 사용함으로써 개인차 연구에 공헌하였다.

20세기에 들어오면서 교육심리학의 두드러진 특징은 행동주의를 바탕으로 한 학습이론의 형성이다. 행동주의는 선택된 행동양식이 조건화될 수 있다는 것을 확인한 파블로프(Pavlov)에 의해 시작되었으며 왓슨(Watson)에 의해 발전되었다. 왓슨은 자극과 반응의 결합이 학습의 원리가 되므로 환경에 따라 원하는 행동을 유도해 낼 수 있다고 주장하였다. 행동주의의 대표적인 학자인 스키너(Skinner)는 비둘기, 쥐, 인간의 행동을 연구하여 강화, 벌, 소거, 자극, 통제, 변별 등의 법칙을 구성하였다. 특히 손다이크는 동물의 지능과 학습에 대한 연구, 학습의 법칙, 통계적 방법의 사용, 성취검사의 실시, 집단지능검사 실시, 아동어휘에 대한 연구, 개인차 연구 등을 수행하였고 학습곡선, 피드백, 강화, 망각의 특성 등의 중요한 심리학적 구인을 발전시켰다. 손다이크는 교육문제를 통계적 방법을 통한 실증적 연구를 하여 교육심리학을 체계적으로 정리하여 교육심리학을 독자적 학문으로 체계화하여 발전시킨 학자이다. 그는 학습에 대한 자신의 실험결과를 설명하는 「교육심리학」을 출간하였으며 그가 발견한 준비성의 법칙과 효과의 법칙 등의 학습원리는 교육심리학의 중요한 개념으로 자리잡고 있다. 행동주의 학습원리는 행동수정과 상담, 생활지도에 반영되고 있다.

20세기 전반에 들어와서는 인간을 이해하기 위해서는 관찰 가능한 행동만을 연구해서는 안 되고 사고과정이나 인지구조를 연구대상에 포함시켜야 한다고 주장하는 인지주의 심리학이 등장하였다. 즉 사람이 자극과 정보를 어떻게 지각하고 해석하며, 또 저장하고 사용하는가에 관심을 가져야 한다는 것이다. 쾰러(Köhler)는 통찰설을 통해 침팬지들은 시행착오나 자극-반응의 연합을 거치지 않고도 문제를 해결하는 것을 증명하였다. 레빈은 인간의 행동은 개인과 환경의 함수라고 설명하면서 인간의 행동이란 심리적인 장에 영향을 받는다고 보았다. 심리적인 장은 외부의 환경과 상호작용하면서 끊임없이 수정 · 보완해 나가는데 이것이 바로 학습이라는 것이다.

이들은 학습이란 단순히 자극과 반응의 기계적 결합에 의해 발생하는 것이 아니라 학습자가 경험을 통해서 갖게 되는 지각이 인지이며, 이러한 인지과정에서 일어나는 상황을 면밀히 분석함으로써 학습을 설명할 수 있다고 보았다. 피아제(Piaget)는 발달의 기제 및 발달단계에 대한 광범위한 연구를, 비고츠키(Vygotsky)는 언어와 사고의 발달에 대한 연구로 인지주의 교육심리학 분야의 시야를 넓혀 주었다.

이러한 인지주의적 관점은 행동주의에서 다루지 않았던 인간의 내적 정보처리 과정에 관심을 갖고 연구를 수행함으로써 단순한 과제뿐만 아니라 복잡한 과제를 학습자가 어떻게 학습하는지를 연구하는데 많은 정보를 제공하였다. 이러한 인지주의적 관점은 '능동적인 학습자'라는 개념을 만들어 냈다. 이것은 학습자의 정보처리과정은 학습자의 선수지식에 의해 만들어진 도식(스키마)에 의해 영향을 받는다는 것이다. 인지주의 학습이론의 발전은 행동주의 이론의 자극-반응 연합에 대한 관심을 학습과정으로 바꾸어 놓았다.

20세기 후반에 들어서면서 행동주의와 프로이드의 부정적 인간관에 대한 반발이 제기되면서 인본주의 심리학이 싹트게 되었다. 기계론적 인간관, 병든 인간에 대한 반발로 건강한 인간에 대한 연구에 초점이 맞추어졌다. 매슬로우(Maslow)와 로저스(Rogers) 등은 인간은 객관적 탐구의 대상이 아니라 인간 개개인의 존재와 성장에 관심을 가져야 한다고 보았다. 심리학은 인간 각자가 보고 하는 경험과 감정을 통하여 사람들을 연구해야 한다고 강조한다. 인간은 역동적 생명체이며 각자의 노력에 따라 자아실현하며 성장하는 존재이므로 심리학의 목표는 인간이해라고 강조한다. 이들은 심리학의 연구는 연구자의 눈이 아닌 인간의 잠재력과 개인의 눈을 통하여 세상을 바라보는 것을 강조하였다.

최근에는 교육심리학의 연구영역으로 정보처리과정, 교수-학습과정, 지능, 적성, 교사의 기대 등 학교 현장에서 실제적으로 적용할 수 있는 주제들이 연구되고 있다.

3) 교육심리학의 영역

교육심리학은 교육과 관련이 있는 인간행동의 모든 영역을 다루는 학문이다. 교육심리학자들의 온 연구영역을 종합해 보면 네 가지로 정리할 수 있다.

(1) 성장과 발달

학습자의 중요한 특성인 지적 능력의 발달, 정서적 능력의 발달, 사회성 발달, 신체운동 발달 등 발달과 관련된 모든 영역이 교육심리학의 연구 영역이다. 이것은 발달심리적 측면에서 학습자의 연령이 증가함에 따라 어떻게 변화하는지를 이해하는 것이 중요하기 때문이다. 학습자에 대한 이해와 학습자의 발달 단계에 기초하여 적절한 학습목표 설정과 적절한 교육방법 투입해야 한다.

(2) 교수-학습

교사들의 교수방법은 학생들의 행동에 큰 영향을 미친다. 교수란 학습을 극대화하기 위하여 교사가 학생들에게 도움을 주는 일체의 활동을 말한다. 교육의 중요한 목적은 학습을 극대화하는데 있다. 교사는 학습이란 무엇이고 어떤 과정 속에서 학습이 이루어지는지, 학습을 촉진하거나 방해하는 요인은 무엇인지를 체계적으로 파악하고 있어야 한다. 이를 바탕으로 수업계획과 교수방법을 조직하여 학생들의 동기를 유발할 수 있어야 한다. 학습심리적 측면에서 최적의 학습 방법 제시와 학습 여건 마련을 위한 연구가 필요하다.

(3) 성격과 적응

교육의 중요한 책임은 학교생활 뿐만 아니라 사회에 나가서도 성공적인 생활을 하게 하는 것이다. 교사는 학습자의 바람직한 인격의 형성과 개인적 적응을 도와 자아실현을 하도록 돕고 원만한 사회성을 기를 수 있도록 도와주어야 한다. 이를 위해 교사는 학생들의 개인적 성격특성을 파악하고 있어야 하므로 성격심리적 측면과 생활지도의 측면에서 필요하다.

(4) 교육평가

교사는 수업지도와 생활지도를 한 후에 그 성과를 평가해야 한다. 교육평가는 교육활동이 종료된 후에만 이루어지는 것이 아니다. 수업이 시작단계에서 출발점 행동을 진단하기 위해서, 수업이 진행되는 동안 교수-학습을 개선하기 위해서도 필요하다. 이처럼 교육평가적 측면에서 교육목표의 달성여부와 학습자의 수준진단, 교수-학습과정의 진단, 성적처리, 피드백으로 활용하기 위해서 교육심리학을 연구해야 할 필요가 있다.

3. 교육심리학의 연구방법

교육과 관련된 많은 문제를 해결하기 위해 여러 가지 종류의 객관적인 방법을 가지고 과학적으로 접근한다. 일반적으로 교육심리학에서 사용하는 연구방법은 크게 양적 연구와 질적 연구로 분류되며, 이 연구들을 실행하는 방법에는 기술연구, 실험연구, 상관연구가 있다.

1) 양적 연구

양적 연구는 수량화할 수 있는 자료를 수집하고 분석하는 데 주안을 두는 접근이다. 양적 연구의 일반적인 특징은 다음과 같다(권대훈, 2010).

- 연구를 수행하기 전에 가설과 연구 절차를 체계적으로 계획해야 한다.
- 외재변수가 작용하지 않도록 연구 상황을 엄밀하게 통제해야 한다.
- 많은 사람을 대상으로 연구를 수행한다.
- 자료는 통계적으로 분석한다.
- 대부분의 자료는 지필검사나 설문지를 통해 수집한다.

양적 연구는 실증주의에 근거하고 있다. 실증주의는 객관적인 실재가 존재한다고 가정하고 과학적인 방법으로 안정성이 있고, 예측할 수 있는 법칙을 발견할 수 있다고 믿는다. 기술연구는 실험연구, 상관연구는 양적 연구에 속한다.

(1) 기술적 연구

기술적 연구(descriptive research)는 특정 상황에서 일어나는 사건들과 관계들을 있는 그대로 관찰하고 조사하여 기술하는 것이다. 어떤 조작이나 통제도 하지 않고 자연적인 상황에서 있는 그대로를 파악하며 정확하게 기술하는 연구이다. 기술적 연구에는 관찰법, 질문지법, 발달연구법 등이 있다.

① 관찰법

관찰법(observation method)은 교사가 학생의 행동을 있는 그대로 관찰하여 필요한 자료를 수집하는 방법으로 가장 오래된 연구방법이다. 관찰법에는 통제적 관찰과 비통제적 관찰이 있다. 통제적 관찰은 일정한 통제 속에서 관찰하는 방법이고 비통제적 관찰은 자연스런 상태에서 아무런 통제를 하지 않고 관찰하는 방법이다. 관찰법은 어떤 피험자에게도 적용할 수 있고 자유롭게 관찰하며 기록할 수 있어 쉽게 이용할 수 있다. 그러나 관찰의 객관성과 정밀성을 위해서는 몇 가지 주의해야 할 점은 다음과 같다.

- 관찰기간과 관찰횟수를 결정해야 한다.
- 관찰하려는 행동이나 관찰범위를 정해야 한다.
- 관찰의 기록형식과 관찰의 해석을 정확하게 해야 한다.

② 질문지법

질문지법(questionnaire method)은 어떤 문제에 대하여 미리 만들어진 질문에 대하여 연구 대상자가 대답을 기술하도록 하는 방법이다. 이 방법은 시간과 비용이 적게 들고 자료를 쉽게 구할 수 있기 때문에 보편적으로 이용되고 있다. 그러나 응답자의 반응에 전적으로 근거하기 때문에 자료의 정확성이나 응답자의 진실성에 문제가 발생할 수도 있다. 질문지법을 사용할 때 주의해야 할 점은 다음과 같다.

- 질문내용은 간단명료하여 하나의 문항에 하나의 질문만을 한다.
- 질문내용에 편견이 들어가지 않도록 하며 응답자가 대답할 수 있는 내용이어야 한다.
- 응답자가 부담을 느끼지 않도록 문항의 수와 배열을 조절한다.

③ 발달연구법

발달연구법(developmental research)은 주로 연령에 따른 변화과정에 관심을 두기 때문에 연령변인이 중요하고 발달경향과 속도, 유형 등의 변인에 관심을 둔다. 이 연구방법에는 종단적 접근방법과 횡단적 접근방법이 있다.

종단적 접근방법(longitudinal method)은 동일한 연령집단을 연구대상으로 표집하여 장기간 동안 반복적으로 관찰함으로써 연령에 따른 발달적 변화과정을 추적하는 방법이다. 예를 들면, 2000년도에 출생한 신생아들 몇 명을 대상으로 일정 연령이 될 때까지 이들의 연령이 증가함에 따라 지능, 신장, 체중의 변화가 어떻게 이루어지는지를 조사하는 것이다. 이 방법은 발달적 변화과정을 비교적 정확하게 측정할 수 있어 많은 연구자들이 만족스러워한다. 그러나 시간과 경비가 너무 많이 드는 문제점이 있고 소수의 연구 대상자들의 결과를 일반화해야 하는 위험부담이 있다.

횡단적 접근방법(cross sectional method)은 연령이 서로 다른 개인을 대상으로 각 연령의 발달특성을 알아보는 것이다. 이 방법은 여러 연령집단을 동시에 표집하여 이들 집단으로부터 얻은 자료를 통해서 연령집단 간의 차이를 수치로 기록하는 것이다. 예를 들면, 아동의 신체적 발달을 연구하기 위해서 1세, 3세, 5세, 8세, 12세 집단의 아동 몇 명씩을 표집하여 이들을 대상으로 자료를 수집한 후 각 연령의 신체적 특성의 차이에 의해 신체적 발달을 유추해 보는 것이다. 횡단적 접근방법은 종단적 접근방법에 비해 시간과 경비를 적게 들여 정보를 얻을 수 있다. 하지만 단기간에 걸쳐 시행될 수 있어 발달과정에 대해 연속적인 변화를 알아보기 어렵다. 또한 연구대상자의 연령마다 동일한 조건을 맞춘 것이 아니기 때문에 대푯값이 각 연령의 발달경향성의 참모습이라고 보기가 어려울 수 있다.

④ 검사법

검사법(test method)은 인간의 심리적인 행동 특성을 객관적이고 체계적인 방법에 의해 양적으로 측정하는 연구방법이다. 이 방법은 인간의 성격, 능력, 흥미, 태도, 성취도 등의 심리적 특성을 수량적으로 측정할 수 있는 심리검사를 제작하여 검사를 통해 나타난 개인차의 정보를 양적으로 비교할 수 있게 해준다. 이때 사용하는 검사를 표준화검사(standardized test)라고 부른다.

표준화검사의 특징은 다음과 같다.

- 표준화검사란 전체집단을 대상으로 사전에 제작된 검사로 검사 대상자들의 특성을 수량화해 놓은 것이다.
- 표준화검사를 선택할 때는 검사의 정확한 목적을 알아야 한다.
- 표준화검사의 타당도와 신뢰도, 실용성이 이미 검증되어 있다.
- 표준화검사는 짧은 시간 내에 많은 양의 자료를 수집할 수 있는 방법이다.
- 표준화검사는 적성, 지능 등을 측정하여 학습지도나 진로지도에 유용하게 쓰일 수 있다.

⑤ 사회성 측정법

사회성 측정법(sociometry)은 모레노(Moreno)에 의하여 창안되었으며 정신증 환자의 진단과 치료기술을 위해 시작되었다. 사회성 측정법은 사회관계 및 사회 심리학의 측정법으로 한 집단에서 그 집단 구성원들의 상호작용 양상이나 집단의 응집력을 알고자 할 때 이용하는 방법이다. 이 방법은 특정한 어느 한 집단 내에서 개인의 사회적 위치나 비형식적인 집단의 구조를 파악하여 인간관계를 간접적으로 알아보고자 할 경우에 사용하는 방법이다. 집단의 구조를 재구성할 때 한 집단의 응집력과 집단 내 개인 간의 수평적, 수직적 인간관계를 분석하고자 할 때 이용할 수 있다. 사회성 측정을 위한 방법으로 간단하게 간접적인 질문지를 작성하여 실시한다. 사회성 측정법의 특징은 다음과 같다.

- 선택과 배척관계를 중심으로 인기 있는 학생과 배척당하는 학생들을 알아낼 수 있다.
- 상호선택의 수를 파악하여 그 집단의 응집성을 짐작할 수 있다.
- 집단의 구조를 단시일 내에 파악할 수 있다.
- 신뢰도, 타당도가 문제될 수 있다. 예를 들면, 친구들 간에 싸움이 일어난 직후에 좋아하는 사람을 선택하라고 한다면 상황의 영향을 많이 받게 된다.

(2) 실험연구

실험연구(experimental research)는 독립변수가 종속변수에 미치는 영향을 규명하기 위한 연구방법이다. 이 방법은 통제된 조건하에서 어떤 처치를 하고 그것의 영향을 알아보기 때문에 처치에 따른 인간행동 변화를 체계적으로 관찰할 수 있다. 실험연구는 단순한 예측을 넘어 원인과 결과를 알 수 있다. 이 연구는 인과관계를 명확히 밝힐 수 있으나 실제 상황에 적용하는 데는 어려움이 있다.

실험연구 과정에는 두 개 이상의 변수가 있는데 실험자가 조작하는 변수를 독립변수 또는 처치변수라 하고 독립변수의 영향을 받는 변수를 종속변수라 한다. 실험에서 처치를 받는 집단을 실험집단, 처치를 받지 않은 집단을 통제집단이라 한다. 실험연구의 절차는 다음과 같다. 첫 번째, 연구대상을 모집단에서 동등한 방법으로 참여자를 선정하여 모든 학생이 실험에 참여할 확률이 같아야 한다. 무작위로 표집한 다음 실험집단과 통제집단으로 나누어 배치한다. 이 때 실험자는 동일한 조건에서 실험이 진행될 수 있도록 성, 연령, 지능 등을 통제해야 한다. 두 번째, 실험집단에게는 처치를 하고 통제집단에게는 처치를 하지 않는다. 이 때 실험조건을 일정하게 하기 위해서 두 집단 모두 일정한 실험횟수를 유지하고 같은 시간에 실험이 실시되도록 해야 한다. 세 번째, 처치가 끝난 후 실험집단과 통제집단을 비교하여 처치효과가 있는지를 분석한다.

실험연구의 예를 들어 보면 다음과 같다. 초등학교 영어 과목 학습에서 특정 프로그램을 수업시간에 투입하는 것이 좋을지에 대한 연구를 진행한다고 하자. 이때 한 반은 프로그램 학습법으로 수업을 하고 다른 한 반은 종래의 방법대로 수업을 하는 것이다. 프로그램 학습법으로 수업을 하는 반을 실험집단이라 하고 종래의 방법대로 수업을 하는 집단을 통제집단이라 한다. 여기서 프로그램 학습법은 독립변수가 되고 실험결과에서 나오는 차이 혹은 차이 없음은 종속변수가 되는 것이다.

(3) 상관연구

상관연구(correlational research)는 여러 가지 변수들이 서로 관계가 있는지를 보기 위하여 각 변인들 간의 상호관련성에 관심을 두고 연구하는 방법이다. 실험연구로 알 수 없었던 사실을 상관연구를 하여 정보를 얻을 수 있다. 특히 인간을 대상으로 하는 연구에서는 엄격히 통제된 실험이 불가능한 경우가 많으므로 변인들 간의 관계를 알아보는 경우에 많이 쓰인다.

상관연구의 예를 들어 보면, 중학생이 수학과목 공부를 오랜 시간 동안 하는 학생의 점수가 높은지 혹은 공부시간과 점수 간에는 관계가 없는지를 알고자

연구를 하는 것이다.

실험법에서 독립변인을 조작하기 힘들 때에는 두 변인들 간의 관련 정도를 상관계수로 알 수 있다. 상관연구에서는 어느 변인이 어느 변인에 어떻게 영향을 주는지, 즉 인과관계는 알 수 없다. 그러나 두 변인 간에 서로 관계가 있는지를 규명해 주는 유용한 방법이다. 이러한 변수들은 서로 정적으로 상관되기도 하고 부적으로 상관되기도 하며, 전혀 상관이 없을 수도 있다. 정적상관(positive correlation)이란 한 변수의 값이 높아질 때 다른 변수의 값이 높아지는 것이며, 부적상관(negative correlation)이란 한 변수의 값이 높아질 때 다른 변수의 값은 낮아지는 것을 의미한다. 상관의 방향은 변수 X와 변수 Y의 관계의 방향에 따라 정적상관과 부적상관으로 구분된다. 정적상관은 두 변수가 비례관계, 즉 변수 X의 값이 증가함에 따라 변수 Y의 값도 증가하는 관계에 있음을 의미하며, 양의 상관이라고 부르기도 한다. 지능지수가 높을수록 수학성적도 높은 경향이 있기 때문에 지능지수와 성적은 정적상관이 있다. 부적상관은 두 변수가 반비례, 즉 변수 X의 값이 증가함에 따라 변수 Y의 값은 감소하는 관계에 있음을 의미하며, 음의 상관이라고 부르기도 한다. 결석횟수가 증가할수록 성적이 낮은 경향이 있기 때문에 결석횟수와 성적은 부적상관이 있다.

변수 간의 관계의 정도는 상관계수(r)로 나타내는데, 상관계수의 크기는 관계의 강도를, 부호는 관계의 방향을 의미한다.

2) 질적 연구

질적 연구는 자연스러운 연구 상황에서 관찰, 면접, 사례연구와 같은 방법을 통해 서술적 자료를 수집하는 연구방법이다. 질적 연구는 특정 결과가 다른 것보다 더 타당하거나 진실하다고 할 수는 없지만 그 나름대로의 의미가 있다고 볼 수 있다.

(1) 질적 연구의 특징

질적 연구는 자연스러운 상황에서 연구 상황을 통제하지 않는다. 질적 연구는 자료를 수집하기 전에 가설을 설정하거나 연구절차를 사전에 계획하지 않고, 연구를 진행하면서 연구문제와 방법을 고안한다. 즉, 질적 연구는 미리 계획하는 것이 아니라 실제 연구 상황에서 연구목적을 설정한다. 실제 연구 상황에서 연구주제나 연구문제를 심층적으로 탐구하고, 면접이나 관찰과 같은 방법을 사용하여 소수의 연구대상을 장기간 탐구하면서, 자료를 수집한다. 질적 연구는 일반적으로 연구자가 직접 자료를 수집하고, 참여대상을 이해하기 위해 참여대상과 긴밀한 관계를 유지하며, 서술적으로 종합하는 과정을 통해 자료를 해석적으로 분석한다. 질적 연구의 특징은 다음과 같다.

- 통제하지 않은 상태에서 자연스럽게 연구를 진행한다.
- 연구 장면에서 직접 관찰을 하거나 면접을 하여 자료를 수집한다.
- 많은 인원보다는 소수의 연구대상을 장기간 심층적으로 탐구한다.
- 연구의 결과는 물론 연구의 과정을 중시한다.
- 가설을 미리 설정하지 않고 자료를 귀납적으로 분석한다.
- 연구대상의 관점, 동기, 목표, 가치 등을 이해하는 데 중점을 둔다.
- 연구목표와 절차에 따라 총체적으로 접근한다.
- 참여자의 입장에서 해석하고 자료를 분석한다.
- 연구결과를 생동감 있게 표현하면서 기술하고 설명한다.

(2) 질적 연구의 접근

질적 연구의 구체적인 연구형태는 매우 다양하다. 질적 연구의 형태는 전기적 연구, 현상학적 연구, 면접법, 근거이론, 사례연구, 문화기술적 연구, 역사적 연구 등이 있다(권대훈, 2010).

① 전기적 연구

전기적 연구(biographical study)는 특정 개인이 경험했던 특별한 사건을 연구하는 방법이다. 전기적 연구는 연구대상이 회상하는 특별한 사건이 일어난 상황과 내용을 자세하게 기술한다. 전기적 연구를 수행하자면 연구대상에 대해 광범한 자료를 수집하고, 연구대상이 살았던 역사적 시점을 이해해야 한다.

② 현상학적 연구

현상학적 연구(phenomenological study)는 특정 사건을 경험한 사람들을 대상으로 그 사건에 대한 다양한 반응이나 그 사건을 어떻게 지각하는가를 규명하기 위한 연구를 말한다. 현상학적 연구는 일반적으로 심층면접을 통해 특정 사건에 대한 연구대상의 지각 및 반응 자료를 수집한 다음 자세하게 서술한다.

③ 면접법

면접법(interview method)은 학생과 교사가 언어를 매개로 면접의 절차와 내용을 사전에 철저히 계획하여 자료를 수집하는 방법이다. 이 방법은 교사가 학생을 직접 만나 학생의 의견을 충분히 들을 수 있고 진실성을 파악할 수 있다. 이 때 교사는 학생의 마음을 편하게 해 주고 신뢰감을 주어 친근한 인간관계(rapport)를 형성해야 한다. 면접법의 장점은 대화의 내용이나 의미를 잘 파악하지 못할 때 재설명이나 재확인이 가능할 수 있으므로 문제점을 해결하기 쉽다. 모든 질적 연구에 적용되는 기법이다.

④ 근거이론

근거이론(grounded theory)은 체계적으로 수집하고 분석한 자료에 '근거하여 이론을 구성하려는 연구를 말한다. 근거이론에서는 연구를 시작하기 전에 이론을 구성하는 것이 아니라, 연구과정에서 수집한 자료를 바탕으로 하여 이론을 귀납적으로 구성한다. 다시 말하면 이론에서 시작해서 이론을 입증하는 양적 연구와 달리, 근거이론은 탐구영역에서 시작해서 그 영역에 적합한 이론이 출현하도록 한다.

⑤ 사례연구

사례연구(case study)는 한 개인의 문제의 원인을 진단하고 치료 및 지도를 하기 위하여 문제 상황에 영향을 미친 과거의 경험에 대한 이해를 필요로 하기 때문에 특정 사례를 집중적으로 조사하고 분석하는 연구방법이다. 이 방법은 사례대상자를 만나 오랜 시간 동안 면담을 하거나 주변 사람들을 탐방하여 정보를 얻거나 또는 사례대상자의 일기나 기록 등을 통해 사례에 대하여 심도 있게 연구하는 방법이다. 여기서 사례란 연구의 대상이 되는 특정 개인, 조직, 프로그램 등을 말한다. 이 방법을 생활사적 방법 혹은 임상적 방법이라고도 하는데, 한 개인의 과거와 현재의 사실에 대하여 상세히 조사하여 문제의 원인과 해결의 실마리를 찾는데 사용하기 때문이다. 사례연구는 개인의 모든 정보를 포괄적이고 종합적으로 파악하기 때문에 모든 방법과 기록을 동원하며 사례를 따로따로 연구한다.

⑥ 문화기술적 연구

문화기술적 연구(ethnographic study)는 특정 집단의 문화를 포괄적으로 기술하고 분석하기 위한 방법이다. 문화는 특정 집단을 규정짓는 전통, 상징, 의식, 인공물 등을 망라한다. 이 방법은 원래 인류학에서 특정 집단의 생활양식과 문화를 조사하기 위한 방법으로 활용한 것이다. 문화기술적 연구는 특정 조직, 사회, 기관, 상황을 총체적으로 이해하기 위해 다양한 접근방법을 활용하기 때문에 질적 연구 중에서도 가장 복잡하다. 문화기술적 연구의 핵심적인 자료 수집 방법은 심층면접과 참여관찰이다.

⑦ 역사적 연구

역사적 연구(historical study)는 과거에 발생했던 사건이나 행위를 기술하고 이해하기 위해 자료를 체계적으로 수집하고 평가하는 연구를 말한다. 역사적 연구에서는 문헌분석, 유물조사, 생존자 면접을 통해 자료를 수집한다. 역사적 연구의 목적은 특정 사건이나 행위가 발생한 원인을 설명하기 위해 당시의 사건이나 행위를 가능하면 완전하고 정확하게 재구성하는 데 있다.

(3) 질적 연구와 양적 연구의 비교

질적 연구와 양적 연구는 본질적으로 다르다. 양적 연구가 연역적인 접근을 하는데 비해, 질적 연구는 귀납적인 접근을 한다. 가설과 관련지어 보면 양적 연구가 사전에 설정해 놓은 가설을 검증하지만, 질적 연구는 연구를 수행하는 과정에서 가설을 귀납적으로 도출한다. 결과분석의 측면에서 보면 양적 연구가 통계적으로 자료를 분석하는 데 비해, 질적 연구는 해석적이고 기술적으로 자료를 분석한다. 지적 연구와 양적 연구가 상호배타적인 접근이 아니라는 점에 유의해야 한다. 양적 연구와 질적 연구의 차이점을 비교하면 〈표 1-1〉과 같다.

표 1-1 양적 연구와 질적 연구의 비교

구 분	양적 연구	질적 연구
접근	연역적 접근	귀납적 접근
목적	이론 검토 가설 설정 자료수집 가설검증	다양한 표현 실제적인 상황 기술 피험자 중심의 관점 심층적 이해
연구 초점	변수의 통제 대량 표본 연구대상과 접촉하지 않음 검사를 이용한 자료수집	전체 맥락 검토 소수의 연구대상 연구대상과 상호작용 면대면 관계에서 자료수집
연구 계획	계획 수립한 후 연구 진행함 구조화되고 형식적임	연구 상황에서 피험자와 면접하면서 융통성 있게 진행함
자료 분석	통계적인 자료 분석	해석적이고 기술적인 자료 분석

제2장

인간발달과 교육

1. 발달의 의미
2. 지능발달과 교육
3. 창의성 발달과 교육

1. 발달의 의미

1) 발달의 개념

발달(development)이란 개체에 있어서 모든 변화의 연속적인 과정을 말한다. 즉 발달이란 수정란이 태아로 형성되어 출생, 성장, 노쇠의 과정을 거쳐 죽음에 이르기까지 신체, 운동기능, 사고, 지능, 언어, 사회성, 정서, 성격, 도덕성 등 일련의 행동들이 끊임없이 변화하는 과정을 말한다.

코프카(Koffka)는 “유기체와 그 기관이 양적으로 증대하고, 구조가 정밀해지며, 그 기능이 유능화되는 것”을 발달이라고 정의하고 있다. 허록(Hurlock)은 발달을 ① 크기의 변화, ② 비율의 변화, ③ 새로운 특징의 획득, ④ 낡은 특징의 소실로 규정했다.

발달이란 말은 변화를 뜻하며 일반적으로 변화가 어떤 바람직한 목표를 향하여 생기는 경우에 발달이라고 하고 그 반대방향의 변화를 쇠퇴 또는 퇴화라고 한다. 그런데 유기체의 이러한 변화는 성장과 성숙이라는 유전적, 내적 작용에 의한 개체의 변화와 후천적, 외적 작용에 의한 학습을 통해 결정되어진다.

2) 발달원리

인간발달의 기본적인 원리는 대체로 다음과 같이 요약할 수 있다.

(1) 발달은 개체와 환경과의 상호작용의 산물이다.

인간의 발달은 생물학적 성장에 기초하여 주어진 경험, 훈련 등이 서로 상호작용하여 나타난 결과이다. 인간의 발달은 유전적인 소질만 가지고 완전하게 발달시킬 수도 없고, 환경의 영향만으로도 완전한 발달을 이룰 수 없다. 양자의 역동적인 상호관계 하에서 개체의 발달은 보다 완전하게 이루어진다.

(2) 발달은 계속적이며 점진적인 과정이다.

발달은 낮은 단계에서 높은 단계로 나아가는데 이때 발달은 급격히 일어나는 것이 아니라 서서히 그리고 계속적으로 일어난다. 물론 발달의 속도는 일정한 것이 아니다. 언어나 어휘는 유아기에 급격히 증가하며 신장과 체중은 유아기와 사춘기에 많이 자란다.

(3) 발달은 일정한 방향과 순서가 있다.

모든 생활체는 종족 특유의 일정한 양식에 따라 발달한다. 신생아가 앉고, 서고, 걷는 것, 유치가 나는 순서 등을 보면 일정한 방향과 순서를 가지는 것을 알 수 있는데 일반적인 순서는 두부에서 미부로, 중심부에서 말초부로, 구체적인 것에서 추상적인 것으로, 자기중심성에서 관점주의로, 외적 통제로부터 내적 통제로, 절대주의에서 상대주의로 발달이 이루어져 나간다.

(4) 발달은 분화와 동시에 통합의 과정이다.

발달은 전체적 일반적인 기능에서부터 부분적 특수적인 기능에로 분화되어 가며 일단 분화가 되면 동시에 분화된 각 부분은 일정한 계열에 따라 조직되고 통합된다.

(5) 발달은 개인차가 있다.

발달에는 일반적인 원리가 있기는 하지만 모든 개인이 동일하게 발달하는 것은 아니다. 신체적인 면, 지적인 면, 정신적인 면에 있어서 각기 다르게 발달하는데 이는 가정환경, 경제조건, 교육조건, 훈련여부 등에 의해서 영향을 받는다.

(6) 발달은 나이가 많아짐에 따라 발달경향의 예언이 점차 어려워진다.

발달은 방향성과 순서성을 가지므로 누구나 비슷한 과정과 형태로 이행된다. 그러나 어린이들이 성장함에 따라 경험의 종류가 달라지고 환경이 변화함에 따라 수많은 변인들이 작용하기 때문에 개인의 발달경향과 행동은 점차 예언하기 어려워진다.

(7) 발달의 각 측면은 상호 관련적이다.

각 기능의 발달은 서로 관련성이 없는 것처럼 보일지 모르나 상호간에는 밀접한 관련이 있다. 보행이 가능해지면 그 활동범위가 넓어져 이웃과 사귀며 사회성이 발달하고, 다른 친구와의 놀이를 통해 사회적 역할을 배우고, 또한 많이 보고 들으며 지적인 발달을 이룬다.

3) 발달과업

인간발달 과정에는 각 발달단계마다 습득해야 하는 과업이 있는데 이를 발달과업(developmental task)이라고 한다. 이러한 각 단계에서 과업을 적절히 완수하면 다음 단계에서도 잘 적응할 수 있으나 그렇지 못하면 다음 단계의 발달에 지장을 초래하기도 한다.

단계별로 어떠한 발달과업을 이루어야 하는가를 이해하는 일은 교육에 중요한 의미를 제공한다. 첫째는 학교에 있어서 아이들의 발달과업에 적합한 교육목표를 발견하여 설정하도록 돕고, 둘째는 어떤 기능이나 태도의 습득을 위해서 특별히 교육적 노력을 해야 하는 시기를 알려 준다.

발달과업의 대표자는 해비거스트(Havighurst)이며 단계별 발달과업을 정리하면 〈표 2-1〉과 같다.

표 2-1 발달단계별 발달과업

발달단계	발달과업
영아기 및 유아기	· 걸음걸이 배우기 · 고체(딱딱한) 음식물을 먹기 · 말 배우기 · 배설통제를 배우기 · 성차를 알고 성 예의를 배우기 · 생리적 인정을 유지하는 것을 배우기 · 사회적 환경에 대한 단순한 개념이 형성 · 부모 · 형제 · 타인과의 정서적 관계를 학습 · 선악을 구별하는 것을 배우고 양심이 발달
아동기	· 일반적 놀이에 필요한 신체적 기능을 습득 · 성장하는 유기체로서 자신에 대한 건전한 태도를 형성 · 친구 사귀기를 배우기 · 남성과 여성으로서의 적절한 사회적 역할을 학습 · 읽기 · 쓰기 · 셈하기의 기본적 기술을 학습 · 일상생활에 필요한 개념의 발달 · 양심 · 도덕성 · 가치척도 발달 · 인격적 독립의 성취 · 사회집단 · 제도에 대한 태도의 발달

발달단계	발달과업
청소년기	· 남녀간의 새롭고 보다 성숙한 관계 형성 · 남성 또는 여성으로서의 역할 학습 · 자신의 체격을 인정하고 신체를 효과적으로 구사 · 부모와 다른 성인으로부터 정서적 독립 · 결혼과 가정생활 준비 · 직장에 대한 대비 · 경제적 독립의 확신 · 시민적 자질로서 지적 기능과 개념의 발달 · 행동의 지표로서 가치관과 윤리체계 습득 · 사회적으로 책임 있는 행동을 원하고 수행
성인 초기	· 배우자 택일 · 결혼 후 배우자와의 동거생활 · 가정생활의 출발 · 육아 · 가정의 관리 · 직업의 택일 · 시민으로서의 책임감 · 원하는 사회집단 찾기
성인 후기	· 성인으로서 시민적 · 사회적 책임 수행 · 생활의 경제적 표준 설정 및 확립 · 10대 청소년들이 책임감 있고 행복한 성인이 되도록 조력 · 성인에 요구되는 여가활동 찾기 · 배우자와 인격적인 관계 형성 · 중년기의 생리적 변화 인정 및 적응 · 연로한 부모에 대한 적응
노년기	· 자신의 체력 감소와 건강에 적응 · 퇴직과 수입 감소에 적응 · 배우자의 사망에 적응 · 동년배와 친밀한 관계 유지 · 사회적 · 시민적 책임의 이행 · 만족스런 생활조건의 구비

4) 유전과 환경

인간의 성장, 발달에 영향을 미치는 요인은 크게 유전과 환경으로 나누어 볼 수 있다.

(1) 유전론

유전론은 개체의 성장 · 발달이 환경의 영향보다는 유전적 소질에 의해서 결정된다고 보는 입장으로 선천설, 생득설로도 불리운다. 발달의 본질은 개인이 가지고 있는 본성 속에 내재해 있어서 외부자극에 의하여 변경되는 것이 아님을 강조하면서 개체의 신체적 특성만이 아닌 심리적 특성까지도 유전적 소인에 의하여 결정된다고 보는 입장이다.

멘델(Mendel)은 완두콩의 인공교배 실험을 통해 생물학적 특성의 유전은 움직일 수 없다고 하여 유전의 영향을 강조했다. 홀칭거(Holzinger)는 쌍생아 연구를 통하여 일란성 쌍생아가 이란성 쌍생아나 형제들보다 심신의 특성에 유사성이 더 높은 것으로 확인했다. 갈턴(Galton)은 「유전적 천재」라는 저서에서 가계연구를 통하여 우수한 가문에서 우수한 인재가 많이 나온다는 것을 강조했다. 갈턴의 연구는 환경의 차이를 무시했고, 직업으로 천재성을 보려고 했다는 문제점이 제기되기는 했지만 연구방법이나 연구결과 면에서 새로운 시도를 했다는 점은 높이 평가받았다.

입양아의 연구에서도 입양아와 친부모와의 지능상관이 양부모와의 지능상관보다 훨씬 높은 것으로 나타나 지능의 유전성을 지지했다. 지능발달에 있어서 흥미로운 연구로 젠센(Jensen)의 유전 가능비(heretability) 연구를 들 수 있다. 유전 가능비는 개인과 개인, 또는 인종과 인종간의 지능의 차이를 결정하는 데 있어서 유전적 요인과 환경적 요인의 상대적 기여도를 이해하기 위한 유용한 개념이다. 젠센은 가장 유사한 쥐끼리 계속적으로 교배시켜 유전적으로 거의 유사한 쥐를 얻은 후 이들을 서로 다른 환경에서 사육한 후 그 지능의 차이를 검토한 결과 유전 가능비는 .80이라고 밝혀 냈다(송명자, 1995).

이러한 연구들은 인간발달에 유전의 힘이 얼마나 크게 작용하는지를 지지하는 것으로 교육의 효과가 잠재적 능력과 관계없이 무제한으로 발휘될 수는 없다는 것을 의미한다.

(2) 환경론

인간의 성장·발달은 개체가 경험하는 환경적 자극이나 훈련의 결과에 따라 결정된다고 보는 견해로 경험설, 학습설, 후천설 등으로 불린다. 로크(Lock)는 인간은 태어날 때 백지상태(Tabula rasa)로 태어나며, 그 후 그를 둘러싸고 있는 주변의 영향에 따라 인간이 형성되어 간다고 환경의 영향을 강하게 주장했다.

하로우(Harlow) 등은 생의 초기에 어미로부터의 분리가 어린 원숭이에게는 아주 고통스러운 경험으로써 발달에 심각한 결과를 가져온다고 보고했다. 카간(Kagan)은 과테말라의 원시림 속에서 발견된 아이가 그 후 주어진 자극에 따라 상당한 수준까지 발달하기는 했지만 연구자들이 처음 기대했던 수준에는 훨씬 못 미쳤던 것으로 보고했다. 이는 초기의 제한된 환경 때문에 행동특성발달의 결정적 시기를 놓친 것으로 생각할 수 있다. 코헨(Cohen) 등은 공항 활주로 근처의 초등학교와 이에 대비되는 조용한 초등학교를 선정하고 비행기 소음이 어린이의 발달에 어떤 영향을 주는지를 알아보려고 했다. 그 연구결과 소음이 심한 공항 근처의 어린이들은 인지능력검사에서 훨씬 뒤지고 있었으며, 혈압도 더 높으며, 주어진 검사를 보다 쉽게 포기하였고, 쉽게 주의가 산만해지며 순응을 잘못 하고 있다는 사실을 발견하였다(박선영 외, 2010).

가정에서의 양육방법도 어린이의 지적 발달에 영향을 준다. 중류계층의 어머니들은 하류계층의 어머니들에 비해 그들의 자녀들과 잘 놀아 주고, 신체적 접촉을 많이 하고, 더 많은 시간을 함께 한 결과 이러한 자극이 지적 발달에 크게 영향을 주었다고 한다.

5) 인간발달과 관련된 교육심리학적 개념

인간발달의 제 특징은 학교학습에 있어서 교육과정 편성을 위한 기초 자료가 된다. 무엇을 언제 학습하도록 할 것인가를 결정함에 있어서 인간발달에 관한 지식은 대단히 중요한 기능을 담당하기 때문에 이와 관련하여 다음의 개념을 이해하는 일은 중요하다.

(1) 준비성(readiness)

준비성이란 학습을 효과적으로 잘 할 수 있도록 학습하는데 필요한 조건이 갖추어져 있는 상태를 말한다. 읽기를 배우기 위해서는 읽기학습에서 요구되는 성숙이 이루어져야 하고 피아노를 배우기 위해서는 신체적 · 정신적 성숙이 이루어져야 한다. 이처럼 학습에는 신체적 또는 지적 성숙이 필요하지만 동시에 이미 획득한 지식이라든가 학습을 위한 경험의 기회를 갖는 것이 중요하다. 이와 같은 준비성의 개념에서 보면 학교교육에서는 학습의 준비성이 자연적으로 나타나도록 기다릴 것이 아니라 아동의 준비성에 적합한 교육과정을 세워 기초적 사항을 습득시킨다거나 여행, 독서, 관찰 등의 기회를 부여해서 준비성을 발달시킬 수 있어야 한다.

(2) 결정적 시기(critical period)

결정적 시기란 특정한 행동이 학습되는 시기가 있고 그 시기에 학습을 하게 될 때 영향을 가장 크게 받아들여 발달이 이루어진다는 개념이다. 로렌츠(Lorenz)는 「새끼오리의 각인에 관한 연구」에서, 갓 부화된 오리새끼가 처음

본 움직이는 물체를 쫓아다니는 현상을 발견하고, 그 움직이는 물체에 집착하는 경향이 짧은 시간 안에 나타나기 때문에 결정적 시기라는 말을 붙이게 된 것이다. 프로이드는 인간발달 과정에는 결정적 시기가 있다고 하여 그 시기를 대략 3-5세 사이로 주장한 바 있다. 만일 이러한 결정적 시기에 학습이 이루어지지 않으면 다음 기회에 그 학습을 하는 데는 많은 노력과 시간이 소요되며, 다음 단계의 학습에도 영향을 미치게 된다. 특히 이러한 결정기의 개념은 인간발달 과정에서 일반적으로 발달률이 큰 생의 초기에 해당하며 초기경험의 중요성을 강조한다.

(3) 문화실조(cultural deprivation)

인간발달 과정에서 필요로 하는 환경적 자극의 결여 혹은 시기적으로 부적절하게 주어져서 지적, 인성적, 사회적 혹은 정서적 발달이 지체되거나 왜곡된 현상을 문화실조라고 한다. 이와 같은 문화실조의 현상은 어린이의 초기경험과 밀접하게 관련되어 있다. 따라서 학교교육은 어린 시절에 문화적인 혜택을 받지 못하는 문화실조아에 대한 보충교육 프로그램이나 보수교육 프로그램들을 개발하여 제공하고 아동의 발달이나 잠재능력을 최대한 신장시키도록 노력해야 한다.

2. 지능발달과 교육

인간의 지적 능력은 개인이 주어진 환경에 효과적으로 적응하는 능력을 의미한다. 따라서 인지발달을 이해하는 것은 곧 인간의 지적 능력이 환경과의 상호작용을 통하여 어떻게 변화되는가의 과정과 그 변화의 양상을 아는 것이다. 이러한 발달적 과정을 이해하는 것은 학생지도에 많은 도움을 줄 수 있다.

1) 지능의 개념

지능에 대한 정의는 매우 다양하며 그 강조하는 바가 조금씩 다르다. 각각의 강조하는 바에 따라 지능에 대한 정의를 분류하면 다음의 세 가지로 요약할 수 있다.

첫째, 지능은 추상적인 사고능력이다.
지능이란 유목적적으로 행동하고 합리적으로 사고하며 환경을 효과적으로 다루는 개인의 종합적 능력이다.
둘째, 지능은 학습능력이다.
지능은 교육을 받을 수 있는 능력의 정도라고 보는 것이다. 즉, 지능이 높은 사람은 지적인 학습을 할 수 있는 능력이 높고, 반면에 지능이 낮은 사람은 학습능력이 낮다는 것이다.
셋째, 지능은 새로운 환경에의 적응능력이다.
지능이란 한 개인의 전체 환경에 대한 적응력이며 생활의 새로운 문제와 상황에 대한 일반적인 정신적 적응력이라고 본다.

이처럼 지금까지의 연구결과들을 토대로 살펴본다면 지능이란 하나의 요인으로만 되어 있는 것이 아니고 여러 가지 요인으로 구성되어 있다는 것이다.
지능에 대한 개념을 명확히 이해하기 위해서는 지능을 구성하고 있는 요인들에 대한 이해가 선행되어야 할 것이므로 지능을 설명하는 이론에 대해서 살펴보고자 한다.

2) 지능이론

(1) Spearman의 2요인이론

영국의 심리학자인 스피어맨(Spearman)은 1927년 지능에 대한 인지론적 연구를 한 결과 지적 능력은 독립된 부분으로 나뉘어질 수 있다는 지능의 "2요인 이론"(two factor theory)을 주장하였다.

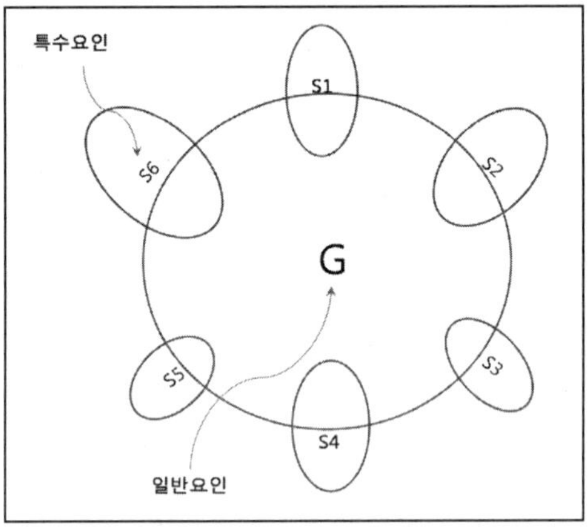

[그림 2-1] 스피어맨의 모델

그 요인에 의하면 지능은 일반적 · 지적 요인인 일반요인(g-fact)과 특수한 지적 요인인 특수요인(s-fact)으로 구분된다. 일반요인에 해당하는 지능은 자기의 경험을 사고와 반성을 통해서 인지하는 능력으로, 유전적으로 결정된 지능이라고 한다. 특수요인에 해당하는 지능은 특수한 학습과 경험에 의해 결정되는 지능으로 언어, 수, 주의, 상상 등을 들 수 있다.

결국, 개인 간의 지능의 차이는 's요인'이 서로 다르게 형성됨에 따라 나타난다. 예를 들면, 일반적인 능력 면에서는 별로 뛰어나지 않고 평범한 개인이지만, 미술이나 음악 등에서 탁월한 재능을 나타낼 수도 있다.

(2) Thurstone의 다요인이론

서스턴(Thurstone)은 개인의 기본 정신능력은 군집되어 있는 하나하나의 요인들이 각각 독자적인 기증을 하고 있다고 보고, 군집요인이론(group factor theory)을 제시하였다.

그는 21가지 지능검사의 결과를 요인 분석하여 지능 요인 7개를 찾아내었다. 이와 같은 7개 요인이 기본 정신능력으로서 그 내용은 다음과 같다.

- **수리 능력**(numerical ability) : 숫자를 취급하여 계산하는 능력
  예: 더하기, 셋 중 큰 숫자 찾기
- **언어 이해력**(verbal comprehension) : 언어의 의미와 그 활용 능력
  예: 문장완성검사, 동의어 찾기
- **기억 요인**(memory ability) : 자료를 기억하고 재생하는 능력
  예: 단순 정보 기억하기, 짝지어진 것 중 한쪽 기억하기
- **지각 요인**(perceptual speed ability) : 지각의 속도를 정확하게 이해하고 문제를 파악하는 능력
  예: 같은 숫자 찾기, 거울보기 검사
- **공간 요인**(ability to visualize spatial relations) : 물체를 시각화하는 능력
  예: 도형검사, 카드도형검사
- **단어의 유창성 요인**(word fluency ability) : 제한된 시간에 얼마나 많은 단어를 유창하게 제시할 수 있는가와 관련된 능력
  예: 첫 글자검사, 네 글자검사
- **추리 요인**(reasoning ability) : 주어진 자료에서 일반법칙이나 원칙을 찾아내어 그것을 적용하는 능력
  예: 문자 계열 검사, 문자 묶기

(3) Sternberg의 삼위일체 이론

스턴버그(Sternberg)는 전통적인 기능의 개념에 실제적 지능의 개념을 포괄하는 삼위일체 이론(triarchic theory of intelligence)으로 지능에 대한 새로운 접근을 시도하였다(김희수, 2010).

삼위일체 이론은 크게 세 가지 하위이론으로 나누어지고, 이 세 가지 하위이론은 다시 연속적으로 폭이 더 좁은 하위이론들로 나누어진다는 점에서 그 이론은 위계구조로 되어 있다.

① 요소적 부분은 개인의 내적 세계와 관련되며 지능작용에서 가장 중심적인 기능을 한다. 메타요소는 고차원적인 정신과정으로 어떤 일을 계획하는 것, 일을 하는 동안 점검하는 것, 일을 평가하기 위한 집행, 통제과정이다. 수행요소는 메타요소의 지시를 실행하는 하위수준의 과정이다. 또한 지식 습득 요소는 궁극적으로 메타요소와 수행요소가 하는 것을 어떻게 해야 하는지를 학습하는 것과 관련되어 있다. 즉, 처음에 문제를 어떻게 해결할 것인가를 학습하는데 사용하는 과정이다.

② 경험적 부분은 지능의 구성이 인간의 경험과 긴밀하게 관련되어 있어, 인지활동을 위한 지능을 이해하는데 반드시 고려해야 할 부분이다. 경험은 새로운 과제를 처리하고 정보처리를 자동으로 할 수 있는 능력을 증가시킨다.

③ 상황적 부분은 외적 세계에 대처하여 적응할 수 있는 기능으로 현실 상황에의 적응력을 강조한다. 이 능력은 정규 학교교육을 통해 길러지는 것이 아니라 일상의 경험을 통해 획득하고 발달하는 능력이다. 맥락적 능력은 실제적 지능개념으로 일상적 문제해결 능력, 실제적인 적응 능력, 사회적 유능성 등을 포함한다.

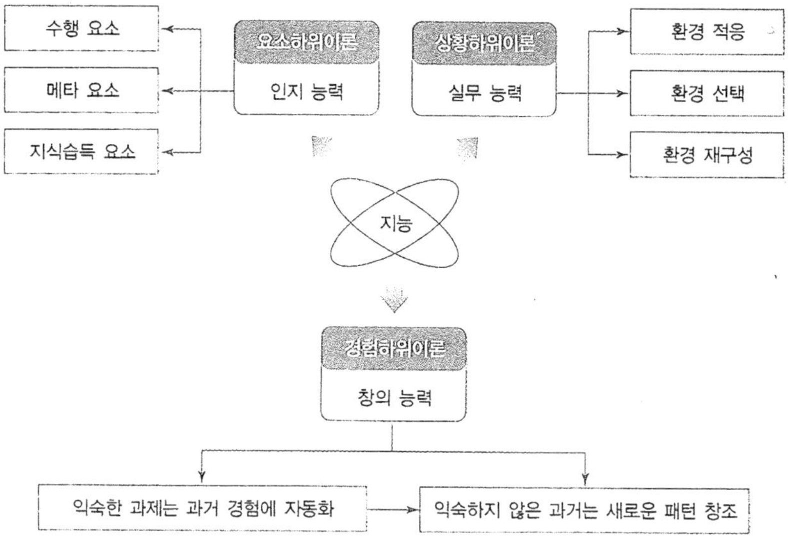

[그림 2-2] 삼위일체이론

출처: 김희수(2010). p. 132.

(4) Guilford의 지능구조이론

길포드(Guilford)는 인간의 지능에는 세 가지 기본 범주가 있다고 하면서 세 가지 차원을 내용차원과 그 요인에서 요구하는 조작차원, 그리고 그러한 조작이 내용에 작용하여 나타나는 산출차원으로 나누었다. 내용차원은 다시 5가지 하위요인으로, 산출차원은 6가지 하위요인으로, 또한 조작차원은 6가지 하위요인으로 구성되며, 내용과 조작, 산출이라는 세 가지 차원이 상호결합하여 얻어지는 180(5×6×6)개의 상이한 정신능력으로 세분화되었다. 길포드의 지능이론은 지능에 대한 사람들의 관점을 더욱 넓혀 주었다는 점에서 중대한 의미를 지닌다.

그러나 실제상황에서는 구조가 매우 복잡하여 180여 개를 측정하기는 가능하지 않은 것으로 알려져 있다.

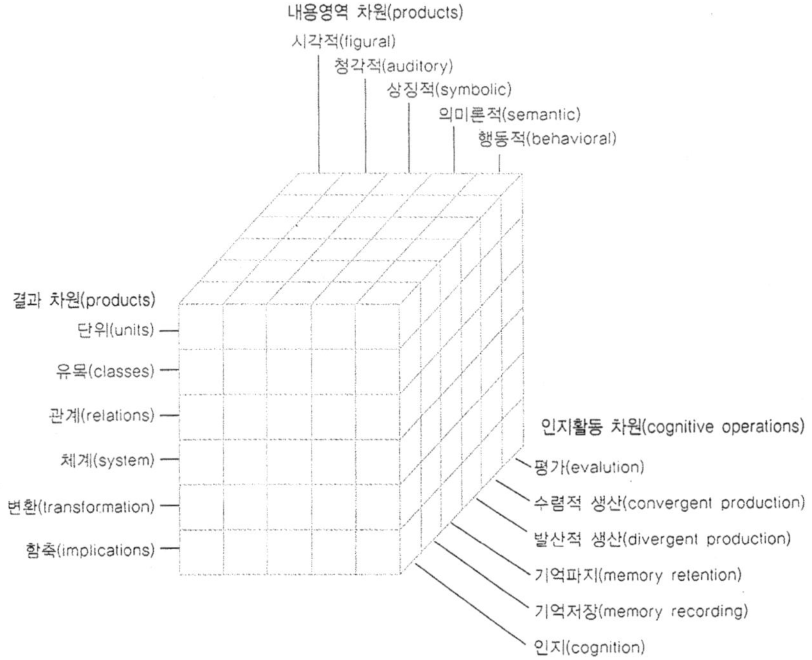

[그림 2-3] 길포드의 지능구조모형

(5) 카텔(Catell)의 유동성 지능과 결정성 지능

유동적 지능은 선천적으로 발달하며 뇌와 중추신경계의 성숙에 비례하여 발달한다. 따라서 유동적 지능의 발달은 청년기까지는 증가하나 생리적 발달이 쇠퇴하는 성인기 이후에는 점차 쇠퇴한다. 유동적 지능은 속도(speed), 기계적 암기(rote memory), 지각력(perception), 일반적 추리력(general reasoning) 등의 능력에서 잘 나타난다.

결정적 지능은 후천적으로 발달하는 지능으로 생의 말기까지 계속 증가하지만 가정환경, 교육정도, 직업, 경험의 정도에 따라 차이가 있으므로 지속적으로 자극을 추구할 때 결정적 지능은 지속적으로 발달한다. 결정적 지능을 나타내는 능력은 언어능력(verbal comprehension), 문제해결력(problem solving), 논리적 추리력(logical reasoning), 상식(common sense) 등이다.

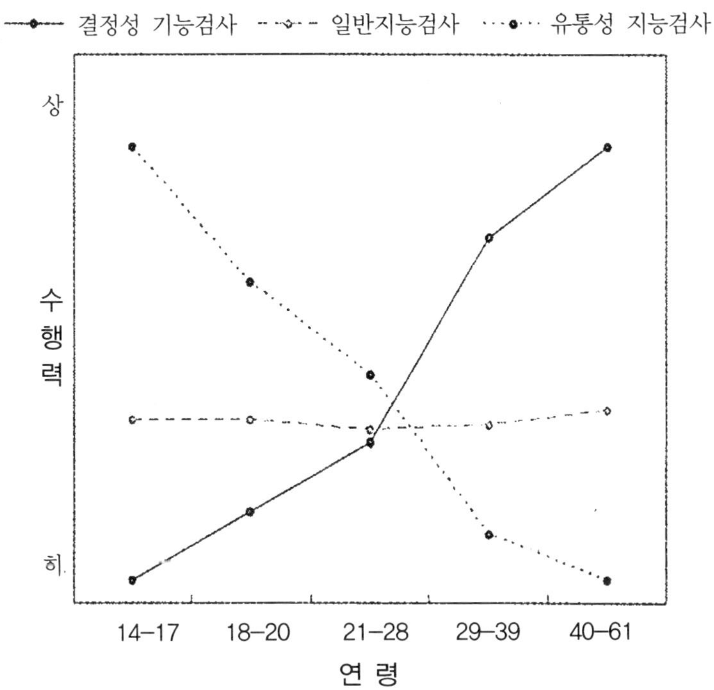

[그림 2-4] 일반지능, 유동성 지능, 결정성 지능의 연령에 따른 변화

출처 : 이성진 외(2009), p. 188.

3) 최근의 지능이론

기존의 지능이 학생들의 학업성취도를 결정하거나 사회에서의 성공을 보장하는 것이 아니라는 지적이 일면서 많은 연구자들은 지능에 다양한 요인들을 추가하거나 새로운 개념을 생성하려는 시도를 하였고, 그 결과 최근에 주목을 받게 된 것이 다중지능이나 정서지능이다.

(1) 다중지능이론

가드너(Gardner)는 인간의 일반적인 능력이 아닌 실제 삶에서 자신이 가지고 있는 능력을 어떻게 개발하고 발전시키는가에 관심을 가지고 지능을 '문제해결 능력 또는 가치 있게 여기는 어떤 결과를 만들어 내는 능력'으로 정의했다. 이를 바탕으로 개인은 다른 사람과 구별되는 독립된 지능을 가지고 있다고 주장하면서, 최초에 7개의 독립된 지능을 주장하였으나 그 후 새로운 지능이 추가되고 있다.

① 다중지능의 구성요소

표 2-2 가드너의 다중지능이론

지 능	직 업 유 형	특 성
언어적 지능	시인, 언론인 , 웅변가	· 단어의 의미나 순서 그리고 언어의 다양한 활용과 관련된 능력
논리-수학적 지능	과학자, 수학자	· 일련의 추론을 잘하거나 이해하며 말의 순서 및 패턴을 인지하는 능력
음악적 지능	작곡가, 연주자	· 음높이, 음색에 대한 민감성
공간적 지능	항해사, 조각가, 화가	· 시, 공간적 세계를 정확히 지각하고 변형 혹은 전환능력
신체-운동적 지능	운동선수, 외과의사	· 신체와 사물을 능숙하게 다룰 줄 아는 능력
인간친화지능	교사, 정치가, 사업가	· 다른 사람의 기분이나 감정을 잘 파악하고 대응하는 능력
자기성찰지능	종교인, 심리학자	· 자신의 감정에 충실하고 정서를 구분하는 능력
자연친화지능	식물, 동물학자, 농부	· 사물 관찰력, 물리적 세계의 차이점과 유사점을 인식하는 능력

② 다중지능과 교육

(i) 지능별 교수전략

표 2-3 지능별 교수선략

지능구분	활동내용	
언어지능	· 일기나 편지쓰기 · 가족간의 대화 · 토론 · 발표	· 역할극이나 역할놀이 · 동화나 이야기 완성
논리-수학지능	· 생활 속의 숫자놀이 · 논리능력 기르기	· 수리능력 기르기 · 절차나 과정 익히기
공간지능	· 지도나 약도 읽기 · 도로나 지리 익히기	· 도면 익히기 · 그림그리기나 게임하기
신체운동지능	· 동작능력 기르기 · 신체 언어 습득하기	· 작동 능력 기르기
음악지능	· 노래부르기 · 음악감상이나 작곡	· 악기연주 · 가족음악회나 노래방 가기
인간친화지능	· 타인 감정의 인식 · 협동작업	· 공감 및 감수성 훈련 · 조별활동
자기성찰지능	· 일기쓰기 · 자신의 내면 이해	· 반성 및 사색하기 · 진로계획 및 미래설계
자연친화지능	· 자연관찰 · 박물관 및 전시회 관람	· 동물원 및 식물원 방문

출처 : 홍성훈(2009), pp. 141-152.

(ii) 교육에 주는 시사점: 첫째, 취학전 시기는 지능이 원형의 형태로 나타난다. 즉, 초보적 형태의 능력이 나타난다. 예를 들면 음악지능은 소리의 높낮이를 구분하는 것으로 나타난다.

둘째, 초등학교 저학년 시기는 지능이 상징체계로 나타난다. 언어지능은 말하기나 글짓기로, 공간지능은 그림으로, 음악지능은 노래로 나타난다.

셋째, 초 · 중 · 고교 시기는 2차 상징체계와 더불어 각각의 표기체계로 나타난다. 수학은 논리나 수리의 지능으로, 공간지능은 지도해석으로, 음악지능은 음악표기 등으로 나타난다.

넷째, 청년기 · 성인기는 지능이 직업 활동을 통해 성숙된 모습으로 나타난다.

다중지능의 교육적 함의는 학생 각자가 자기 재능을 파악하고 그에 적합한 진로나 직업을 선택할 때 활용될 수 있다는 점이다. 재능은 한 가지가 아니라 2-3개씩 짝을 이루어 나타나는 경우가 많아서 8가지 다중지능의 다양한 조합을 활용하면 학생들의 소질과 적성을 파악하는데 도움을 줄 수 있기 때문에 진로설계와 잘 연결될 수 있다.

(2) 정서지능(Emotional Intelligence)

① 정서지능의 개념

정서지능이란 1990년 살로비와 메이어(Salovey & Meyer)에 의해 처음 제안되었고, 그 후 1995년 골먼(Goleman)이 「정서지능」이라는 저서를 출판하여 세계적으로 관심을 일으켰다. 골먼은 '성공을 결정하는 것은 IQ라기보다는 감성지능이다. 성공을 결정하는 요인 중 IQ의 기여도는 20%에 불과하다'라며 성공적인 삶을 이끄는 요소는 감정지능이라고 강조했다.

② 정서지능의 구성요소

정서지능에 대한 살로비와 메이어(1997)의 수정모형, 그리고 골먼(1995)의 저서에 나타난 내용을 중심으로 정서지능의 요소를 추출해 보면 다음과 같다.

(i) 자기감성인식능력(self-awareness) : 자기 자신의 내적 상태에 대해서 지속적인 주의를 기울이는 능력으로 자기 감정을 잘 인식해야만 자신의 감정을 잘 통제하고 적절하게 표출할 수 있다.

(ii) 자기감성조절능력(self-management) : 자신의 감정적 반응을 적절하게 통제하고 적절한 반응을 할 수 있는 능력으로 감정체험의 자기인식을 기초로 하여 형성된다. 이때 자기조절의 목적은 감정의 억압이 아니라 감정의 균형이다. 이러한 감성의 자기조절능력은 유아기 때 가정에서 길러 주어야 한다. 유아들은 감정통제가 잘 되지 않아 자신이 원하는 대로 되지 않으면 발버둥을 칠 것이 아니라 화를 다른 방법으로 표현하도록 이끌어 줄 필요가 있다.

(iii) 자기동기화능력(self-motivation) : 어려움을 무릅쓰고 계속 노력할 수 있는 감성지능을 자기동기화 또는 정서활용능력이라고 한다. 여기에는 일을 지속적으로 해 나가기 위해 필요한 집중력, 당장 만족하고 싶은 즉각적인 만족을 지연시키고 충동을 억제할 수 있는 만족지연능력, 긍정적 사고와 희망수준, 모두 일이 잘 될 것이라는 낙관성 등이 포함된다.

삶의 목표를 향해 자신의 감성을 긍정적으로 동기화할 줄 아는 사람은 이미 사회적으로 성공했다고 할 수 있다. 이들에게는 어떤 난관에 부딪쳐도 뚫고 나갈 확고한 자기 의지가 있기 때문이다.

(iv) 감정이입(empathy) : 감정이입은 타인의 생각이나 느낌을 이해하고 공감하는 능력으로 자신의 정서체험에 의한 인식에서 비롯된다. 이러한 감정이입은 친밀한 관계를 형성하고 원만한 사회생활을 가능하게 해 준다.

(v) 대인관계기술(social skill) : 타인의 감정을 느끼고 그에 대한 자신의 감정을 인식한 후 내가 어떤 행동을 하는 것이 최선인지 이해하고 실제 행동으로 옮길 줄 아는 능력이다. 대인관계기술에서 핵심적인 내용은 감정표현으로 이는 타인과의 상호작용에서 상대방의 권리를 침해하거나 불쾌하게 하지 않는 범위 내에서 자신의 욕구나 느낌, 생각 등을 나타내는 것이다.

③ 정서지능의 교육적 의의

정서지능은 살로비와 메이어가 개인의 삶을 성공적으로 이끌 수 있는 능력으로 정서지능이라는 개념을 소개한 이후, 여러 정의적인 능력으로 '정의적 지능'에 대한 주장이 선풍적인 관심을 끌고 있다. 정서지능은 자신과 타인의 정서를 적응적, 효율적으로 처리하는 능력을 말하며, 초기발달에 있어서 감정통제나 정서조절능력이 떨어진다고 평정받은 아동은 이후에 학문적으로 성취가 낮고 공격성이 강하며 비행청소년이 될 가능성이 높다. 즉 발달초기에 정서조절능력이 낮은 유아는 이후에 사회적 관계, 직업적 성취, 심리적 적응 등에서 문제를 겪게 되는 것이다(문용린, 1997). 또한 정서지능은 적응과 스트레스에 대한 대처를 좌우하고 삶의 질을 향상시키는데 기여하고, 정서통제나 정서조절능력이 높은 유아는 또래에게 인기가 많으며, 우호적인 대인관계를 형성하고, 스스로의 삶에 대하여 만족스럽게 느끼면서 성장한다는 것이 밝혀졌다(Goleman, 1995).

정서발달은 매우 어린 시기부터 발달되며 유아기의 정서가 후일 성공과 밀접한 관련이 있다. 미첼(Mischel)에 의하면 아동기의 정서조절능력이 이후의 정서적, 지적 성장에 영향을 미치며 아동기의 만족지연능력이 청소년기의 자기통제능력 및 집중력, 동기, 학업점수와 정적인 상관관계가 있다(곽윤정, 2004).

정서지능을 기르기 위한 방법은 다음과 같다(문용린, 1997).

- 부모가 정서 지능적 생활의 모범을 보여 준다.
- 아이의 감정을 인정해 주고 공감해 준다.
- 충동적인 욕구를 참을 수 있도록 해 준다.
- 분노를 조절할 수 있는 능력을 키워 준다.
- 성취의 즐거움을 알게 한다.
- 상대방의 입장이 되어 생각해 보는 습관을 갖도록 한다.
- 타인의 기분과 감정에 공감할 수 있게 한다.
- 자신의 기분을 솔직하게 표현할 수 있도록 격려한다.

4) 플린효과

플린(Flynn)효과라 일컫는 지능의 증가현상은 1880년대 초반 뉴질랜드의 심리학자 제임스 플린(James Flynn)이 국가별 지능지수의 변동추세를 조사하면서 밝혀졌다. 플린은 1984년 미국 군대 지원자의 지능검사 결과를 종합한 결과 전체 평균점수가 10년마다 3점씩 올라간다는 사실을 밝혀 냈고, 1999년에는 유럽과 북미 20개 국가로부터의 표집을 통해 지능이 전반적으로 높아지는 현상을 확인하여, 이러한 현상이 존재하는 것으로 받아들여지기 시작했다. 다만 6-13세 아동의 지능을 1981년 조사된 것과 2001년 조사된 것을 비교한 네텔벡과 윌슨(Nettelbeck & Wilson) 연구에서는 속도검사에서는 별다른 차이가 없고 능력검사에서만 차이를 보여(이성진, 2009), 지능의 증가가 지적 능력의 발전을 의미하기보다는 일반지시에 관한 정신석 활동을 점점 더 많이 요구하는 현 사회현상의 반영으로 보여진다.

5) 지능과 학업성취도의 관계

지능과 학교에서의 학업성취도와 상관관계를 살펴보면 〈표 2-4〉와 같다.

표 2-4 지능과 학업성취도와의 관계

지능검사	사례 수	국어	수학
일반지능검사(집단검사)	65	.56**	.61**
KEDI-WISC 지능검사(개인검사)	69	.44*	.56*

출처 : 이성진 외(2009). p. 200.
*p〈.01 **p〈.001

이러한 사실은 지능은 학업성취와 밀접한 상관관계가 있다는 것을 나타낸다. 그러나 다른 관점으로 생각하면 60-70%는 다른 요인이 학업성취도 차이를 결정한다고 볼 수 있으므로, 지능의 높고 낮음이 학업성취도에 절대적인 영향을 미치는 것이 아니라는 사실을 염두에 둘 필요가 있다.

6) 지능검사의 종류

(1) Binet의 지능검사

비네(Binet)는 20세기 초 프랑스 교육부의 요청으로 정상적인 학생과 지적으로 문제가 있는 학습자를 구별하기 위해 표준지능검사를 만들었다. 이 검사는 세 가지 능력, 즉 판단력, 이해력 및 추리력이 학습과 가장 많은 관계를 가진다고 가정하고 이 능력들을 재는 문제 상황을 쉬운 것에서부터 어려운 순서로 배열하였다.

1908년 Binet와 Simon은 1905년에 발표한 검사도구의 문제들을 수정하고 보완하여 두 번째 검사를 발표하였다. 이 검사는 문항의 수도 많아졌지만 그보다 더 큰 차이는 검사문항들을 연령수준별로 구분했다는 것이다. 그리고 그 연령에 도달하면 정상적인 어린이의 대다수가 그 문제의 정답을 할 수 있다는 것을 기준으로 만들어졌기 때문에 어디까지 할 수 있는가에 따라 몇 세 정도의 지능지수에 도달했는가를 알 수 있다. 이것이 정신연령(Mental age : MA)이다.

표 2-5 비네와 시몽 지능검사의 예

연 령	문 항 내 용
3세	· 눈, 코, 입을 가리켜라. · 두 자릿수를 따라해 보라.
4세	· 열쇠, 칼, 동전 이름 말하라. · 2개의 선의 길이를 비교하라.
7세	· 오른손과 왼쪽 귀를 보여라. · 동시에 주어진 3가지 명령을 실천하라.

연 령	문 항 내 용
10세	· 5개의 사물을 무게 순서대로 놓아라. · 모양을 기억해서 그려라.
12세	· 3개의 추상적 어휘 정의 내리기 · 3분 내 60개 이상의 단어 말하기

(2) Stanford-Binet 지능검사

1916년 스탠포드대학의 터만(Terman)교수가 비네-시몽검사를 미국문화에 알맞게 표준화한 것으로 IQ(Intelligence Quotinent) 개념의 지능검사를 도입하였다. 검사하위 내용은 언어, 추상 및 시각, 수리, 단기기억의 4개 영역으로 구성된다. 스탠포드-비네검사(Stanford-Binet test)는 15종류의 검사도구와 4가시 영역의 검사내용, 그리고 종합점수로 구성되어 있다. 이 검사는 연령에 따라서 다양한 도구를 쓸 수 있게 되었고 검사내용도 4가지 영역으로 확대시켰다.

지능지수 = 정신연령(mental age) / 생활연령(chronological age) × 100

(3) Wechsler 지능검사

웩슬러(Wechsler)는 기존의 지능지수가 생활연령의 증가만큼 정신연령의 증가가 동일한 비율로 증가하지 않는데서 발생하는 문제점을 지적하고 편차지능지수의 개념을 제안하였다. 편차지능지수는 지능을 정상분포곡선으로 가정하고 평균은 100, 표준편차는 15±1이다. 즉 어느 학생이 평균보다 높은 +1 표준편차의 점수를 받는다면 115±1점이 된다. 편차지능지수에서 특정의 지수는 각 연령층에 있어서 상대적 위치를 나타내 주는 것이므로 연령에 관계없이 일정한 의미를 지닌다.

표 2-6 웩슬러의 지능검사의 유형

검 사	대 상	하위검사 문항
WPPSI (Wechsler Preschool-Primary Scale of Intelligence)	4-7세까지의 취학전 아동	언어검사: 일반지식, 일반이해, 산수, 유사성, 어휘, 문장
		동작검사: 나무토막 조립, 그림완성, 동물의 집, 미로 찾기, 기학적 도형
WISC (Wechsler Intelligence Scale for Children)	7-16세까지의 아동	언어검사: 일반지식, 일반이해, 산수, 유사성, 어휘, 수암기
		동작검사: 그림완성, 그림배열, 나무토막 조립, 물건퍼즐, 부호기입, 미로 찾기
WAIS (Wechsler Adult Intelligence Scale)	성인용	언어검사: 일반지식, 일반이해, 수리력, 수암기, 유사성, 어휘
		동작검사: 그림완성, 그림배열, 물건퍼즐, 나무토막 배열, 숫자부호

3. 창의성 발달과 교육

현대사회에서 창의성이 강조되는 이유는 현대인들에게 급변하는 문화를 수용하고 창조적으로 개발할 수 있는 능력이 요구되기 때문이다. 그러므로 학교교육에서도 사회가 필요로 하는 '창의적인 개인'을 기르는데 관심을 두고 학습자들의 창의성을 개발할 수 있는 방안들이 모색되어야 할 것이다.

1) 창의성의 개념

창의성의 개념에 대해 다시(Dacey)는 역사적으로 르네상스 이전과 그리고 19세기 후반으로 나누어서 르네상스 이전의 창의성은 '신비스러운 것, 초인적인 것으로서 신들 또는 하나님에게 부여받은 선물'이라고 보는 시각으로 이 시기의 창의성에 대한 정의는 당시의 문화적 영향을 받은 것으로 다양한 종교적 영향에서 비롯된 것이 많았다고 하였다.

르네상스 이후의 창의성은 인본주의의 영향으로 창의성은 '인간의 타고난 재능'으로 보는 견해가 많았으나 이 때까지는 문헌상에 창의성이란 단어가 드물었으며, 1950년대 후반에 본격적으로 창의성에 대한 논의가 시작되었다(김청자, 2011).

최근 들어 길포드는 창의성에 대한 정의를 '새롭고 신기한 것을 낳는 힘'이라고 하였고, 토렌스는 "새롭고 독특한 아이디어, 다른 관점, 문제를 새로운 시각으로 보는 것"이라고 했고, 매드닉은 "서로 다른 두 개의 아이디어를 특정한 요구를 충족시키거나, 유용한 방식으로 새롭게 조합하는 사고과정"이라 정의하였다.

간결하게 표현하면 창의성이란 새로움(기발하고 신기하고 독창적)과 유용성(적절하고 가치로움)이 내포되어 있어야 한다.

2) 창의성 구성요인

창의적 사고의 핵심은 아이디어를 생산하는 발산적 사고이다. 다시 말하면 아이디어를 많이, 다양하게, 독특하게 그리고 정교한 것을 생산해 낼 수 있을수록 창의적이다(김영재, 1999).

(1) 유창성(fluency)

생성해 낼 수 있는 아이디어 수, 즉 아이디어에 대한 양적인 측면이다. TTCT(Torrance 창의성 검사)에서처럼 주어진 시간 내에 통조림 깡통을 재미있고 독특하게 사용할 수 있는 방법을 제시하는 것이다. 즉 주어진 자극에 대하여 제한된 시간 동안 어느 정도 반응을 보일 수 있는가의 능력으로 단어, 연상, 표현, 관념의 유창성이 있다.

(2) 융통성(유연성, flexibility)

융통성은 고정적인 사고방식이나 시각자체를 변화시켜 다양한 해결책을 찾아 내는 것을 의미한다. 다양한 아이디어를 창출할 수 있는 개인의 능력으로서 변화하는 상황에 잘 적응할 수 있도록 현상을 변화시키는 능력이다. 양적으로 내놓은 아이디어가 비슷한 범주가 아닐수록 높은 점수를 준다. 즉, 질적으로 서로 다른 방안을 산출하는 능력으로서, 사고가 융통성이 있을수록 사람들에게 미치는 영향이 커진다.

(3) 정교성(치밀성, elaboration)

정교성은 다듬어지지 않은 기존의 아이디어를 보다 친밀한 것으로 발전시키는 것을 의미한다. 문제해결을 위해서 아이디어를 자세하고 세부적이며 구체적인 수준으로 만드는 능력이다. 기본적인 아이디어를 보다 재미있고 완전한 것으로 다듬고 확대시켜 가는 것을 정교화라고 한다.

(4) 독창성(originality)

참신하면서도 드러나지 않았던 아이디어로 문제해결을 도출할 수 있는 개인의 능력으로, 기존 지식의 단순한 통합이 아닌, 새롭고 흔히 볼 수 없는 반응을 도출하는 능력을 말한다.

3) 지능과 창의성과의 관계

지능과 창의성의 관계에 관한 연구들을 보면 지능의 높고 낮음에 따라 상관관계의 정도가 다르다는 연구결과들이 주를 이룬다.

버클리대학교의 성격연구소에서 창의적인 사람과 지능적인 사람간의 성격특성의 차이를 연구하였다. 높은 독창성을 보이지만 낮은 지능을 보이는 사람과 낮은 독창성을 보이지만 높은 지능을 가진 사람들 간에 성격특성의 차이가 있음이 관찰되었다. 전자의 사람들은 정서적 · 공격적이며, 의존적 · 냉소적 등의 특성을 보이는데 반해, 후자의 사람들은 부드럽고 낙천적이며 즐겁고 이타적인 특성을 보인다는 것이다.

한편 두 개념을 전혀 별개로 보는 발락과 코간(Wallach & Kogan)은 초등학교 5학년 학생 151명을 대상으로 지능검사와 창의성 검사결과 상관은 .09로 낮았음을 보고하였다(김태은 외, 2005).

게젤과 젝슨은 중학교 학생 449명을 대상으로 창의력 검사점수가 전체집단의 상위 20% 내에 속하면서 지능은 상위 20%에 속하지 않는 고창의성 집단과 반대로 지능은 상위 20%에 속하지만 창의력 점수는 전체집단의 상위 20% 내에 속하지 않는 고지능집단들의 학업성취, 성취동기, 교사평가들을 비교하였다. 그 결과 지능과 창의력은 서로 상관이 없고, 성적과 성취동기에서도 의미 있는 차이가 없었다. 다만 교사평정에서는 의미 있는 차이를 보여, 학교현장에서 교사들은 창의력이 높은 학생들보다 지능이 높은 학생들을 높이 평가한다는 것을 시사한다.

표 2-7　고지능집단과 고창의성 집단의 차이

	전체집단(N=449)	고지능집단(N=28)	고창의력집단(N=24)
IQ	132.00	150.11**	127.00
성적	49.91	55.00**	56.27**
성취동기	49.81	49.00	50.04
교사평정	10.23	11.20***	10.54

출처 : 김청자(2011). p. 122.
** p〈.001 수준에서 전체집단과 유의미한 차가 있음
*** p〈.01 수준에서 전체집단과 유의미한 차가 있음

4) 창의성 발달

창의력은 연령에 따라 질적 · 양적으로 변화하며, 유아기의 창의력은 그 이후의 창의력 발달의 발판이 된다. 〈표 2-8〉은 하주현(2006)과 창의성 연구자들의 연구들을 재정리한 것이다.

표 2-8　연령별 창의성 발달

시기	Taylor	Lesner & Hillman	Vygotsky	Cohen	Gardner	하주현
유아기	표현적 자발성 (0-6세)	창의력의 내적인 심화	상상 (놀이에서 시작)	1. 새로움에 대한 배움 2. 희귀한 것들의 연결	영역과 분야에 무관심 (0-5세)	놀이로서의 창의력
아동기	기술적		상위적 상상		영역의 법칙과	창의력의

<table>
<tr><th>시기</th><th>Taylor</th><th>Lesner & Hillman</th><th>Vygotsky</th><th>Cohen</th><th>Gardner</th><th>하주현</th></tr>
<tr><td></td><td>유능성
(6–12세)</td><td></td><td>(의도된
의식적 과정)</td><td rowspan="4">3. 재능의 출현

4. 새로운 방법의 발견

5. 정보생산

6. 다른 분야로의 확장

7. 새로운 분야의 개척</td><td>문화의 규범을 깨달음
(6–10세)</td><td>잠재기 또는 부화기</td></tr>
<tr><td>청소년기</td><td>발명적
천재성
(13–23세)</td><td rowspan="2">창의력의
외적인
심화
(12–60세)</td><td>개념적
사고와 상상의 결합</td><td>교차로:
전문성 획득
(15–25세)</td><td>창의력의
질적인
변화의
시기</td></tr>
<tr><td>성인기</td><td>혁신적
융통성
(20–40대)</td><td>성숙한
창의력
(예술적이고 과학적인 창의력</td><td>성숙한 실천가
(25–35세)</td><td>창의적인
산물의
생산</td></tr>
<tr><td>노년기</td><td>발생적
독창성
(50–80대)</td><td>창의적
자기평가
(60–65세)</td><td></td><td>안착기</td><td>창의력의
유지
(높은 수준의 인지와
정서적
기능)</td></tr>
</table>

창의성 발달이 주는 교육적 시사점은 창의성 발달은 어린 시절부터 발달이 이루어지며, 가치를 두는 창의성은 각 문화권과 나라에 따라 다르기 때문에 교사는 학생들이 가지는 재능이 무엇인지 그리고 공동체 안에서 그것을 어떻게 찾아 내서 촉진시키고 발전시킬 것인지에 초점을 맞추어야 한다는 점이다.

5) 창의성과 행동특성

(1) 일반적인 연구에서 창의성이 높은 개인의 성격특성

- 일(노동)에 있어서의 매우 높은 자발성(주체성의 확립)
- 권위에 구애받지 않음(도전 정신)
- 사물의 근본을 다루고 파악함(본질의 파악)

- 사물의 현상을 멀리, 크게 봄(대국적 관점)
- 변화의 흐름에 대한 감수성(시대 감각)
- 현재에 만족하지 않는 정신(창조적 낭만주의)
- 새로운 관점에서 사물을 봄(관점의 유연성, 관점의 변혁)
- 새로움에 대한 동경(강한 호기심)
- 일에 대한 열중과 지속성

창의적인 사람들은 위에서 열거된 성격특성 중 몇 가지의 특성이 중심역할을 하게 된다고 보여진다.

(2) Csikszentmihaly의 창의적인 사람의 성격특성

표 2-9 칙센미할리의 창의적인 성격특성

A	B
에너지가 넘친다.	조용하고 비활동적이다.
장난스럽다, 무책임하다.	예의바르다, 책임감이 있다.
공상적이다.	현실적이다.
외향적이다.	내향적이다.
겸손하다.	거만하다.
전통적이며 보수적이다.	혁신적이며 독립적이다.
일이 잘 안 되면 고통을 받는다.	작은 일에도 즐거움을 느낀다.

칙센미할리(1996)는 창의적인 사람은 두 가지 복합적인 성격을 동시에 가지고 있다고 했다. 예를 들어 '창의적인 사람은 아주 강한 에너지를 가지고 있지만(A) 때로는 긴 시간 집중하고 조용하다(B)'처럼 양 극단의 특성을 내적 갈등

없이 경험한다. 이러한 양극적인 성향을 모두 지니고 있기 때문에 새로운 것을 창조해 낼 수 있는지도 모른다.

6) 창의성 기법

(1) 브레인스토밍

오스번(Osborn)에 의해 제안된 브레인스토밍은 창의적인 아이디어 창출을 위해 자유로운 집단 토의방법을 사용하는 것이다.

<효과적인 브레인스토밍의 기본전략>

- **자유로운 사고** : 과거의 지식, 경험, 전통 등에 구애받지 않고 가치가 없고 보잘것없는 아이디어라도 자연스런 분위기에서 발표하도록 한다.
- **평가 금지** : 산출된 아이디어에 대해서는 끝날 때까지 평가를 하지 않는다. 이는 창조적이고 발산적 사고를 억압하지 않기 위함이다.
- **다양한 아이디어의 산출** : 아이디어의 질에 관계없이 양적으로 많은 아이디어를 산출하도록 한다.
- **결합과 개선** : 제한된 아이디어에 새로운 아이디어를 결합하여 수정 · 개선 방안을 모색한다.

(2) 속성열거법

크라포드(Crawford)의 속성열거법이란 문제의 대상이나 아이디어의 다양한 속성을 목록으로 작성하여 세분화된 목록에 의하여 주의를 돌리는 방법이다. 이들 세분화 목록에 나타난 속성을 분석하고 그 속성에 대한 집중적인 사고를 통하여 개선 · 수정 · 발전의 탐색을 구한다. 각 속성들에 대한 이이디어를 산출할 때는 브레인스토밍 방법이 적용되기도 한다.

(3) 일반적 분석기법

분석은 문제를 정의하고 목적을 명확히 하고 상세하게 해 준다. 우리가 어떤 행동의 절차나 사물을 분석하다가 보면 그 말이 가지고 있는 속성을 찾을 수 있고 그 속성에 대한 새로운 상상에서 새로운 변형이나 개선에 의한 산물이 산출된다.

(4) 발견적 문제해결법

고든(Gordon)의 발견적 문제해결법은 문제에 대한 포괄적인 접근으로부터 출발하여 얻어진 해결책을 직접적으로 문제에 관련을 짓고, 구체적인 해결방안을 강구하도록 하는 것이다. 발견적 문제해결법의 절차는 다음과 같다.

- **참가자 구성** : 문제해결에 요구되는 지식과 기술 분야의 전문가를 포함한다.
- **문제 제시** : 포괄적이고 추상적인 문제를 부여한다.
- **문제 축소** : 문제의 범위를 점차 축소시킨다.
- **종합 판단** : 산출된 아이디어를 결합하고 수정 · 개선하여 문제와 관련된 새로운 아이디어로 산출한다.

(5) 생산적 사고 프로그램

커빙턴(Covington)의 생산적 사고 프로그램은 초등학교 고학년 학생들이 문제의 불일치를 인지하고 가설을 세우는 방법을 프로그램 학습화한 것이다. 이 프로그램은 만화형태의 책자로 만들어졌다. 프로그램을 읽는 학생은 만화에서 제공되는 다양한 정보를 활용하여 문제를 해결한다. 학생들이 프로그램을 읽는 동안 규칙적으로 피드백을 받으면서 문제를 해결한다.

(6) PMI(Plus, Minus, Interesting)

위의 방법들이 발산적 사고를 활용하여 문제에 적절하고 다양한 그리고 독특한 아이디어들을 생성해 내는 방법이라면 PMI는 수렴적 방법으로 이들 가운데서 가장 그럴듯한 해결대안을 찾고, 다듬고 그리고 선택하여 실제로 실현할 수 있는 해결책을 만드는 방법이다.

PMI는 긍정적 측면, 부정적 측면, 흥미 있는 측면의 대안을 충분히 생각한 다음 아이디어를 선택하거나 처리하는 기법이다. 먼저 주의를 의도적으로 P(강점)에 집중시킨다. 그 다음으로 M(약점)에 그리고 마지막으로 그 아이디어가 가지고 있는 I(흥미로운 점)에 주목하여 생각한다.

PMI(Plus, Minus, Interesting)

P=Plus(강점). 제시된 아이디어의 좋은 점
M=Minus(약점). 제시된 아이디어의 나쁜 점
I=Interesting(흥미로운 점). 제시된 이이디어와 관련하여 흥미롭게 생각되는 점

아이디어 : 버스 안에 있는 좌석을 치워 버려야 한다.

P:
- 버스에 더 많은 사람이 탈 수 있다.
- 버스를 타거나 내리기가 더 쉽다.
- 버스를 제작하거나 수리하는 비용이 보다 싸게 될 것이다.

M:
- 버스가 갑자기 서면 승객들이 넘어질 것이다.
- 노인이나 지체 부자유인들은 버스를 이용할 수 없을 것이다.
- 가방이나 아이들을 데리고 타면 불편할 것이다.

I:
- 한 가지는 좌석이 있고, 다른 한 가지는 좌석이 없는 두 가지 유형의 버스를 생각하게 하는 흥미로운 아이디어이다.
- 같은 버스라도 유형을 달리하면 더 많은 인원을 태울 수 있거나 유용하게 활용할 수 있는 아이디어다.

출처 : 김영채(1999). p. 399.

7) 창의적 교수-학습

현장에서 창의력을 향상시키는 방법들은 다음과 같다.

(1) 창의력 향상 전략(신재한 외, 2013)

• 변경하게 한다.

변경은 원래의 것을 다르게 바꾸어 새롭게 고쳐 다른 용도로 사용하는 것을 말한다.

예) 식빵을 구워서 도화지로 사용, 핸드폰을 시계로 사용, 버스토큰을 카드로 사용

• 변형하게 한다.

변형은 모양, 크기, 색깔, 형태 등 외향적인 것을 바꿈으로 인해서 새롭게 만들어 내는 것을 말한다.

예) 탁상용 선풍기, 넷북, 전자도어, 네모난 컵

• 결합하게 한다.

결합은 두 가지 이상의 기능이나 제품들을 혼합해서 새로운 것을 만들어 내는 것을 말한다.

예) 선풍기+얼음=냉풍기, 진공청소기+스팀=스팀청소기, 자동차+숙박기능=캠핑카

• 제거하게 한다.

제거는 원래상태에서 기능이나 물건을 빼 버리는 것을 말한다.

예) 필름을 뺀 디지털 카메라, 전선을 제거한 무선 다리미, 벽걸이형 얇은 TV

• **추가하게 한다.**

추가는 원래 있는 것에 새로운 것을 넣는 것을 말한다.

예) 핸드폰에 디지털카메라의 기능 추가, 내비게이션에 DMB 추가, 에어컨에 공기청기 기능 추가

• **적용하게 한다.**

적용은 다른 생각을 가져와 새롭게 만들거나 덧붙이는 것을 말한다.

예) 새의 원리를 이용한 비행기, 돋보기를 이용한 현미경, 바람개비 원리를 이용한 풍력 발전기

• **반대로 생각하게 한다.**

기존의 것을 반대로 생각해서 새롭게 하는 것을 말한다.

예) 게임기가 운동게임기로, 전륜구동 승용차를 후륜구동 승용차로, 세로 전화기를 가로본능 전화기로

• **과장해서 생각하게 한다.**

기존의 것을 과장해서 새롭게 하는 것을 말한다.

예) 목소리를 확성기로 크게, 이어폰을 전화기처럼 크게, 로봇발명

8) 창의력 검사

(1) 토렌스의 창의적 사고검사(Torrance Tests of Creative Thinking)

토렌스가 제작한 검사로 김영채(2002)가 한국식 표준화한 검사로 언어검사와

도형검사가 있다.

그림 상상하기

아래쪽과 오른쪽에 있는 미완성의 그림들에 선을 그어 재미있는 물건이나 그림을 그려 보세요. 이때 그 물건이나 그림이 아무도 생각하지 못하는 여러분만의 독특한 생각일수록 좋습니다.
여러분의 처음 생각을 발전시켜서 가능한 재미있고 완전한 이야기를 만들도록 노력해 보세요. 여러분이 그린 각각의 그림에 대하여 재미있는 제목을 만들고 아래의 빈 칸에 써 보세요. (10분)

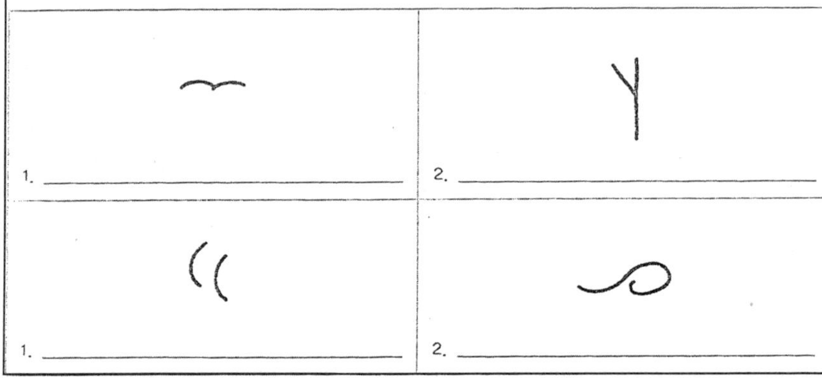

[그림 2-5] TTCT 도형검사 예시

출처 : 임정훈 외(2009). p. 143.

(2) Wallach와 Kogan의 발산적 사고검사

이 검사는 발락(Wallach)과 코간(Kogan)이 지능과 창의성과의 관계를 알아보기 위한 연구를 수행하기 위해 개발한 것으로, 초등학교 5학년 학생들을 대상으로 실시되었다. 검사는 검사문항의 형식과 내용, 그리고 채점방식에 있어서 TTCT와 유사하나 중요한 차이점은 검사환경과 검사시간에 있다. 이들은 창의성 검사는 놀이와 같은 비평가적인 분위기 속에서 검사시간에 제한이 없이 실시되어야 피검자의 반응을 더 적절히 이끌어 낼 수 있다고 밝히고 있다.

검사 항목		일반적인 답	창의적인 답
이 그림은 무엇인가?	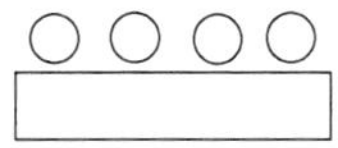	탁자 위에 무엇이 놓여 있는 모습	발가락들
	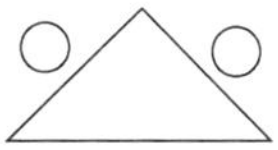	탁자 둘레에 세 사람이 앉아 있는 모습	치즈 조각을 먹고 있는 세 마리의 생쥐
		꽃	조각조각 부서지는 사탕(막대 끼워서 빨아 먹는)
		두 개의 에스키모 집	나는 양탄자 위의 건초 더미 두 개
다음 것들의 공통점은 무엇인가?	우유와 고기	둘 다 동물로부터 얻을 수 있는 것이다	둘 다 정부 검사를 받는 것이다
다음 것들은 어떤 방법으로 활용될 수 있는가?	신문지	종이 모자를 만든다.	화날 때 찢는다.

[그림 2-6] 발락과 코가의 창의력 검사의 예

출처 : 전경원(2010). p. 98.

(3) 국내 창의성 검사

국내에서 많이 활용되고 있는 창의성 검사들이다(표 2-10).

표 2-10　국내 창의성 검사

검사	대상	만든이	특징
표준화 창의성 검사	초등학생용	이영덕 · 정원식(1969)	우리나라 최초의 창의성 검사

검사	대상	만든이	특징
간편 창의적 문제해결력 검사	초등학생용	조석희(2001)	초등학교용, 중 저학년용 중 고학년용
통합 창의성 검사	초등학교 4–6학년용	최인수 · 이종구 (2004)	창의적 성향, 창의적 사고 창의력 관련동기 측정
유아종합창의성 검사 (K–CCTYC)	만 4–6세	전경원(1999)	유아의 언어, 도형, 신체영역에 걸친 전반적 창의적 수준 측정
창의인성 검사 (CPS)	대학생용	하주현(2001)	대학생, 일반용
창의적 성격검사	대학생용	이신동(2002)	대학생, 일반용

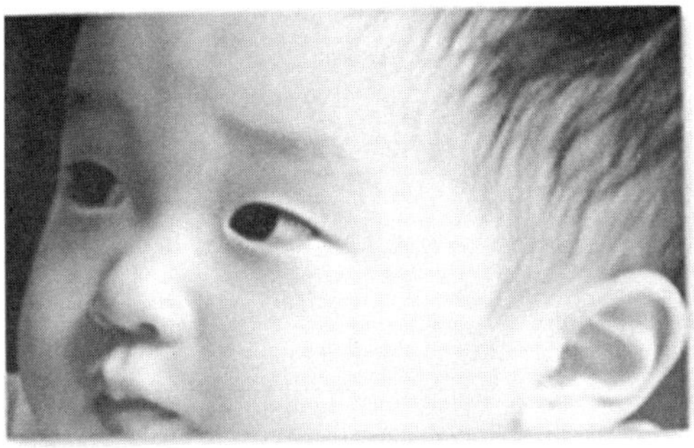

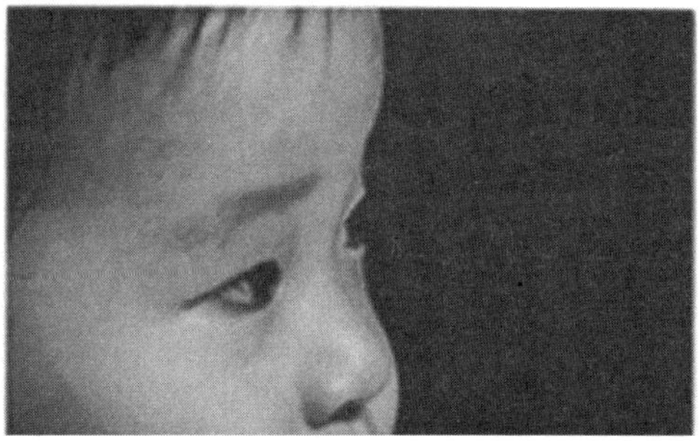

제3장

발달이론

1. 인지발달
2. 성격발달
3. 도덕성 발달

1. 인지발달

인간의 지적 능력은 개인이 주어진 환경에 효과적으로 적응하는 능력을 의미한다. 따라서 인지발달을 이해하는 것은 곧 인간의 지적 능력이 환경과의 상호작용을 통하여 변화되어 가는 과정과 그 변화의 양상을 아는 것이다. 이러한 발달적 과정을 이해하는 것은 학생지도에 많은 도움을 줄 수 있다.

1) Piaget의 인지발달이론

피아제(Piaget)는 1896년 스위스의 작은 마을에서 태어났다. 1918년 연체동물에 관한 논문으로 동물학 박사학위를 받은 후 그의 관심은 생명체의 신체구조의 발생으로부터 정신구조의 발생으로 옮아갔다. 그는 파리에 있는 비네연구소에서 아동용 지능검사를 제작하면서 아동의 오답과 실수는 일정한 유형을 지니고 있으며 어른들의 사고체계와는 다르게 그들 나름대로의 독특성과 사고의 질적 변화를 나타낸다는 사실을 확인하였다.

(1) 인지발달기제

그는 아동의 인지체계를 설명하기 위하여 생물학에서 조직과 적응의 개념을 빌어 왔다. 조직(organization)은 정보를 체계적으로 인지구조에 포함시키는 과정이며, 적응(adaptation)이란 새로이 접하는 정보를 자신의 인지구조에 포함시키는 과정에서 균형(평형)을 취해 가는 과정이다. 그는 인간의 생리적 과정이 평형화를 이루려는 것처럼 지적인 과정도 평형상태를 이루려고 한다고 주장하면서 동화와 조절행위를 중재하는 평형화의 개념을 제안했다.

① 인지구조

인지구조(scheme : 도식)란 유기체가 어떤 사실을 공통된 특성에 따라 군으로 분류하는 조직화된 행동패턴으로 우리가 세계를 이해하고 반응하여 기능하기 위해 사용해야 하는 지식, 절차 등을 뜻한다. 도식은 변화하는 인지발달의 구조로서 생리적으로 가지고 태어나는 것이 아니라 환경과의 접촉에서 반복되는 행동과 경험을 통하여 유기체가 형성하는 것이다. 유아가 성장하여 청년기가 되면 수많은 개념적 도식, 또는 조작적 도식을 획득하게 된다. 따라서 도식이나 구조는 양적, 질적 변화를 나타내게 되는데 이러한 변화를 주도하는 인지적 과정이 바로 동화와 조절이다.

② 동화

동화(assimilation)란 환경 속의 새로운 자극을 이미 학습되어 있는 기존의 인지구조 또는 도식에 의해 해석하는 과정이다. 따라서 동화란 특정도식의 질적인 변화라기보다는 양적인 변화라고 볼 수 있다.

예를 들면, 마시는 것에 대한 도식을 가진 아이는 모든 액체를 마시게 되는 과정이나 물체가 물 위에 뜬다는 인지구조를 가진 아이가 여러 가지 물체를 물 위에 띄워보는 과정이다.

③ 조절

조절(accomodation)은 이와 반대로 새로운 자극을 동화해 내는데 적합한 인지구조가 없을 때 기존의 도식을 수정하거나 새로운 도식을 만드는 과정이다. 아이가 새로운 자극을 만나면 그것을 이미 갖고 있는 도식에 끌어들여 해석하려고 한다(동화). 그러나 때로 새로운 자극이 가지고 있는 특성들이 기존의 도식과 달라서 동화시키지 못할 때가 있다. 이때 인지적 구조의 변화를 가져오게 하는 인지과정이 필요하게 된다. 즉 새로운 자극을 받아들일 수 있도록 기존의 도식을 변형하든가 새로운 도식을 만들어야 하는데 이것이 바로 조절이다. 예를 들면, 처음 약을 먹어 보는 아이는 약을 늘 마시던 다른 액체(물 혹은 우유)와 같은 방법으로 삼키다가 당황하게 되며, 곧 우유와 쓴 약에 차이가 있다는 것을 알고 쓴 약에 대해 우유와는 다른 인지구조를 형성하게 된다.

물체가 물에 뜬다는 도식을 가진 아이가 물체가 물에 가라앉는 것을 보게 되면 당황하게 되고 여러 물체를 물에 띄어 보고 물체의 속성에 따라 다르게 작용한다는 새로운 도식을 형성하게 된다. 이처럼 동화와 조절을 거치면서 인지체계는 새로운 인지구조와 도식을 생성함으로써 인지발달이 이루어지게 된다.

④ 평형화

평형화(equilibration)란 동화와 조절간의 인지적 균형을 유지하도록 하는 것이다. 새로운 자극을 기존의 인지구조에 유입하는 과정에서 동화와 조절은 불가피하게 갈등상황을 가지게 마련이다. 이때 개체는 평형화를 통해 동화와 조절간의 균형을 취하고, 이 두 과정의 계속적인 조정과 통합에 의해 인지구조가 성장하고 발달한다.

(2) 인지발달단계

피아제의 발달단계는 연속적이다. 즉 아동이 한 단계에서 다음 단계로 갑자기 도약하는 것이 아니라 서서히 계속적으로 발전한다는 것을 의미한다.

피아제의 인지발달단계는 크게 감각운동기, 전조작기, 구체적 조작기, 형식적 조작기로 나누어진다.

① **제1기 감각운동기**(sensorimotor period : 출생–2세)

이 시기의 영아들의 인지적 특성은 다음과 같다.

- 외부 세계에 대한 영아의 반응은 거의 전부가 반사적 또는 감각적이다.
- 영아는 자극이 가해지는 어떤 것에나 즉각적으로 반응한다.
- 영아는 계획을 세우거나 의도적으로 행동을 하지 않는다.
- 영아는 물체에 대한 어떤 내적인 표상 능력이 없다. 즉, 물체를 상징하고 정신적으로 다룰 수 있는 정신적인 그림이나 단어들을 가지고 있지 않다.

② **제2기 전조작기**(preoperation period : 2–7세)

이 시기의 어린이들은 내면화된 도식에 기초한 행동으로 옮아가게 된다. 아직 감각운동적 적응형태가 남아 있으나 현저한 언어발달, 상징적 사고가 가능하다. 이 시기는 2단계로 구분된다.

(i) 전개념단계(2–4세경): 언어발달이 현저하나 아직 불완전한 개념을 나타내고, 상징적 기능이 증가하여 역할놀이가 가능하다. 이 시기의 사고와 행동은 자기중심성이 강하고, 물활론적 사고를 한다.

(ii) 직관적 단계(4–7세경): 사물에 대한 개념화 능력이 확대되어 직관적인 사고를 하게 되고, 사물을 유목으로 분류하고, 관계성을 인식하는 도식이 발달하기 시작한다. 그러나 사고는 아직 논리적인 일관성이 없고, 가역성이나 보존성의 개념이 완전히 형성되어 있지 않다.

- **역할놀이**(role-play): 상징적 사고의 발달에 따른 역할놀이가 발달한다. 역할놀이는 아동의 사회성과 사회인지적 능력의 발달을 촉진한다. 두 명 이상의 아동들이 일정한 역할을 하는 과정에서 자신과 타인을 구별하고 타인의 입장을 이해하며 사회적 역할과 상호작용을 연습할 수 있는 기회를 갖는다.
- **물활론적 사고**(animism): 자기중심적인 경향을 가진 유아들은 모든 대상물

이 그들 자신과 마찬가지로 생명을 가지고 있다고 믿는다.

- **중심화**(centration): 어떤 상황의 한 면에 초점을 맞추면 다른 면들은 무시해 버려 비논리적인 추론을 하게 된다(예: 똑같은 양의 물을 좁고 높은 컵/넓고 낮은 컵에 부었을 때 높이와 넓이를 동시에 생각할 수 없다).
- **자기중심성**(egocentrism): 타인의 생각, 감정, 지각, 관점 등을 자신의 것과 동일한 것으로 생각하는 것(예: 자기중심적 시각조망, 자기중심적 언어).

③ 제3기 구체적 조작기(concrete operation : 7–11세)

추리과정이 논리적이 되며, 여러 가지 과제를 인지적 조작을 통하여 해결한다. 이 시기의 특징은 보존개념이 형성되고, 자아중심성에서 벗어나 탈중심화가 가능해지고, 가역성의 개념이 형성되고, 서열화 · 유목화가 가능하며, 공간, 속도 등의 개념이 형성된다.

(i) 보존개념(conservation): 물질의 양, 수, 길이, 면적 등은 그 형태나 위치를 변화시키더라도 동일하다는 개념(예: 동일성의 원리, 상보성의 원리, 역조작의 원리)이다.

(ii) 탈중심화: 지각적 특성에만 몰두하는 중심화에서 벗어나 사물의 모든 특성을 고려하는 것이다.

(iii) 유목화(classification): 특성이 비슷하거나 같은 종류를 구분해 내고, 이들을 다시 하나의 상위유목에 포함시키는 것이다.

표 3–1 구체적 조작기의 주요특성

개념	주요요점	실례
보존개념	물체의 모양이 바뀌어도 물리적 특성은 동일하다는 사실을 인식한다.	유진이는 방바닥에 쏟은 동전을 찾으면서 어제 책상 위에 둔 동전이 모두 10개였으므로 동전 10개를 모두 찾으려고 한다.

개념	주요요점	실례
탈중심화	어떤 상황의 한 면에만 주의를 집중하지 않고 여러 측면을 한 꺼번에 고려할 수 있다.	유진이는 주스 두 잔을 가져온 후 한 잔을 동생에게 건네주면서 '내 잔은 깊고 좁지만 유민이 잔은 납작하고 넓기 때문에 똑같은 양이야'라고 말한다.
가역성	어떤 상태의 변화과정을 역으로 밟아 가면 다시 원상태로 돌아 갈 수 있다는 것을 안다.	유진이는 7에 8을 더하면 15가 되고, 15에서 8을 빼면 7이 된다는 것을 이해한다.
위계적 유목화	물체를 여러 가지 특성에 따라 다양하게 나눌 수 있다.	유진이가 친구에게 자신이 수집한 조약돌을 보여주었더니 친구는 '이것들은 크기에 따라, 색깔에 따라, 또 형태에 따라 분류할 수 있어!'라고 말했다.
서열화	물체를 배열할 때 전체적인 구도를 그리면서 배열한다.	유진이는 가장 작은 크기의 조약돌부터 시작해서 커지는 순서대로 배열하였다.
전이적 추론	머릿속에서 추론할 수 있다. a와 b를 비교하고, b와 c를 비교한 후에 그들은 a와 c의 관계를 추론할 수 있다.	친구에게 '유민이 도시락이 내 것보다 큰 것 같다'고 말했더니, 친구는 '그러면 유민이 도시락이 내 것보다 클거야! 왜냐하면 내 도시락이 유민이 것보다 작거든'이라고 말했다.
공간적 추론	거리의 보존개념이 있으며, 거리와 시간 그리고 속도 사이의 관계를 이해한다. 그리고 한 장소에서 가는 장소까지 갈 수 있는 방법을 제시할 수 있다	유진이는 트럭이 인도를 가로막고 있다 하더라도 거리의 길이가 변하지 않는다는 것을 이해한다. 또한 같은 시간동안 친구보다 더 빨리 달린다면 친구보다 더 먼 거리를 갈 수 있다는 것도 안다.
수평적 위계	아동기 동안 보존개념들이 차례로 습득된다.	유진이는 면적과 무게의 보존개념을 습득하기 전에 수와 액체의 보존개념을 습득한다.

출처 : 이성진(2009). p. 38.

④ 제4기 형식적 조작기(formal operational period : 11세 이후)

형식적 조작이란 정신세계 내에서 여러 가지로 변형시켜 재결합하는 과정을 의미한다. 구체적 사고와의 중요한 차이는 형식적 사고가 아동에게 이용될 수 있는 논리적 조작형태와 적용의 범위가 훨씬 크다는 것이다. 형식적 조작단계에 이르면 자신들이 지금까지 경험한 사실에서 벗어나 가정을 할 수 있고 그러한 가정을 바탕으로 사건에 대한 가설을 설정하고 이를 논리적으로 검증할 능력이 생긴다. 그리고 하나의 문제를 여러 가지 해결책을 통하여 바람직한 문제해결을 하게 되는 조합적 사고를 한다.

(3) 교육을 위한 시사

첫째, 각각의 발달단계에서 습득해야 할 것을 충분히 하도록 해야 한다.

아동이 새로운 인지구조를 만들어 내기까지에는 시간이 걸리고 그 과정에서 기발한 유추를 하는 오류를 범하기도 한다. 특히 어린이가 능동적으로 환경에 작용하는 일이 많으면 많을수록 그런 것들이 생기기 쉽다. 따라서 교육자는 어린이가 그 발달단계 내에서 충분히 오류를 범할 수 있다는 것을 허용하여 그 단계의 발달을 충실히 하게 한다.

둘째, 아동이 이해하는 정도는 전달하는 매체에 따라 달라지므로 형식적 조작기 단계라도 숫자나 언어로만 제시하지 말고 가능한 구체적인 실례를 많이 사용한다. 이를 고려하지 않고 수업을 하다 보면 형식적 조작단계에 있는 학생들이라도 개념을 완전히 이해하지 못하게 되면 내용을 단순히 암기하려고 할 것이다.

셋째, 교과과정 구성 시 학습자의 인지적 발달수준을 충분히 고려하여 처음에는 단순하고 구체적인 내용들을, 다음에는 보다 자세하고 추상적인 내용들의 순으로 구성한다.

넷째, 과정과 내용을 모두 중요시하라. 즉 교육에 있어서 과정뿐만 아니라 내용도 가르쳐야 한다. 자기가 흥미를 가지고 있고 잘 알고 있는 내용에 관해서는 새로운 생각도 잘 일어나고 더욱 통합된 지식으로 유도된다. 그러므로 어린이가 호기심을 가지고 그것에 대하여 활기차게 주의를 기울이고 대결할 수 있는 것을 어린이에게 주는 것이 중요하다.

다섯째, 교육장면에 있어서 학습은 능동적인 과정이어야 한다. 피아제는 학습의 과정이 자발적이고 활동적일 때 아동들은 보다 많이 얻을 수 있다고 생각했다. 지식은 교사에 의해서 외부에서 주어지는 것이 아니고 어린이 자신이 능동적인 활동을 통하여 스스로 만들어 가는 것이기 때문이다.

여섯째, 교사는 학생으로 하여금 이미 습득한 지식을 새로운 상황에 적용할 수 있는 기회를 제시해 준다. 이를 위해 교사는 수업을 진행할 때 재미있는 아이디어나 질문을 활용하고 사물을 관련지어서 유사점과 차이점을 찾을 수 있도록 수업을 진행한다. 또한 다양한 자료들을 제시하고 다양한 수업방법을 제시한다. 학교교육은 학생들에게 단편적인 개념이나 지식을 주입시키는 것이 아니라 새로운 경험을 제시해 줄 수 있어야 한다. 새로운 경험 속에 노출된 학생들은 문제를 해결하는 과정에서 지적 불균형을 초래하고 학생들은 조절을 경험하여 새로운 도식을 확장하게 되어 결국 인지구조의 발달을 가속화시킨다.

(4) 피아제 이론의 문제점

첫째, 피아제는 아동의 인지발달을 과소평가하고 있다. 최근 많은 연구들에서 유아들은 피아제가 생각한 것보다 훨씬 유능하며, 더 많은 인지적 도구들을 가지고 태어난다고 주장하고 있다. 피아제는 자료수집 방법에 있어서 지나치게 아동의 언어적 설명에 의존하는 경향이 있다. 즉 내재적 능력과 수행 수준간에 차이가 존재하므로 언어발달이 완전하지 못한 입학 전 아동들은 실제로 어떤 현상에 대해 알고 있다 하더라도 질문을 충분히 이해하지 못하거나 자신의 생각을 충분히 표현하지 못할 수도 있다.

둘째, 피아제는 아동의 문화적 · 사회적 환경의 영향을 중요하게 취급하지 않았다. 그가 강조한 수학적 · 과학적 사고 등은 주로 서구문화 중심이기 때문에 동양이나 아프리카 등의 문화권에서는 서구와 같은 발달특징을 나타내지 않을 수도 있다. 예를 들어, 아프리카 케펠르종족에게 20개의 물체를 주고 분류하도록 요구했더니 그들은 감자와 호미를 한 범주로 분류하고 오렌지와 칼을 한 범주로 구분하여 서구와는 다르게 그들에게 의미가 통하는 범주를 만들었다. 이처럼 인지발달은 그들에게 친숙한 대상이나 환경과 관련하여 이루어진다.

2) Case의 정보처리이론

케이즈(Case)는 구체적 조작기 아동의 인지발달의 주요과제는 조작의 효율성 증가라고 주장하고(송명자, 1995), 아동이 과제를 처리하는 작업기억 역량(working memory capacity)의 증가를 인지발달로 보았다. 즉 아동이 어떤 문제를 해결하고자 하는 경우 그 순간에 어린이의 작동기억 속에 한 번에 지닐 수 있는 서로 다른 정보의 수가 많을 때 인지발달 수준이 높은 것으로 본다. 케이즈는 아동의 작업기억은 조작공간과 저장공간으로 구성된다고 보고 조작공간은 실제로 과제를 해결하는 과정에서 아동이 필요로 하는 작업 기억량을 뜻하며 반면에 저장공간은 처리된 정보들을 필요할 때 인출할 수 있도록 저장해 두는 공간을 말한다. 그림에서 보듯이 아동이 정보를 처리하는 전체공간은 한정되어 있으므로 조작공간이 커지면 그만큼 저장공간이 줄어들고 반면 저장공간이 커지면 그만큼 조작공간이 줄어들게 된다. 이때 저장공간이 클수록 인지능력은 유능한 것으로 보이며 인지발달이 촉진된다.

교사가 학생들을 지도할 때는 교사가 제시한 문제를 학생이 어떻게 해결하는가를 잘 관찰하여 그들이 문제를 해결하는 방식을 획득하도록 돕는다면, 학생들은 조작공간을 줄이게 되고 저장공간을 확대시키게 되어 인지발달을 촉진할 수 있다.

작업공간

작업공간 | 저장공간

작업공간 | 저장공간

[그림 3-1] 작업공간 감소모형

출처 : 박선영(1998). p. 47.

3) Vygotsky 이론

피아제는 아동의 인지발달에 성인이나 환경은 그다지 중요한 변인이 아니며 아동 스스로의 능동적이고 적극적인 노력을 강조했다. 반면 비고츠키(Vygotsky)는 아동이 능동적인 존재라는 것에는 동의하나 그는 아동의 인지발달이 성인이나 보다 성숙한 동료와의 상호작용에 의해 영향을 받으며, 사회적-문화적 상호작용을 거쳐서 아동의 사고와 행동의 발달을 가져온다고 가정하는 사회문화 이론을 제안했다.

비고츠키는 유태인으로 1896년 러시아에서 태어나 38세의 길지 않은 생을 살았다. 그는 연극, 문학, 철학, 의학, 심리학, 역사학 등 다양한 분야에 관심을 가졌으며 특히 심리학을 바탕으로 교육학에 기여한 바도 적지 않다. 1924년 지체아에 관한 첫 논문을 쓰기 시작하면서 그는 육체적 · 정신적 장애를 가진 아동에게도 많은 관심을 보여 오늘날 특수아 교수방법에도 영향을 주었으며, 문화와 언어가 인지발달을 이루는 중요한 요소라고 주장하여 발달심리와 교육학에 커다란 시사점을 던져 주었다.

비고츠키는 상호작용의 필수적인 요소로 언어획득을 꼽았고 언어가 행동조절을 위한 심리적 도구로 작용되기 시작할 때, 개념은 급격하게 변화하여 기억의 새로운 변화가 형성되며, 새로운 사고과정이 창조된다고 했다. 또한 비고츠키는 자기중심적 언어의 사용이 단순하게 자기만의 생각을 표현하는 것이 아니라 문제해결을 위한 도구라고 생각하였다. 그에 따르면 독립적으로 발생하기 시작한 사고와 언어는 아동이 2세 정도 되었을 때 사고와 언어가 결합되기 시작하며, 점차 언어는 지적이고 합리적이 되며 아동이 언어의 상징성을 발견하게 된다. 이 때부터 아동은 혼자말을 자주하기 시작한다. 연구결과 아동의 혼자말의 사용빈도는 과제수행의 시간이 지나면서 더욱 증가하였고, 과제의 난이도와 정적 상관을 보였다. 즉 문제해결에 있어서 곤란도가 높을수록 혼자말의 사용이 증가하였다. 이러한 결과는 혼자말이 아동의 문제해결에 중요하게 기능한다는 사실을 말해 준다(임규혁, 1996). 인지-언어연관성에 대한 피아제와 비고츠키의 관점의 차이는 [그림 3-2]에서 보는 바와 같이 유아들의 혼자말을 보는 관점에서 잘 나타난다.

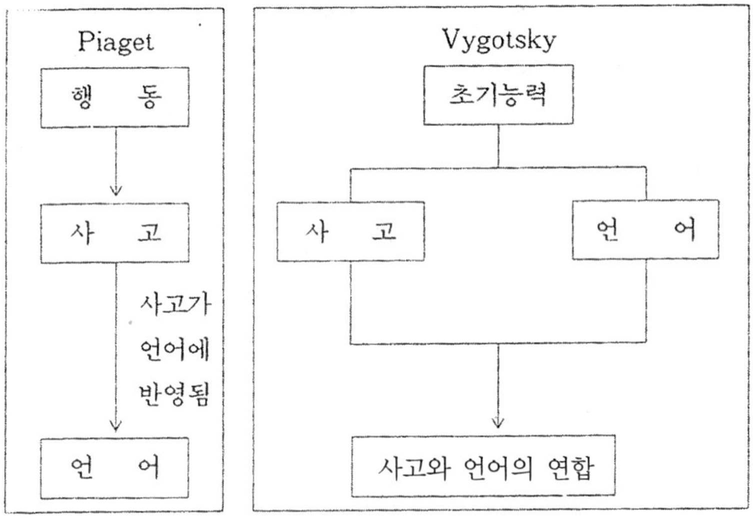

[그림 3-2] 사고와 언어의 발달과정

출처 : 박선영 외(1998). p. 49.

비고츠키는 아동이 대략 4세가 될 때 언어가 정신적 조작의 내적 형태 혹은 자기조절의 형성에 영향을 미치게 됨을 밝히고 이때 양육자인 성인의 민감한 반응, 수용, 격려 등과 같은 상호작용의 질이 아동의 자기조절 능력의 개인차를 가져옴을 제시한다. 학동기에 이르면 아동의 인지발달은 보다 진보되어 실행적인 조절로 표현되는 지각, 주의집중, 기억과정에 대한 자기조절 기능이 가능하게 된다.

(1) 자기조절 능력 발달단계

① 1단계

자연적 · 초보적 단계로서 아동이 그들의 신경조직의 능력 한계 내에서 환경에 대해 단순하게 직접적으로 반응을 하는 단계이다. 행동은 자극-반응이라는 자연스런 법칙에 기초한 환경의 우연적 결과에 의해 통제된다. 이 단계는 성인이 아동의 행동을 조절하는 주된 기능을 한다.

② 2단계

이 단계에서 아동은 완전하지는 않지만 자극을 주는 어떤 중재물에 의하여 신호를 미약하게나마 파악한다(예를 들면 아동은 단추선택과정이 그려진 그림을 보고 단추를 누른다. 그 결과 단추를 누른 반응으로 불이 들어오는 것을 경험하게 된다. 이런 과정에서 아동은 그림이 신호라는 것을 조금은 알게 된다). 외적 신호가 자극 대 반응이라는 구체적이고 즉각적인 연계를 이루고 있을 때에야 비로소 아동행동은 영향을 받는다. 이 단계에서 아동은 인지활동에서 신호의 기능과 역할을 인식해 간다.

③ 3단계

이 단계에서 아동은 직접적인 반응을 얻고자 자신의 자극인식 영역을 적극적으로 조작하여 행동을 조절한다. 그러나 이 시기는 외부의 신호자극에 더 많이 의존하기 때문에 자신의 행동조절에 한계를 가진다.

④ 4단계

외부자극의 내면화 단계로서 자기조절의 발달적 진보가 나타나는데 그 이유는 아동이 자극, 신호, 행동간의 관계를 내면화하기 때문이다. 아동은 인지구조가 발달하면서 외부자극의 중재신호에 의존하지 않고 새로운 수준의 조절행동이 획득된다.

아동의 새로운 수준의 행동은 외적 중재자(양육자로서의 성인)와 신호 중재의 도움을 받아 가능하여진다. 사고의 도구로써 신호체계는 의사소통의 목적으로서 뿐만 아니라 아동이 활동을 안내하고 계획하고 모니터하는 데 사용된다. 고등정신 기능의 발달에는 필연적으로 언어의 내면화가 수반되는데 이에 따라 자기조절 능력이 발달하게 된다. 그리고 언어적인 중재는 아동의 인지적 조작이 구체적 자극으로부터 독립을 가져오며, 아동의 조작과 행동이 덜 충동적이 되게 하며, 자극의 통제뿐만 아니라 자신의 행동숙달에 적극 활용된다.

비고츠키는 유아기에는 성인의 언어가 아동의 행동을 조절하지만(외적 중재자), 그 이후에는 아동의 자기중심적 언어를 사용하여 자신의 행동을 조정하게 된다고 하였다. 이는 언어가 새로운 자기조절적 기능을 발휘함을 의미하며 이로써 자신의 행동을 조절하게 된다.

(2) 근접발달지대(zone of proximal development: ZPD)

비고츠키는 교육은 발달을 이끄는 학습의 과정을 창조하는 것으로 생각해 근접발달지대라는 개념을 만들었다. 근접발달지대란 아동이 현재 스스로 과제를 해결할 수 있는 실제적 발달수준과 자신보다 인지적으로 유능한 성인이나 또래의 도움을 받아 과제를 해결할 수 있을 것으로 기대되는 잠재적 발달수준간의 간격으로 정의할 수 있다. 즉 아동은 자신의 능력 이상의 행동을 모방할 수 있어서 혼자서는 해결할 수 없지만 성인이나 뛰어난 동료와 함께 학습하면 성공할 수 있는 영역을 의미한다. 비고츠키의 근접발달지대의 의미는 아동이 스스로의 힘으로 문제를 해결할 때까지 그 문제를 이해한 다른 학생이나 교사의 주위에 놓여 있어야 한다는 것이다. 이는 교수(teaching)의 기초를 제공한다.

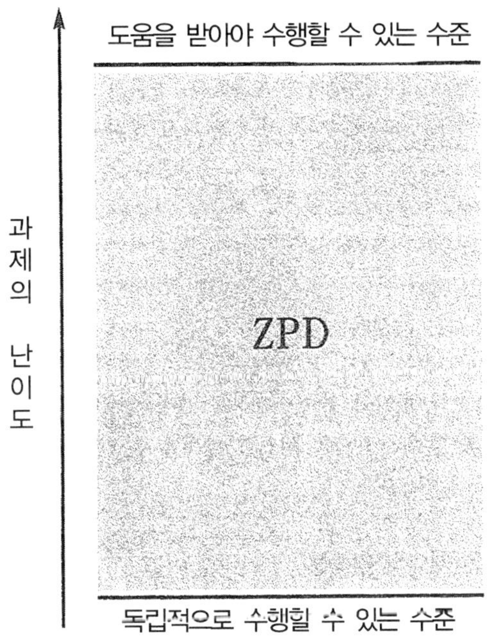

[그림 3-3] 근접발달지대

출처 : 김억환 외(1998). p. 73.

(3) 발판화(scaffolding)

아동이 스스로 문제를 해결할 수 있는 수준에 도달하기까지 매 단계마다 아동의 수행수준에 맞추어 도움을 주는 수준과 양을 적절히 조절하는 방안을 발판화(비계)라고 부른다. 발판화는 성인의 일방적인 가르침에 의존하는 성인중심의 인지발달 촉진방안과 아동의 자발적인 활동에 의존하는 극단적인 아동중심 방안을 적절히 통합하여 성인이 아동의 수행수준에 적응해 가며 궁극적으로는 아동이 독자적인 문제해결 수준에 도달할 수 있도록 촉진하는 효율적인 성인과 아동간의 거래적 상호작용모형(transactional interaction mode)으로 알려지고 있다.

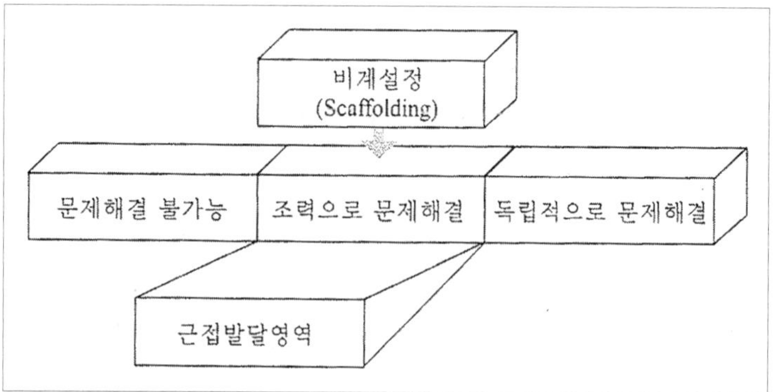

[그림 3-4] 근접발달영역과 비계설정

출처 : 구광현 외(2011). p. 65.

(4) 단계별 주요활동

표 3-2 발달단계별 활동

단계	주요활동	발달적 성취	기타활동
영아기	정서적 의사소통	애착 사물중심의 감각운동활동	미소짓기, 옹알이활동, 손바닥 가볍게 두드려 주기, 딸랑이 흔들어 주기
걸음마기	사물의 조작	감각운동적 사고, 자아개념의 출현	사물과 이름 연결하기
유아기	놀이	상상하기, 상징적 기능 감정과 사고의 통합	구성활동, 적목쌓기, 문자나 숫자를 배우기 이전의 활동(말하기, 수세기)
초등학교 저학년	학습활동	이론적 추론능력 고등정신 기능의 발현 학습에 대한 내적 동기	분류, 호기심 유발활동

출처 : 김억환 외(1998). p. 73.

(5) 교육적 적용

아동의 발달수준에 적합한 과제를 선정하여 아동에게 적절한 조절경험을 준다. 아동발달의 적절한 과제란 아동이 도움을 받아 풀 수 있는 과제를 말하는데 보다 구체적으로는 아동이 혼자 힘으로 풀기에 약간 어려운 과제를 제시하고 문제해결을 위해 문제를 해결할 수 있는 높은 연령의 아동이나 성인의 도움을 적절히 받아 해결할 수 있도록 한다. 이미 풀 수 있는 문제를 제기하는 것은 아동의 인지발달에 전혀 도움이 되지 않는다. 교사의 역할은 아동들이 준비가 된 것을 가르치거나 또는 이미 획득한 필수적인 정신기능들을 사용하는 과제들을 줄 것이 아니라 아동의 근접발달지대 안에 있는 또는 그들의 독립적인 기능보다 약간 높은 수준의 과제를 제공해야 한다.

근접발달지대의 영역을 교육현장에서 적용한다. 좋은 교사는 학생이 스스로의 힘으로 발견할 수 있도록 환경을 구성하는 것 이상의 역할을 해야 한다. 교사는 아동의 과제해결을 중재하고 교수방법을 구체적으로 진행할 때 아동의 과제에 대한 성공적인 참여율을 높일 수 있다.

학교교육에서의 집단 활동을 강조한다. 타인과의 협동은 성인과의 활동이든 또래와의 활동이든 근접발달지대 내에서 문화적으로 적합한 발달을 이끈다. 또래와의 상호작용의 효과는 신피아제학파에 의해 연구되어졌다. 이들 연구에서 가장 많이 쓰이는 과제는 보존개념인데, 보존 능력이 있는 아동과 보존능력이 없는 아동이 짝을 이루어 토론한 결과 보존능력이 없는 아동의 80% 이상이 보존능력이 형성되었다. 이때 보존 능력이 있는 아동은 비고츠키의 '보다 유능한 또래'로 간주되며 보존능력이 없는 아동은 처음에는 더 유능한 또래와의 협력으로 보존에 대해 이해한 다음 나중에는 혼자 독립적으로 보존과제를 습득한다.

신체적-정신적으로 장애가 있는 아이들을 일반아동과 함께 교육받을 수 있게 한다. 장애가 있는 아동들끼리 상호작용을 하면 그 결과 퇴행할 수도 있고, 교육의 발달도 기대하지 어렵고 아이들을 위축시키게 된다고 하여 장애아 통합교육에 시사점을 주고 있다.

아동의 적극적인 참여를 향상시키는 전략은 칭찬과 격려의 사용, 다양한 매체의 사용을 권장한다.

2. 성격발달

성격(personality)이란 라틴어의 per(~을 통하여)와 sona(소리내다)의 합성어에서 기원했다고 한다. persona란 배우들이 무대에서 쓰는 가면을 말하는 것으로, 개인이 사회생활을 하면서 상황에 맞추어 드러내는 여러 가지 역할의 내면적 모습이라고 할 수 있다.

1) Freud의 정신분석적 관점

프로이드는 1856년 유대인의 가정에서 태어나 오스트리아 비엔나에서 자랐으며, 비엔나 의과대학을 졸업한 후 정신과 의사로 활동했다. 그는 정신분석이라는 용어를 처음 소개하며 신경장애의 원인은 무의식적 경험으로 간주하고 인간의 무의식을 끌어내기 위하여 꿈 분석, 자유연상, 최면 등의 방법을 사용하였다.

(1) 성격의 구조

성격은 원 본능, 자아, 초자아로 구성된다. 프로이드의 정신분석이론에 의하면 각 개인에게는 제한된 양의 심리적 에너지(libido)가 있으며, 성격구조의 세 가지 요소 중 개인이 가진 에너지에 대해 어느 요소가 통제력을 더 많이 갖는지에 따라 인간의 행동특성이 결정된다.

① 리비도(libido)

정신력(psychic energy) 또는 본능적인 충동이며 이것은 의식적으로 또는 무의식적으로 개체의 성격과 행위에 영향을 미친다.

② 원 본능(id)

원 본능은 인간의 가장 원초적인 부분으로, 태어나면서 가지고 있는 심리적 에너지의 원천이며 무의식의 지배를 받는다. 원 본능은 맹목적이며, 요구적이고, 고통을 피하고 쾌락을 얻으려는 쾌락의 원리에 의해 움직인다.

③ 자아(ego)

자아는 현실원리에 의해 움직인다. 자아는 성격을 지배하고, 통제하고, 조절하는 실행자다. 현실원리에 의해 지배되므로 논리적이며 합리적인 사고를 하며, 원 본능이 현실적으로 가능하지 않은 요구를 할 때는 원 본능의 만족을 억제한다.

④ 초자아(super-ego)

초자아는 성격의 도덕적, 비판적 측면으로 현실보다는 이상을, 쾌락보다는 완성을 위해 작용한다. 이 초자아가 발날되면 부모에 의해 통제되던 것들이 초자아에 의해 통제된다. 초자아는 원초아의 충동을 억제하며, 자아가 현실적 목표 대신 도덕적 목표와 완전을 추구하도록 한다. 초자아는 부모나 사회의 표준이 내면화된 것으로 심리적 보상이나 처벌과 관련이 있다.

(2) 성격발달단계

① 구강기(출생-1세)

이 단계는 리비도가 입술에 집중되어 있는 시기로, 구강을 통하여 모든 욕구를 만족시킨다. 주로 이 단계의 욕구는 생물학적인 욕구가 대부분이므로 부모가 이 시기에 유아의 욕구를 얼마나 빨리 민감하게 반응해 주었느냐에 의해 성격이 형성된다.

구강기에 고착이 되면 이후에 입술이나 손가락 빨기, 과음, 과도한 흡연, 타인에 대한 불신, 타인의 사랑에 대한 거절, 긴밀한 관계를 형성하는데 대한 공포 등으로 나타난다.

② 구항기(1-3세)

항문부위가 인격형성에 있어서 가장 중요한 시기다. 주된 발달적 과제로는 독립의 학습, 개인적 능력의 수용, 분노와 공격 등 부정적 감정들을 표현하는 것을 배우기 등이 있다. 부모의 훈육양식에 의해 형성되며, 아동의 후기 인격발달에 중대한 영향을 끼친다.

③ 남근기(3-6세)

기본적 갈등은 어린이들이 이성 부모들에게 느끼는 무의식적 근친상간의 욕망에 집중되어 있다. 그러한 감정은 원래 위협적이므로 억압된다. 오이디푸스 콤플렉스가 생기며, 어린이의 성적 관심에 대한 부모의 언어적, 비언어적 반응방식은 성에 대한 어린이의 태도와 감정에 영향을 끼친다. 이 시기에 고착이 되면 과시적이고 거만하고 공격적인 남근기적 성격이 형성된다.

④ 잠복기(6–12세)

성적 관심이 다소 주춤하고 학교, 놀이, 친구, 운동, 새로운 활동들로 관심이 바뀐다. 이것은 어린이의 관심이 외부로 향하고 타인과 관계를 형성하는 사회화의 발달을 돕는다.

⑤ 생식기(12세 이후)

사회적 억압과 금기사항들이 있지만 젊은이들은 우정을 형성하고, 예술이나 스포츠에 종사하고, 직업을 준비하는 것과 같은 사회적으로 받아들여질 수 있는 여러 가지 활동들에 성적 에너지를 투지함으로써 그것을 처리할 수 있게 된다.

(3) 자아 방어기제

자아의 한 가지 주요 기능은 내적인 위협으로부터 마음을 보호하는 일이다. 방어기제는 본능의 표출을 막고 초자아의 압력에 대항함으로써 불안으로부터 자신을 보호하기 위한 수단이다. 모든 방어기제는 무의식적 수준에서 작용하고 있기 때문에 자기 기만적이며, 불안의 위협을 줄이기 위해 현실을 왜곡하여 지각하게 하는 것이 특징이다.

실제로 사람들은 불안에서 벗어나기 위해 하나의 방어기제만을 쓰는 경우는 드물고 여러 가지 방어기제를 함께 사용한다. 〈표 3-3〉은 자아에서 작동되는 방어기제의 종류 및 내용을 나타낸 것이다.

표 3-3 방어기제의 종류 및 내용

종 류	내 용	예
보상 (compensation)	어떠한 분야에서 탁월하여 인정을 받음으로 해서 다른 분야에서의 실패나 약점을 보충하여 자존심을 고양시키는 기제	약한 개가 큰 소리로 짖는 것 공부에 자신이 없는 경우 운동을 열심히 하는 것
억압 (repression)	가장 기본적 방어기제로 불안을 회피하는 가장 직접적인 방식이다. 수치스럽다고 느껴지는 기억, 괴로운 경험 등을 의식으로부터 무의식으로 밀어내는 것	부모가 사랑하는 자녀의 죽음을 계속해서 믿지 않으려는 것
합리화 (rationalization)	어떤 행동이 억압되거나 실패했을 때 사회적으로 용납할 수 있는 이유를 들어 그 상황을 해명함으로써 위축된 자아를 보호하는 것	이솝우화에서 유래된 것으로, 자신이 바라던 것을 얻지 못했을 때 그것의 가치나 중요성을 깎아 내림으로써 마음의 위안을 얻는 것
투사 (projection)	미성숙한 방어기제로 스스로 받아들일 수 없는 충동이나 태도, 행동을 다른 사람이나 환경의 탓으로 돌리는 것	자기가 싫어하는 친구가 있는 경우 그 친구가 자기를 미워한다고 생각하는 것 시험공부를 열심히 하지 않고 나쁜 점수를 받고서는 채점이 공정하지 않았다고 하는 것
반동형성 (reaction formation)	사회적으로 용인될 수 없는 충동이 표출되는 것을 막기 위해 그 충동이 의식수준에서 정반대로 표현되는 것	친구를 좋아하면서도 표현하기 힘든 아동이 긴장된 상황에서 "난 네가 싫어"라고 말하는 것
전위 (displacement)	본능적 충동을 만족시키기 위하여 선정된 대상에게 어떤 장애물로 인해 접근할 수 없을 때 그 대상에 대한 감정이나 에너지가 전혀 상관없는 다른 대상에게로 돌려지는 것	부모님에게 억울하게 야단맞은 아이가 동생이나 개에게 화풀이하는 것

종 류	내 용	예
퇴행 (regression)	현재 단계에서 좌절이나 불안이 지나치면 생의 초기에 성공적으로 사용했던 생각이나 감정에 의지하여 자신의 불안이나 위협을 해소하려는 것	동생이 출생하게 되면 부모의 사랑을 독차지하기 위하여 유치한 행동을 하는 것 딸이 용돈을 타기 위해 부모에게 어리광을 부리는 것
동일시 (identification)	자기가 좋아하거나 존경하는 대상과 자기를 동일하게 생각함으로써 만족을 얻는 것	청소년들이 연예인을 좋아하고 그들과 같은 행위를 하거나 옷을 입는 것
승화 (sublimation)	수용될 수 없는 충동이 사회적으로 받아들여질 수 있는 충동으로 대체되는 것	타인에 대한 공격성이 권투선수가 되어 훌륭한 시합을 하는 것으로 대체되는 것

2) Erikson의 심리사회적 이론

에릭슨(Erikson)은 문화적 · 사회적 맥락을 강조하고 인간의 성장 · 발달을 개인적 욕구 및 능력과 사회적 기대 및 요구 사이의 상호작용의 산물로 보았다. 따라서 에릭슨의 발달이론을 심리사회적 발달이론이라고 한다.

에릭슨은 개인의 성격은 발달과정에서 타인과의 상호작용과 관계성에 의해 형성되며, 각 단계마다 심리사회적 위기가 있으며, 각 단계의 위기를 성공적으로 해결했을 때 건강한 성격이 형성된다고 보았다.

(1) 기본명제

- 전 생애에 걸쳐 각 개인은 각 단계마다 특수한 발달과제가 있는 명확한 발달단계를 거치게 된다.
- 발달단계는 부분적으로는 성숙에 의하여, 부분적으로는 개인이 성장한 사회에 의하여 규정지워진다.

- 아동이 각 단계의 심리적 위기를 성공적으로 극복하는 것은 대부분이 아동과 부모 또는 아동과 교사 사이의 상호작용에 달려 있다.
- 한 단계의 심리적 위기를 성공적으로 해결하지 못하게 되면 다음 단계의 심리적 위기를 해결하는데 방해가 된다.

(2) 발달단계

① 기본적 신뢰감 대 불신감(basic trust vs. mistrust-1.5세)

부모로부터 적절한 보살핌을 받아 기본적인 욕구가 충족된 유아는 자신과 주변에 대해 신뢰감을 형성하나, 양육이 부적절하거나 일관성이 없게 되어 부정적인 경험이 많은 유아는 불신감을 갖게 된다.

② 자율성 대 수치심(antonmy vs. shame-3세)

이 시기의 유아는 신체적 및 생리적 성숙에 의해 최초로 자아감을 갖고 외부를 탐색하고자 한다. 이 때 부모의 분별력 있는 보호에 의해 유아가 부모의 보호 방식에 따라 허용되고 격려되면 유아의 자율성은 발전하게 된다. 그러나 유아의 자기주장이 이들의 미숙함을 우려하는 부모들의 규제를 받게 되거나 또는 실패에 부딪치게 되면 수치심이나 자아회의감에 사로잡히게 된다.

③ 주도성 대 죄의식(intiative vs. guilt-6세)

형제나 또래집단과 더불어 놀이 활동에 참여하면서 아동들은 자기주장이 나타나고, 경쟁에 몰입하며, 이러한 과정 속에서 때로 좌절을 경험하기도 한다. 이 시기에 최초로 싹트는 자기주장적 활동이 적절한 비율로 성공하게 되면 아동은 주도성을 확립하게 되나, 실패의 경험이 많을 경우 아동의 주도성은 위축되고 자기주장에 대해 죄의식을 갖게 된다.

④ 근면성 대 열등감(industry vs. inferiority–12세)

이 시기의 유아는 기초적인 인지적 기술과 사회적 기술을 획득하게 되면서부터 가족의 범위를 넘어서서 사회에서 통용되는 유용한 기술들을 열심히 배우고자 하며 이를 숙달하고자 한다. 아동이 어떤 일을 하도록 격려되고 그 일의 성취에 대해 칭찬이 주어지면 근면성도 나타난다. 일에 실패하거나 실패에 대해 추궁을 받게 되면 열등감을 키우게 된다. 따라서 교사는 아동의 재능을 발견하고 적당한 용기와 격려를 제공해 주어야 한다.

⑤ 정체감 대 역할혼미(identity vs. role confusion–18세)

자신이 누구이며 가정과 사회에서의 역할에 대해 고민하는 시기로 자신에 대한 정체감을 형성하고자 하나 이에 실패하면 역할혼미에 빠지게 된다. '나는 누구인가?, 나는 무엇이 될 것인가?' 와 같은 자신의 위치와 역할에 대해 고민하고 장래의 직업적인 계획을 세우려는 것이 주요과업이라고 할 수 있다. 이 단계는 아동기에서 성인기로 전환되는 시기다. 사회적, 역사적 변화에 대한 민감성 때문에 정체감 형성기의 청소년들은 상처받기 쉬우며 자신의 역할에 대한 혼돈상태로 인하여 불안하고 우유부단해지고 공허함을 느끼는 등 고통을 받게 된다.

⑥ 친밀성 대 고립감(inrimacy vs. isolation–30대)

타인과 보다 친밀하고 신뢰할 수 있는 관계를 맺으려 노력하는 시기로 타인의 입장을 배려하고 감정이입을 하는 능력이 필요하다. 이 단계에서의 심리사회적 위기는 고립감인데 이는 개인이 다른 사람과 친밀감을 나누려 하지 않기 때문에 관계를 회피하려는 데서 생겨난다.

⑦ 생산성 대 침체감(genterativity vs. stagnation–5, 60대)

자녀, 업적, 생산물 등 다음 세대에 물려 줄 수 있는 어떤 특성을 소유하고 있음에 대해 자신감을 소유하게 되는데 이러한 생산성이 약하거나 없다고 느낄 때 빈곤감과 침체감을 경험하게 된다.

⑧ **통정성 대 절망감**(ego integrity vs. despair- 60대 이후)

죽음이 다가옴에 따라 자신의 삶을 재조명하고 지나온 삶에 대한 나름대로의 의미를 찾으며 만족하는 것이 자아통합이나 이에 실패하면 절망과 허무를 경험하게 된다. 통합적 상태에 도달한 사람은 자신의 생애가 보다 큰 질서 속에서 어떤 의미를 가진다는 것을 알게 되며 지나온 자신의 삶 속에서 나름대로의 의미를 찾는 지혜를 지닌 사람이다.

(3) 에릭슨 이론의 교육적 의의

영아기 부모는 아이들이 마음껏 활동할 수 있도록 환경을 조성해 주고 혼자서 할 수 있도록 격려해 주면 아이들은 자율성을 갖게 되지만, 자신의 노력을 부모가 인정해 주지 않거나 반복적으로 실패하게 되면 수치심이나 회의감을 갖게 된다.

유아기에는 자율적으로 계획을 세우고 새로운 인지기술로 세계를 다루고자 하는 시기로 이때 지나치게 유아들을 통제하거나 꾸짖으면 유아들은 죄의식을 느끼게 되고 부정적인 자아개념을 갖게 된다. 그러므로 가능한 유아들을 수용하고 포용해 주는 여유가 필요하다.

초등학교에 들어가면 아동은 사회가 요구하는 새로운 과제를 수행하게 되는 시기로, 이 시기의 성공적인 과제수행은 아동에게 근면감과 자신감을 심어주나 과제수행에 실패하게 되면 열등감을 갖게 되고 자신감을 잃게 된다. 이때 교사나 부모가 지나치게 높은 기대를 가지고 능력 이상의 과제를 수행하도록 강요하거나 타인과 무리하게 비교를 한다면 아동들의 사회적응력에 문제가 생기게 된다.

중등학교 시기는 에릭슨이 특히 중요하게 취급한 시기로 청소년들은 자아정체감을 확립하기 위해 노력하는 시기다. 이 시기에 청소년들은 우유부단해지고 불안감을 느끼기도 하고 때로는 반항적이 되기도 한다. 그러므로 교사는 청소년들에게 자신감을 심어 주고 가능한 대안들을 탐색해 보거나 다양한 경험을 할 수 있도록 기회를 제공해 주고, 청소년들이 그들의 고민을 함께 이야기할 수 있는 장을 마련해 주어야 한다.

3) Marcia의 청소년 정체성 이론

(1) 단계별 정체성 발달

마르시아(Marcia)는 구조화된 면담도구를 개발하여 직업, 종교적 사상 그리고 일련의 정치적 가치관들을 확고하게 실행하는지에 따라 청소년의 정체성을 조사하여 정체성 지위에 관하여 연구했다. 정체성 지위는 과업에 대한 전념, 정체성 위기 경험여부의 두 가지 기준에 따라 네 가지로 분류했다(Shaffer, 1994).

① 정체성 혼미(identity diffusion)

이 상태에 있는 청년들은 삶의 목표와 가치를 탐색하려는 시도를 보이지 않거나, 그것에 대해 생각해 보았으나 어떤 확고한 미래지향적인 행동을 하지 못하고 있다. 정체성 혼미는 청년 초기에 가장 보편적이지만, 일정한 직업을 갖지 못하거나 지속적으로 일하지 못하는 성인들에게서도 찾아볼 수 있다.

② 정체성 유실(indenty foreclosure)

이 상태의 사람들은 어떻게 문제들을 가장 잘 조화시킬 것인가에 대해 결정하는 주체성 위기를 경험하지 않고 앞일을 실행해 나가는 사람들이다. 이 경우는 부모들의 목표, 가치 그리고 생활방식을 택하는 상태로, 부모들이 청소년들에게 기대하고 추천하는 생애과업(예를 들면, 너는 의과대학에 가야 한다)을 주의 깊게 고찰하지 않고서 이러한 견해를 받아들일 때 쉽게 일어날 수 있다. 이들은 청년기를 매우 안정적으로 보내는 것 같으나, 성인기에 뒤늦게 정체성 위기를 경험하는 경우도 적지 않다.

③ **정체성 유예**(identity moratorium)

이 상태는 에릭슨이 주체성 위기라고 언급한 것을 경험하고 있는 사람을 말한다. 어떤 확고한 과업을 달성한 상태는 아니지만 안정된 주체성을 찾는 과정에서 여러 가지 가치, 흥미, 사상 및 경험을 적극적으로 탐구하는 경우다. 마르시아는 정체성 유예를 정체성 성취에 도달하기 위해 필요한 과도기적 단계로 청소년기에 나타나는 현상으로는 건강한 것으로 볼 수 있다.

④ **정체성 성취**(identity achievement)

정체성 성취자는 삶의 목표, 가치, 직업, 인간관계 등에서 위기를 경험하고 대안을 탐색하여 개인적인 과업을 달성함으로써 자신의 정체성 위기를 해결하고 확고한 개인적 정체성을 갖게 된다.

(2) 정체성 확립에 있어서 연령의 경향

마르시아는 정체성 위기가 초기 청소년 시기에 일어나고 15-18세경에 대체로 해결되지만 때로는 그 연령 이상에서 성취되는 경우도 있다고 보았다. [그림 3-5]에서 보는 것처럼 12세에서 18세 사이에 거의 대다수가 주체성이 혼돈되어 있거나 유실되어 있었다. 즉 21세 혹은 그 이상의 연령에 이르러서야 대부분의 참가자들은 일시적 정지에 도달했거나 혹은 안정된 주체성을 성취한 것으로 나타났다.

정체성 확립에 있어서 연령적 경향은 더 광범위한 청소년 표본을 통해 얻은 워터만(Waterman)의 연구결과에서도 남성과 여성에 있어서 유사한 것으로 보고되었는데, 대다수의 미국 젊은이들은 후기 청소년까지는 강한 주체성 위기를 경험하지 않고 있으며, 대학 재학 연령층의 많은 젊은이들이 확고한 미래지향적 정체성을 찾고 있는 것으로 생각된다(박선영, 1998).

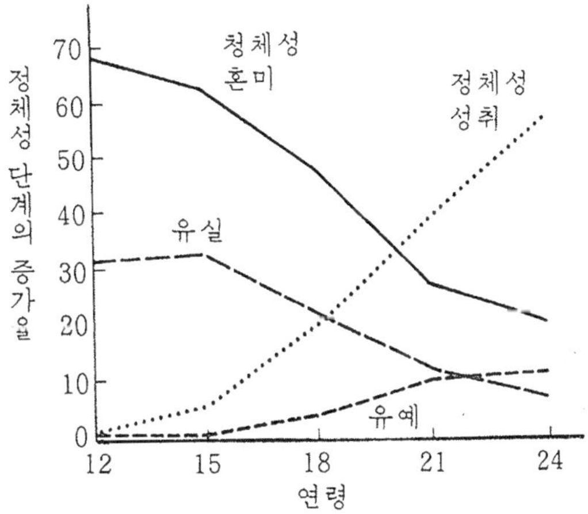

[그림 3-5] 정체성 단계의 연령별 증가율

출처 : 박선영 외(1988). p. 65.

(3) 정체성 확립에 있어서의 사회적 영향

어떤 사회적 요인들이 정체성 성취를 향한 청소년들의 진보를 촉진시키거나 지연시킬 수 있는가? 명백하게 양육방식이 매우 중요하다. 권위적인 부모와의 밀접한 관계가 있을 경우에는 정체성 유실을 초래할 것이며, 반면에 방임적이어서 부모와 거리가 먼 경우에는 청소년들로 하여금 미래의 책임에 대해 생각할 이유가 거의 없는데, 이리하여 정체성 혼미를 심화시킨다. 대조적으로 일시적 유예나 정체성 성취 어느 경우이든 이 두 경우에 분류된 학생들은 가정 내에서 확고한 애정기반을 가지고 있어서 개인의 자유를 그들 자신의 고유권리 안에서 조화를 시킬 수 있는 것으로 보인다. 그래서 강한 자존감을 얻는데 도움을 주는 것으로 여겨지는 양육방식은 동등하게 사랑하고 민주적인 양육태도로서 청소년에게 건전하고 적절한 정체성의 성과를 산출하게 된다.

4. 도덕성 발달

도덕성(morality)이란 옳고 그른 것에 대한 사회적 규범을 자신의 것으로 받아들여 그에 따라 행동하게 하는 기준이다. 아동은 자라면서 부모로부터 또는 다른 성인이나 또래와의 상호작용을 통해 자기가 속한 사회의 행동규준을 습득하게 되고 도덕적으로 성숙된다.

도덕성에는 사회생활의 규범으로서의 법칙을 따라 하려는 심성으로서 선악에 관한 이해와 판단과 같은 인지적 측면, 그렇게 하려는 의욕과 실천이라는 행동적 측면, 행동에서 생겨나는 죄의식의 정서적 측면이 있다. 한 사회 속에서 공유되고 있는 가치관이나 행동규범이 무엇인지를 아는 것은 그것을 지킬 수 있는지를 결정하는 중요한 측면이 된다. 본 장에서는 인지적-정의적 도덕성을 다룬 콜버그의 이론과 그 한계를 지적하고 청년기의 이타적 도덕성을 다룬 길리간 이론을 살펴보기로 하자.

1) Kohlberg의 도덕성 발달이론

콜버그(Kohlberg)는 피아제의 영향을 많이 받은 학자로 피아제의 도덕성 발달단계에 대해 연구를 하여 청소년기 및 성인기까지 도덕성 발달단계를 확장시켰다. 그는 인간이 사회적 상황에서 도덕적 판단을 할 때 인지능력이 발달함에 따라 도덕발달 수준도 단계적 계열을 따라 순서대로 발달해 간다고 주장한다. 또한 이러한 발달 양상은 미국, 영국, 말레이지아, 터키, 맥시코, 대만, 일본 등 여러 문화간에도 유사한 경향이 있음을 확인했다(송명자, 1995; Nisan & Kohlberg, 1982).

(1) 발달단계

콜버그는 도덕적 딜레마 상황에서 내담자들이 그 상황을 어떻게 판단하며, 그렇게 판단한 이유를 추론하였다. 콜버그가 고안한 도덕적 딜레마 중에서 유명한 것이 하인츠 딜레마(Heinz dilemma)이다.

유럽에서 한 여인이 특별한 종류의 암에 걸려 죽음 직전에 와 있었다. 의사들이 그녀를 살릴 수 있을 것으로 생각하는 한 가지 약이 있었다. 그것은 같은 도시에 있는 한 약사가 최근에 발견한 것으로 라듐의 한 형태였다. 그 약은 제조하는 데 비용이 많이 들었다. 그 약사는 약값으로 제조비용의 10배를 불렀다. 그는 라듐 구입에 200불을 지불하고 그 약의 소량 처방에 2000불을 요구했다. 환자의 남편 하인츠는 돈을 꾸기 위해 아는 사람을 모두 찾아다녔지만 약값의 반인 1000불 밖에 구하지 못했다. 그는 약사에게 자기 아내가 죽어 가고 있다는 것을 말하고 약을 좀 싸게 팔거나 아니면 약값을 나중에 갚도록 해 달라고 부탁했다. 그러나 약사는 "안돼요, 내가 그 약을 발견했고, 나는 그걸로 돈을 벌려고 합니다."하고 말했다. 그래서 하인츠는 절망했고, 아내를 위해 그 약을 훔치려고 약사의 가게를 부수고 침입했다. 하인츠는 약을 훔쳐야만 했을까? 그 이유는?

콜버그는 이러한 질문들에 대한 대답을 기초로 하여 개인의 도덕성을 6단계로 나누었고 그것을 크게 세 가지 수준으로 구분했다(Kohlberg, 1984).

① 1수준 : 전 인습적 단계(preconventional morality)

• 외적인 기준(대개 부모의 판단 기준)에 의한 도덕적으로 판단한다.
• 처벌을 피하고 보상을 얻기 위해 권위의 인물이 부여한 규칙에 따른다.
• 9세 이전의 대다수 아동과 일부 청소년, 범법 청년들이 속한다.

(i) 1단계 : 처벌 및 복종 지향(obedience & punishment orientation)

• 한 행위의 옳고 그름을 그 행위의 결과에 의해 판단한다.
• 진정한 의미의 규칙에 대한 개념은 없고 신체적, 물리적 힘이 도덕판단의 기준이 된다.

(ii) 2단계 : 욕구충족을 위한 도구적 상대주의(relativistic & hedonism)

• 자신에게 당장 이익이 있을 때 규칙을 따른다.
• 네가 나를 도와주면 나도 도와준다는 상호교환 관계의 기준을 따른다.

② 2수준 : 인습적 도덕성(conventional morality)

• 선한 행동 또는 사회적인 질서를 유지한데 대한 칭찬과 인정을 받기 위해서 부모, 또래, 사회집단으로부터의 규칙에 따르려고 애쓴다.

(iii) 3단계 : 대인과의 조화를 이룬 도덕성(good boy & girl orientation)

• 다른 사람을 도와주고 기쁘게 해 주는 행위를 도덕적인 행위로 본다.
• 타인의 반응이 도덕성 판단의 기준이 되지만, 물리적인 힘보다는 심리적인 인정여부에 관심이 있다.
• 사회적 규제를 수용하며, 의도에 의해 행위의 옳고 그름을 판단한다.

(iv) 4단계 : 법과 질서를 유지하는 도덕성(maintenance of social order & authority)

• 권위, 고정된 규칙, 사회적 질서를 지향한다.
• 사회, 집단, 제도에 공헌하는 것 역시 선으로 여겨진다.

③ 3수준 : 후 인습적 수준(post-conventional morality)

- 개인이나 집단의 권위와 상관없이 도덕적 기준이 내면화되어 자신의 것이 된다.
- 대개 20세 이상이 넘어야 도달한다.

(v) 5단계 : 사회계약으로서의 도덕성(democratically accepted law)

- 개인의 권리를 존중하고 사회전체가 인정하는 기준을 준수한다.
- 사회질서를 유지하기 위해 법과 규칙은 준수되어야 하지만, 그 법과 규칙은 대다수 성원들의 더 나은 이익을 위해 바뀔 수 있다.

(vi) 6단계 : 보편적 · 윤리적 원칙(universal principles)

- 옳은 행동은 자신이 스스로 선택한 윤리적 원리와 일치하는 양심에 의해 결정된다.
- 정의와 인간권리의 상호성과 평등성, 그리고 개인으로서의 인간존재의 존엄성을 존중한다.

콜버그는 각 단계를 특정 연령으로 묶지는 않았으나 그 순서는 일정하고 보편적이며 어느 한 단계를 건너뛰고 다음 단계로 발달할 수는 없다고 하였다. 각 단계에서 높은 단계로 발달해 갈수록 그 사고체계는 이전의 단계보다 더 광범위하게 볼 수 있는 것이 되고, 더 복잡하고 추상적인 사고를 할 수 있으며, 사회문제를 보편타당성의 원리에 근거해서 해결할 수 있게 된다. 그러나 모든 사람이 여섯 단계를 끝까지 모두 거친다고 생각하지 않았다. 6단계의 보편적-윤리적 원칙 단계까지 이른 인물들은 극소수라고 판단해 후기에는 이 단계를 더 강조하지 않았다(Eggen & kauchak, 1992).

(2) 콜버그 이론의 한계

첫째는 그의 도덕 추론이 개인의 실제 도덕적 행위가 아니라 주어진 상황에 대한 개인의 인지적 반응, 즉 도덕적 추리 능력을 통해서 발달단계를 구분하였다고 비판받고 있다.

둘째는 도덕발달 단계에서 전 단계로 후퇴하는 도덕적 퇴행의 문제를 들 수 있다. 후퇴가 일어나는 경우는 고등학교와 대학생 시기 사이에서 단계의 진전이 일어나는 대신에 이전 단계로 후퇴하는 경향이 나타났다(Holstein, 1976; 조희숙 외, 1994). 콜버그는 이러한 현상을 도덕 판단 능력의 퇴보가 아니라 일시적 동요이며, 1-4단계까지는 불변적 단계이지만 4-6단계는 불변적인 단계라기보다는 각기 다른 형태의 성숙된 도덕 추론일 수도 있다고 했다.

셋째는 그의 단계 중 6단계의 적합성 여부다. 이 단계에 도달했다고 판단되는 인물이 극히 드물다는 것은 이 단계가 인간이 지향해야 할 이상적인 도덕발달의 방향을 보여주는 이론적인 가치는 있겠지만 이론의 타당성의 측면에서는 문제가 있다고 볼 수 있다.

넷째는 도덕적 추론이 서구적이고 남성중심적 가치로 치우쳤다는 점이다. 6단계는 집단중심이고 민주적인 가치에 익숙한 서구문화를 중심으로 구분지어져 있다. 또한 콜버그는 여성이 남성보다 더 낮은 단계를 이루고 있는 것으로 규정했으나 길리간 등의 연구에 의하면 여성과 남성은 각기 다르게 사회화되기 때문에 서로 다른 도덕추론의 단계를 가지게 된다. 그런데 콜버그는 남성이 지향하는 정의와 공정성에 입각한 추론을 여성이 지향하는 타인의 입장을 이해하고 보살피는 특성의 도덕적 추론보다 높게 평가했기 때문에 마치 남성이 여성보다 높은 도덕성 단계에 있는 것처럼 보이는 것이라고 지적했다.

(3) 도덕성 발달의 지도

첫째, 유아들은 도덕성의 덕목과 원리를 이해하기 어려우므로 말보다도 행동을 통해서 지도해야 한다.

둘째, 아동에게 지도할 때는 아동에게 왜 그렇게 행동하도록 요구하는지 직접적으로 설명하거나 아동의 자존심이나 성숙되고자 하는 노력 등에 호소하거나 타인의 행동동기에 대해 설명하는 귀납적 방법으로 훈육한다. 귀납적 훈육은 아동에게 자신의 행동을 평가할 수 있는 인지적인 기준을 제공하고, 죄책감과 수치심 같은 도덕적 정서에 대해 언급할 수 있게 하며, 금지된 행동에 대한 유혹이 있을 때 어떻게 저항해야 할지를 아동에게 알려주고, 잘못을 했을 때 어떻게 보상해야 할 것인지 알려 준다(조희숙 외, 1994).

셋째, 유아들의 행동발달에 중요한 영향을 미치는 요인으로 모델링을 들 수 있다. 그러므로 타인을 잘 이해하고 보살펴 주는 성인들을 관찰하고, 착한 친구와 사귈 수 있는 기회를 만들어 준다.

넷째, 나이어린 아동일수록 도덕적 판단을 해야 하는 상황에서 일관성 있게 지도해야 혼란을 초래하지 않고 일찍 도덕적 추론의 단계를 거칠 수 있다.

다섯째, 학급의 경우에는 학생들에게 자신의 도덕적 사고를 시험해 보고 다른 학생과 비교해 보는 학급토론을 경험하게 한다. 이때 교사는 학생들에게 다양한 질문을 하고 상황을 복잡하게 하여 학생들이 보다 고차적이고 다양한 사고방식을 경험하게 하고, 자유로운 토론을 통하여 다른 사람의 도덕적 사고를 비교할 기회를 줌으로써 학생들의 도덕성 발달을 도울 수 있다.

2) Gilligan의 청년기 도덕발달이론

길리간(Gilligan)은 인간관계의 보살핌 · 책임 · 애착 · 희생을 강조하는 대인지향적 도덕성 이론을 제시했다.

길리간은 여성들에게서 보다 강하게 나타나는 도덕성의 한 측면으로서 인간관계 속에서 타인을 배려하고 타인의 요구에 민감하게 반응하며, 타인과의 관계를 고려하는 도덕적 사고를 중시하고 있다. 이러한 도덕성은 추상적인 도덕적 원리보다는 인간에 대한 책임을 강조하며, 타인에게 해를 끼치거나 폭력을 행사하는 것을 피하고, 자신을 희생하더라도 인간관계를 유지하고자 하는 강한 대인간 배려지향을 갖는다.

길리간(1982)은 성적 갈등과 낙태 등의 문제와 관련되는 상황에서 청소년들의 도덕적 판단을 분석하여, 이를 바탕으로 여성의 도덕추론을 보여주는(보살핌의 윤리) 도덕발달 단계를 제안했다.

(1) 수준 1 : 자기이익 지향

여성이 자신의 이익과 생존에 자기중심적으로 몰두하는 단계이다. 예를 들어, 낙태와 관련되는 도덕적 사고에서 이 수준의 여성은 자신이 아기를 원하지 않으며, 자신의 생애에 임신이 도움이 되지 않는다는 사실에서 벗어나지 못한다. 이 수준에서는 어떤 사태가 자신의 욕구와 갈등을 일으킬 때에만 도덕적 사고와 추론이 시작되며, 어느 쪽이 자신에게 중요한가가 판단의 준거가 된다. 주로 아동기의 미성숙한 도덕적 사고가 이 수준에 속한다.

- **제 1 이행기 : 이기심에서 책임감으로**—이 단계에서 여성들은 자신이 하고 싶은 개인적 욕구와 자신이 해야 하는 책임을 구별하기 시작한다. 이처럼 자기중심적인 이기심으로부터 타인에 대한 관심이 나타나면서 아동기 자기이익 지향 수준으로부터 보다 성숙한 수준의 도덕적 추론이 시작된다.

(2) 수준 2 : 타인에 대한 책임으로부터 선의 식별

청년기 동안에 도덕성의 사회적 조망이 발달한다. 자신의 욕구를 억제하고 타인의 요구에 응하려는 시도가 나타난다. 이 수준에서 여성들은 이기심으로부터 벗어나 타인에 대한 배려 · 책임감 · 자기희생을 지향하게 된다. 낙태와 관련되는 사태의 예에서 남편 · 연인의 입장과 태어나는 아기의 장래를 고려하는 도덕적 추론이 나타난다.

이 단계에서 여성들은 자기희생과 타인에 대한 배려를 동등하게 선한 것으로 간주한다. 모든 사람의 이익을 충족시킬 수 있는 사태해결이 불가능할 때는 자신을 희생하면서도 타인을 배려하고 책임지는 행동을 선택한다. 이 단계 특유의 여성의 도덕적 추론은 대인관계의 불평등과 남성에 대한 의존이나 예속을 초래할 수 있다. 그럼에도 불구하고 자기희생과 타인에 대한 배려의 중요성과 가치에 대한 확신은 변함이 없다.

- **제 2 이행기 : 동조로부터 새로운 내재적 판단으로**—자신의 가치에 대한 비판적 의문이 제 2 이행기를 맞게 한다. 이 시기에 여성들은 자신의 가치와 욕구에 대한 관심이 잘못된 이기심이었던가에 대해 다시 생각하기 시작하며, 개인적 욕구와 타인에 대한 배려와 책임감의 균형이 필요하다는 것을 깨닫기 시작한다. 선함의 본질에 대한 새로운 인식이 시작된다.

(3) 수준 3 : 자신과 타인 간의 역동

대인간 도덕적 추론의 마지막 수준에 이르면 개인의 권리주장과 타인에 대한 책임이 조화를 이루게 된다. 이 시기의 여성은 자신을 무력하거나 수동적인 존재로 고려하지 않고 의사결정과정의 적극적 참여자가 된다. 강한 자기주장에도 불구하고 이 시기 여성들의 도덕적 지향이 타인에 대한 이해와 배려에 바탕을 두고 있는 점에서는 이전 단계와 동일하다. 비폭력 · 평화 · 박애 등은 이 시기 개인적인 권리와 타인에 대한 배려가 조화를 이루는 도덕성의 주요 지표이다.

대인간 보살핌과 책임을 중시하는 길리간의 도덕성 발달이론은 도덕발달의 성차의 문제를 넘어서서 지나치게 인지적인 측면에서만 도덕성을 고려한 콜버그 이론의 한계를 보완하는 점에서 최근에 많은 발달심리학자들의 관심의 대상이 되고 있으며(송명자, 1995), 도덕성 발달에 대한 우리의 시야를 넓히는데 도움을 준다.

제4장

전통적 학습이론

1. 학습의 개념
2. 고전적 조건형성이론
3. 조작적 조건형성이론
4. 시행착오설
5. 관찰학습

1. 학습의 개념

인간에게 일어나는 모든 행동이나 인지, 또는 가치, 태도 등은 크게 두 가지 범주로 구분된다. 곧 유전적 · 생득적 범주와 경험적 · 환경적 범주이다.

유전적 · 생득적 범주는 인간이 태어나면서부터 가지고 있는 본능적 요소들이며, 이 본능적 요소들은 인간이 하나의 독립된 개체로서 종족을 유지하기 위해 가지고 있는 본질적 반응이다. 물론 이 본능적 요소들도 보다 거시적인 관점에서 보면 종족을 유지하려는 환경에의 적응으로 볼 수 있다는 관점도 있다.

경험적 · 환경적 범주는 본능적 요소들이 보다 생득적인데 비해 후천적이며 학습된 결과들이다. 즉, 학습(learning)이란 인간이 태어난 이후 겪게 되는 경험을 말한다. 후천적 · 경험적으로 얻어지는 인간의 변화들을 학습이라고 한다. 이 학습이라는 용어는 교육심리학적 배경에 따라 크게 네 가지 관점으로의 용어로 구분하여 정의되곤 한다.

첫 번째, 학습이란 '행동의 변화'라고 보는 관점이다. 이것은 학습을 인간에게 이루어진 여러 가지 경험적 요소들에 의한 변용, 즉 변화의 결과라는 정의이다. 이 정의는 행동주의나 인지이론에 관계없이 보다 논리적인 기초 위에서 내려진 정의방식이다. 여기서의 '행동변화'는 인간행동의 변화결과를 의미하는 것으로서, 비교적 영속적이며 의도성을 가진 변화의 모습을 말한다.

두 번째, 학습은 'S-R결합'이라는 정의이다. S-R의 결합은 행동주의적인 정의로서, 왓슨(Watson) 이후의 행동주의자들이 생각하는 자극(stimulus)과 반응(response)이 결합되어 행동의 변화가 발생한다는 것이다. 즉, 어떤 인간의 행동도 자극(S)과 반응(R)으로 구성되어 있으므로 인간의 행동들은 S-R의 결과라는 정의이다. 이 행동주의적인 정의는 매우 분석적이고 경험적 결과를 통해서 얻어진 정의이지만, 인간의 행동을 지나치게 단위적으로 이해하려 한다는 측면과 분석적 행동들 간의 종합적 행동에 대한 이해가 부족하다는 점에 의해 비판을 받게 되었다. 이 정의와 관련된 이론으로는 고전적 조건형성이론, 조작적 조건형성이론, 시행착오설, 그리고 관찰학습이론 등이 있다.

세 번째, 인지이론에 바탕을 두고 있는 정의는 행동주의적인 접근과는 근본적으로 반대의 관점에서 정의되고 있는 것으로서, 학습이란 '장(場)의 재체제화(reorganization)'라고 정의한다. 여기에서 '장(field)'이란 인간행동에 영향을 미칠 수 있는 모든 조건들의 총체이다. 이것은 물리적 환경이나 심리적 환경, 또는 역사적 환경이나 상상 등 인간의 행동과 관련을 맺을 수 있는 모든 것들이다. '재체제화'란 환경적 조건들의 새로운 구성을 의미한다. 즉, 학습을 통해서 인간은 인간을 둘러싸고 있는 모든 조건들을 변화시킨다. 이 정의와 관련된 이론으로 통찰학습이론, 스키마학습이론, 장이론, 기호-형태이론 등이 있다.

네 번째, 인본주의 관점에서 보면, '학습'은 개인이 주위 환경과의 능동적인 상호작용을 통하여 자아성장과 자아실현을 이루어 가는 과정이라고 본다. 즉, 학습은 개인이 긍정적인 자기지향성과 자유의지를 가지고 자신의 존재에 대한 진정한 의미를 깨닫고, 이를 토대로 자아의 성장과 실현에 최선을 다하는 주관적인 내적 경험이라고 할 수 있다. 여기에서는 개인의 문제에 관한 한 자기 자신이 가장 뛰어난 전문가라는 입장을 강조하며, 자기주도적인 활동에 의한 잠재력 개발 · 의식의 확장 · 집단적 경험 · 정의적 경험 등에 중점을 둔다.

이상의 '학습'의 정의는 인간행동을 보는 관점에 따라 분류된 것일 뿐 결국은 비슷한 것이다. 첫 번째 정의는 인간의 생태적인 면이 강조된 것이며, 두 번째 정의는 인간행동의 단위적인 원리에 초점을 두어 단위의 총합은 전체라는 관점에서 정의된 것이다. 세 번째 정의는 인간은 근본적으로 전체적이며 통합적인 관점에서 이해해야 된다는 정의이다. 그리고 네 번째 정의는 인간행동은 보다 전체적이고 유기적인 관점으로 이해해야 한다고 본 것이다.

교육의 영역 중에서 학습은 중요하고 핵심적인 영역이다. 학습이 어떤 심리적 메커니즘(mechanism)에 의해 진행되며 어떤 이론적 기초 위에서 설명되는지 이해하는 것은 인간행동을 전체적으로 이해하고 특히 교수-학습과정에서 중요한 요소라 할 수 있다.

심리학이 크게 행동주의, 인지주의 그리고 인간주의로 형성하며 발전하고 있듯이, 학습이론 역시 크게 행동주의에 기초한 학습이론과 인지이론에 기초한 학습이론 그리고 인간주의에 기초한 학습이론으로 대별되고 있다고 본다. 따라서 본 서에서는 이 3영역의 학습이론을 알아보기로 한다.

본 장에서는 전통적 학습이론이라 불리우는 행동주의 학습이론으로 파블로프(Pavlov)의 고전적 조건형성이론(classical conditioning), 스키너(Skinner)의 조작적 조건형성이론(operant conditioning), 손다이크(Thorndike)의 시행착오설(trial and error) 그리고 반두라(Bandura)의 관찰학습이론(observational learning)에 대해 고찰한다.

2. 고전적 조건형성이론(classical conditioning)

1) 고전적 조건형성의 개념

고전적 조건형성(고전적 조건화이론, 조건반사이론)은 미국의 행동주의 심리학이 도입되면서 행동주의 학습이론으로 자리를 잡게 되었다. 고전적 조건형성은 가장 고전적인 S-R이론으로, 스키너의 조작적 조건화이론과 구별해 사용하기 위해서 고전적 조건화이론이라고 불리게 되었다.

파블로프(I. Pavlov)는 개의 타액분비의 작용을 실험하기 위해, 배고픈 개에게 약 30초간의 벨소리를 울린 후 먹이를 주었다. 5~10분 간격으로 40~60회를 수 일간 반복하였다. 그 결과 실험이 시행된 후 개는 음식을 주지 않고 벨만 울려도 침을 분비하게 된다는 것을 발견하였다.

이때 조건형성 훈련 전의 벨 소리는 중립자극이며 음식은 무조건 자극(UCS: unconditioned stimulus), 타액 분비는 무조건 반응(UCR: unconditioned response)에 해당된다. 조건화 훈련 후의 음식은 조건 반응(CR: conditioned response), 벨은 조건 자극(CS: conditioned stimulus)이 된다. 이와 같이 중립자극이었던 것이 무조건 자극과 결합되어 반복으로 제시되면 그 중립자극에 대해서도 반응이 나타나게 되는데 이러한 변화를 조건형성(conditioning), 즉 학습이라 한다. 파블로프의 조건형성 실험은 [그림 4-1]에, 그리고 [그림 4-2]에는 조건화 과정이 학습 용어로 제시되었다.

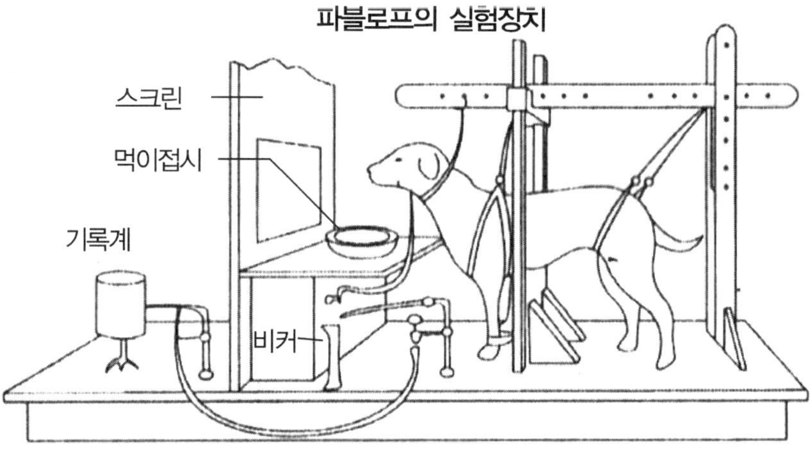

[그림 4-1] 조건화 실험

조건형성 이전

중립적 자극(종소리) → 반응(소리나는 쪽을 쳐다 봄)

무조건 자극(음식) → 무조건 반응(타액분비)

조건형성 학습

중립적 자극(종소리) ⋯→ 반응(소리나는 쪽을 쳐다 봄)

⇨ 조건 자극 ↘

무조건 자극(음식) → 무조건 반응(타액분비)

조건형성 이후

조건 자극(종소리) → 조건 반응(타액분비)

[그림 4-2] 조건화 과정

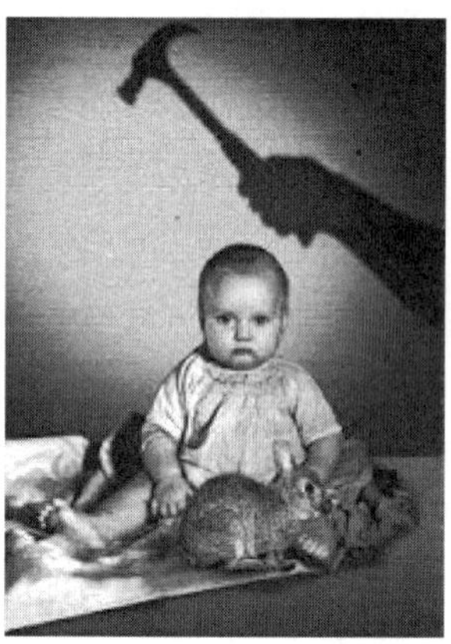

[그림 4-3] 왓슨의 앨버트 실험

이러한 사례는 행동주의 창시자라고 일컬어지는 왓슨(Watson)의 앨버트 실험에서도 나타나고 있다(그림 4-3). 이발소에 들어간 아이가 하얀 가운을 입은 이발소 주인을 보기만 해도 크게 놀라는 모습에서도 조건형성을 볼 수 있다. 이 원리를 교육에 활용하는 방안을 생각해 보자. 바나나를 아주 좋아하는 아이가 있을 때 그 바나나와 함께 과제가 반복적으로 제시되면 그 과제도 언젠가 좋아지게 될 것이다. 그 밖의 교실 현장에서 이 원리를 적용해서 아동의 행동 변화 및 심리적 치유를 위해 활용할 수 있을 것이다.

2) 조건형성과 관련된 현상들

(1) 소거(extinction)

조건형성 실험에서 조건형성이 되어 있는 개에게 계속해서 조건 자극(벨)만

제시하고 무조건 자극(음식)을 중단하면, 조건 반사(타액)가 점차 줄어들어 결국은 반응을 중단하게 된다. 이것을 소거(extinction) 또는 소멸이라 한다. 소거를 방지하기 위해서는 조건 자극을 무조건 자극과 가끔은 함께 제시해야 한다. 이 원리로 아동의 좋지 않은 습관을 고칠 수 있을 것이다. 그 좋지 않은 행동이 무조건 자극과 결합되어 나타난다고 판단되면 무조건 자극을 제공하지 않음으로써 그 행동을 소거시킬 수 있다. 따라서 학습은 바람직스런 행위와 바람직스럽지 않은 방향으로의 변화를 포함하는 가치중립적이다.

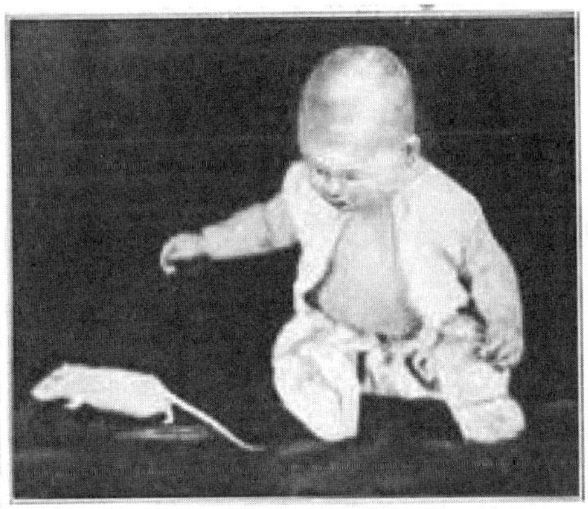

[그림 4-4] 소거

(2) 자발적 회복(spontaneous recovery)

조건형성 실험에서 소거가 이루어진 상태에서 우연히 조건 자극에 대해서도 반응이 나타나는 경우가 있다. 즉 무조건 자극인 음식이 뒤따르지 않는 조건 자극에도 일시적으로 조건 반사를 보이는 현상이 나타나기도 하는데 이러한 현상을 자발적 회복이라 한다. 이것은 이미 학습된 것이 잠재적으로 남아 있기 때문에 나타나는 현상이다. 자발적 회복(spontaneous recovery)은 소멸 후 시간이 약간 경과된 뒤에 나타난다.

[그림 4-5] 자발적 회복

(3) 일반화(generalization)

조건형성 실험에서 일단 조건형성된 상태에서 그 조건 자극과 유사한 자극에 대해서도 반응이 나타날 수 있는데 이러한 현상을 일반화라 한다. '자라보고 놀란 가슴 솥뚜껑 보고 놀란다.'라는 말은 여기에 해당한다. 흰쥐에 대해서 놀라는 반응이 학습된 아이는 이와 유사한 흰토끼를 보고서도 놀라는 반응이 나타날 수 있다. 이 같은 원리를 교실상황에서도 적용할 수 있을 것이다. 하나의 원리를 완전하게 학습한 아이는 이와 유사한 상황에 대해서 스스로 학습하고 문제를 해결할 수 있을 것이다. 교육 현장에서 모든 현상을 학습자에게 가르치기보다는 이 일반화 원리를 적용해서 학습된 내용과 유사한 내용을 스스로 학습하도록 하는 것이 중요할 것이다.

그러나 일반화가 반복되면 최초의 조건 자극(벨) 이외의 자극에는 반응하지 않게 된다. 조건 자극과 유사한 자극에는 반응하지 않고 최초의 자극에만 반응하는 현상을 분화(differentiation) 또는 변별(discrimination)이라 한다.

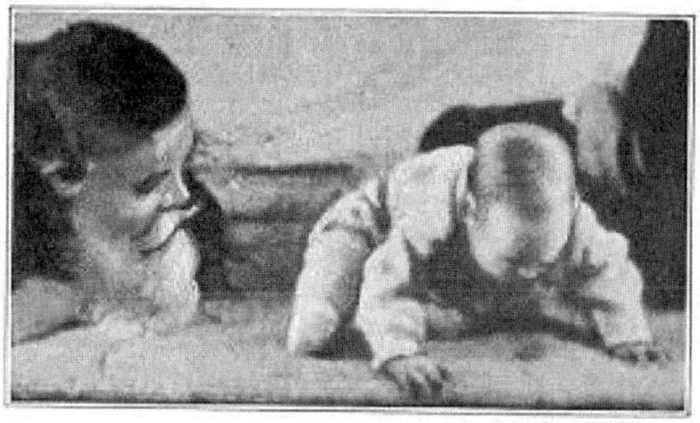

[그림 4-6] 일반화

(4) 고차조건형성(higher order conditioning)

조건형성의 실험에서 일단 조건형성이 이루어지면 그 조건 자극과 다른 중립 자극을 결합해서 반복적으로 제시하면 그 중립 자극에 대해서도 조건형성 작용이 나타난다. 이와 같은 2차 조건형성을 유도할 수 있다. 이러한 방식으로 3차 , 4차 조건형성을 유도할 수도 있을 것이다. 이러한 현상을 고차조건형성이라 한다. 이 고차조건형성은 교육현장에서 학습한 결과를 활용해서 새로운 행동을 학습하게 하는 고차원의 응용 및 활용의 과정이 될 것이다.

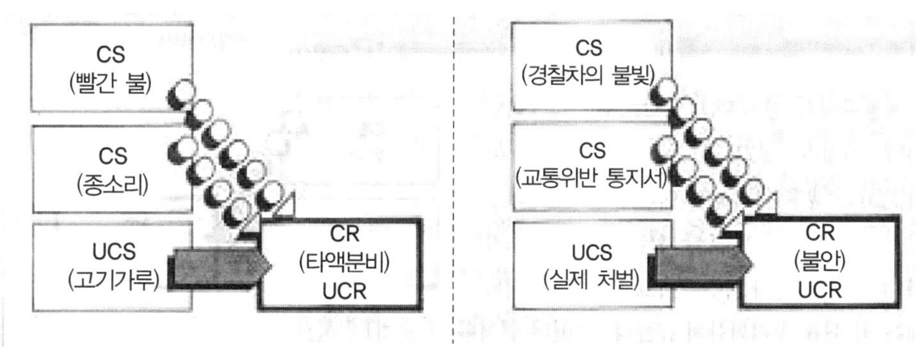

[그림 4-7] 고차조건형성

이상에서 살펴본 고전적 조건형성 또는 조건반사설은 옛날 이론이기 때문에 무조건 가치 없는 것으로 치부할 것이 아니라 교육현장에서 학습의 한 조건으로 잘 활용하면 훌륭한 가치가 있을 것이다. 특히 유아의 보육 및 교육의 과정에서 효율적으로 활용할 수 있는 이론이라 할 수 있다.

그들을 세심히 관찰하고 중립 자극을 무조건 자극과 결합함으로써 그들의 행동변화, 즉 학습이 용이하게 이루어지게 할 수 있다. 또한 교수-학습의 과정에서 소거, 자발적 회복, 일반화, 고차적 조건형성의 원리 등을 활용할 필요가 있다.

3. 조작적 조건형성이론

앞에서 살펴본 고전적 조건형성이론은 학습자의 감응적 행동(respondent behavior), 즉 수동적 행동과 관련된 학습이론인데 비해서 조작적 조건형성이론은 조작적 행동(operant behavior), 즉 학습자의 능동적 행동과 관련된다. 조작적 조건형성이론(operant conditioning theory)은 스키너(Skinner)에 의해 파블로프의 조건반사이론을 더욱 발전시킨 이론이다. 파블로프의 이론은 행동형성(학습)을 위해 자극을 통제하는 것, 즉 수동적 행동학습이 주요 개념인데 비해 스키너의 이론에서는 반응의 통제, 즉 능동적 행동이 더 중요한 개념이 된다.

1) 조작적 조건형성의 개념

[그림 4-8]과 같이 스키너 박스(Skinner box)를 이용한 스키너의 실험은 파블

로프와는 달리 자극을 통제하는 것이 아니라 반응을 통제하여 학습형성 과정을 설명하고 있다. 즉 학습형성 과정을 보상 체계에서 찾으려 했다.

[그림 4-8] 스키너의 실험

위 그림에서 굶주린 쥐를 박스 안에 넣어졌을 때 우연한 행동의 결과로 지렛대를 누르게 되고 그 결과 먹이를 먹게 된다. 처음에는 지렛대와 먹이의 관계를 몰랐으나 점차 시행착오과정을 거침에 따라 지렛대를 누르면 먹이가 나온다는 사실을 학습하게 된다. 그래서 쥐는 먹이가 필요할 때마다 지렛대를 누르게 되고 이 행동은 먹이가 계속해서 주어짐에 따라 강력한 습관으로 형성(강화, reinforcement)하게 된다.

즉, 쥐가 지렛대를 누르는 행동은 배고픔(자극)에 대한 반응으로서 수동적인 반응이 아니라 능동적이고 적극적인 조작적 행동(operant behavior)인 것이다(그림 4-9).

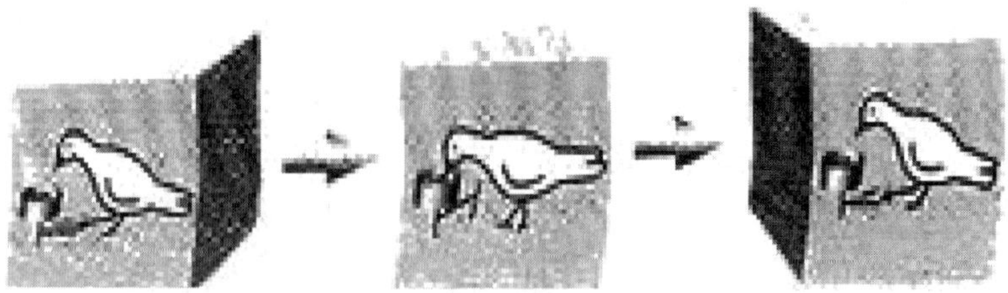

[그림 4-9] 스키너의 작동 행동 형성과정

2) 강화(reinforcement)와 강화인자(reinforcer)

강화는 행동의 빈도가 증가되는 현상을 말하며 강화인자는 행동 빈도의 증가를 일으키는 요인을 말한다. 위 실험에서 쥐가 조작적 행동을 하는 과정에서 먹이라는 보상을 얻게 되는데 그 쥐는 먹이라는 보상을 얻기 위해서 지렛대를 누르는 행동이 증가되어 나타난다. 지렛대를 누르는 행위가 증가된 것이 강화(reinforcement)이다. 이 때 먹이라는 보상은 강화인자(reinforcer)가 된다. 이 경우 학습은 쥐가 지렛대를 누르는 행동의 변화가 나타난 조건형성된 것을 의미한다. 즉 학습은 조작적 행동에 의해서 보상을 얻게 되고 그로 인해 조작적 행동의 빈도가 증가되어 이루어진다고 보는 것이 조작적 조건형성이론이다. 따라서 학습은 강화에 의해서 이루어진다고 보기 때문에 강화이론이라고도 한다.

3) 정적강화(positive reinforcement)와 부적강화(negative reinforcement)

강화에는 정적강화(positive reinforcement)와 부적강화(negative reinforcement)가 있다. 정적강화는 원하는 보상을 얻음으로써 행동이 증가되는 강화를 말하는데 일반적으로 강화라는 용어를 사용할 때는 이 정적강화를 의미한다. 부적강화는 전기 자극 등과 같은 불유쾌한 자극을 회피하기 위해서 나타나는 강화이다(그림 4-10).

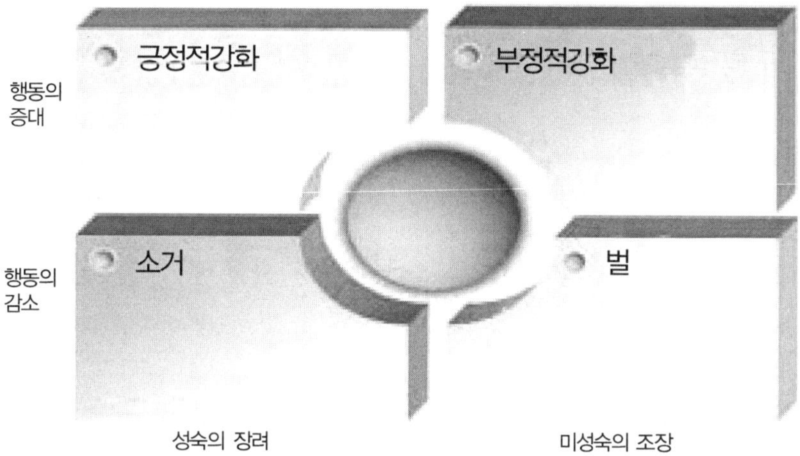

[그림 4-10] 정적강화와 부적강화

4) 강화계획

강화물을 제공하는 강화계획에는 다음과 같은 방법이 있다. 이 강화계획은 강화물을 통제하는 강화의 패턴으로서 행동수정의 내용에 따라 강화계획의 방법도 달라지게 된다. 강화계획은 고정비율계획, 고정간격계획, 변동비율계획, 변동간격계획이 있다.

(1) 고정비율강화계획(FR: fixed-ratio schedule)

일정한 수량의 반응을 해야 강화인자가 주어지는 방법이다. FR의 비율은 1 : 1, 1 : 2, 또는 1 : 10 등으로 자유롭게 정화돼 그 비율은 고정적이다. 즉, FR 1 : 10이라면 10반응에 1강화인자가 주어지는 체제이다.

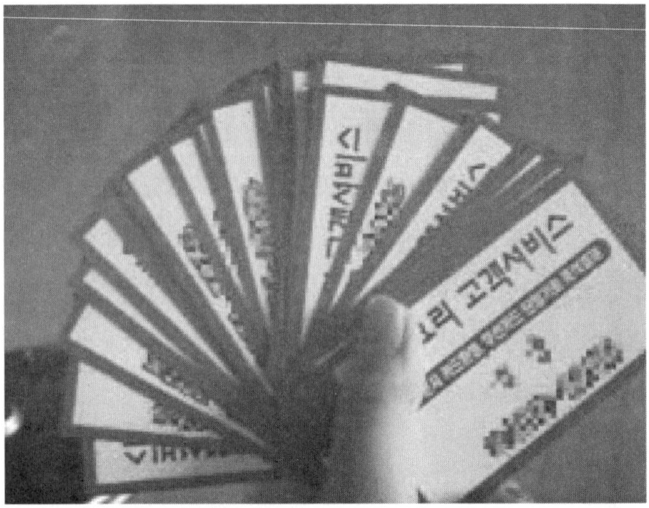

[그림 4-11] 고정비율강화계획

(2) **고정간격강화계획**(FI: fixed interval schedule)

반응횟수와는 상관없이 일정한 시간이 지날 때마다 강화인자가 주어지는 방법이다. 즉, 1초마다 1강화, 또는 10초마다 1강화 등으로 시간간격에 따라 고정적으로 강화가 제공되는 방법이다.

〈한 치의 오차도 없이 5분마다 바로 누를 경우〉

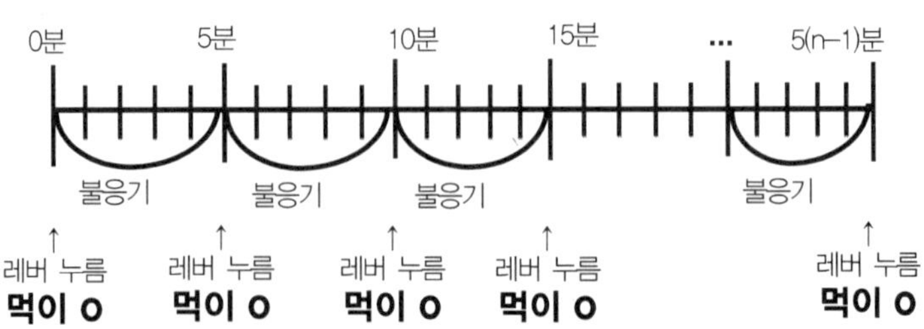

[그림 4-12] 고정간격강화계획

(3) 변동비율강화계획(VR: variable-ratio schedule)

고정비율계획을 변형한 것으로 강화인자가 주어지는 비율이 고정적이 아니라 변동적이다. 이 계획에서 피험자는 몇 회의 반응 뒤에 강화가 주어질지 알 수 없으므로, 강화인자가 주어질 때까지 시행을 계속하게 된다.

[그림 4-13] 변동비율강화계획

(4) 변동간격강화계획(VI-variable interval schedule)

고정간격계획을 변형한 강화계획이다. 이 강화계획에서는 피험자는 강화인자가 주어지는 시간의 간격이 변동적이기 때문에 강화인자가 주어질 때까지 시행을 계속하게 한다.

[그림 4-14] 변동간격강화계획

5) 강화와 관련된 현상들

(1) 소멸(extinction)

소멸이란 강화를 중단하여 행동의 빈도를 낮추어 결국에는 반응행동을 제거시키는 과정이다. 보통 소멸의 방법은 무관심, 주의집중의 억제 등으로 학습자에게 보상을 제거하는 현상이다. 예컨대, 한 아이가 손톱을 물어뜯는 행위를 한다면 그 행위에 대해서 주변 사람들이 어떤 보상을 주기 때문인 것으로 판단할 수가 있다. 이때 그 행위를 소멸시키려면 아이가 손톱을 물어뜯을 때 보상(관심, 돌보아줌 등)을 주지 않으면 점차 우는 반응이 감소되다가 결국은 소멸되고 만다.

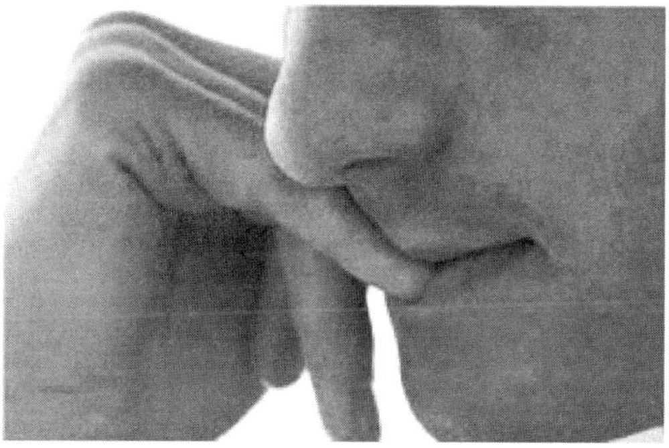

[그림 4-15] 소멸

(2) 벌(punishment)

벌은 문제행동을 감소시키거나 바람직스런 행위를 증가시킬 의도로 자극을 활용하는 것을 말한다. 즉 불유쾌한 지극을 아동에게 제공하여 나쁜 행동을 소멸시킬 수 있을 것이며 그가 원하는 것을 제지하거나 빼앗음으로써 그의 좋지 않은 습관이나 태도를 소멸시킬 수가 있을 것이다.

학습자에세 벌을 사용하는 것을 스키너는 근본적으로 부정적으로 보았다. 벌은 유용한 행동을 만드는 것과 관련된 것이 아니기 때문이며 다음과 같은 벌의 무용성의 이유들 때문이었다.

첫째, 벌은 불행한 정서적인 결과를 남긴다. 벌을 받아 즐거운 감정을 가질 수 없다.

둘째, 벌은 남에게 고통을 주는 것을 정당화한다.

셋째, 벌은 하지 말아야 할 행동을 제시할 뿐 가치 있는 행동을 제시하지는 않는다.

넷째, 벌을 제거하면 원래의 행동으로 돌아간다.

다섯째, 벌받는 아이는 공격적인 성격이 된다.

그러나 벌은 아동에게 권위 있는 사람에 의해서 주어지면 효과적일 수가 있다. 선생님이 아동을 벌할 때 그 벌을 주는 상황이 가장 교육적인 것이고 진심으로 아동을 위한다는 근거를 바탕이 된다는 조건하에서 사랑의 벌은 필요하기도 하다. 교육장면에서 더 나쁜 것은 상도 벌도 주지 않는 무관심일 것이다.

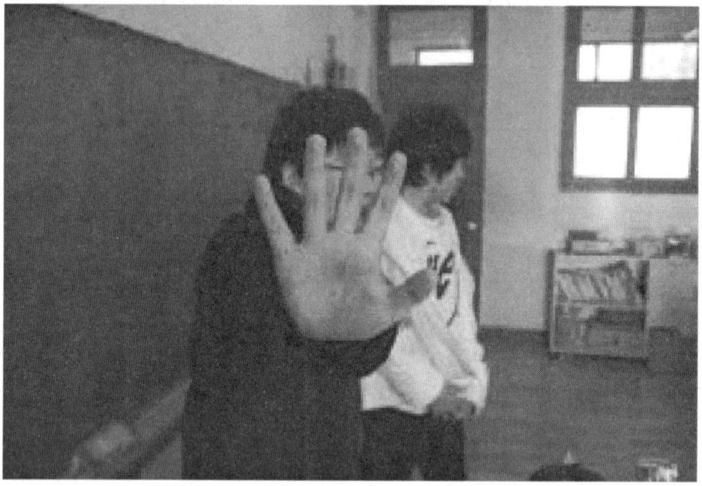

[그림 4-16] 벌

(3) 토큰 이코노미(token economy)

토큰 이코노미는 아동에게 바람직한 행동을 강화시키기 위하여 그에게 직접적인 강화인자를 제공하지 않고 스티커나 포도송이와 같은 토큰(token) 같은 간접적인 강화인자를 제공하여 경제적으로 강화가 나타나게 하는 방법이다. 일정한 토큰이 모아지면 좋아하는 것과 교환할 수 있으므로 그 때까지 효과가 지속된다. 백화점이나 상점에서 물건을 몇 개 이상 사면 사은권(token)을 줘서 나중에 물건과 교환할 수 있게 하는 것이 이 예에 속한다.

[그림 4-17] 토큰 이코노미

(4) 행동수정(behavior modification)

학습이론을 적용해서 부적응행동 등 문제행동을 교정할 수 있다. 일반적으로 학습이론 중에서 강화이론을 적용한다, 즉 소거, 토큰 이코노미, 세이핑 등의 기법을 활용한다

[그림 4-18] 행동수정

4. 시행착오설(trial and error therory)

1) 시행착오설의 개념

여러 동작을 반복하다가 우연히 성공한 후에 이제까지 되풀이하던 무익한 동작은 배제하게 되고 특정 행위가 학습된다는 이론이다. 손다이크(E. L. Thorndike)는 이 이론의 정립을 위해서 고양이의 퍼즐박스(puzzle box) 실험을 하였다.

퍼즐박스 속의 페달을 밟으면 문이 열리도록 고안된 장치에 굶주린 고양이를 두고, 바깥에는 고양이가 좋아하는 음식물을 놓아 둔다. 고양이는 처음에 상자 안의 이것저것을 물어뜯고, 두들기고 하는 등의 여러 가지 시행착오를 거듭하다가 우연히 페달 밟고 나와 음식을 먹는다. 이러한 과정을 거듭한 결과 고양이는 그 상자 안에서 즉시 페달을 밟고 나와 먹이를 먹을 수가 있게 된다. 이와 같이 고양이가 페달을 누를 수 있는 행동의 학습은 시행착오를 거친 결과로 보는 것이 시행착오설(trial and error therory)이다.

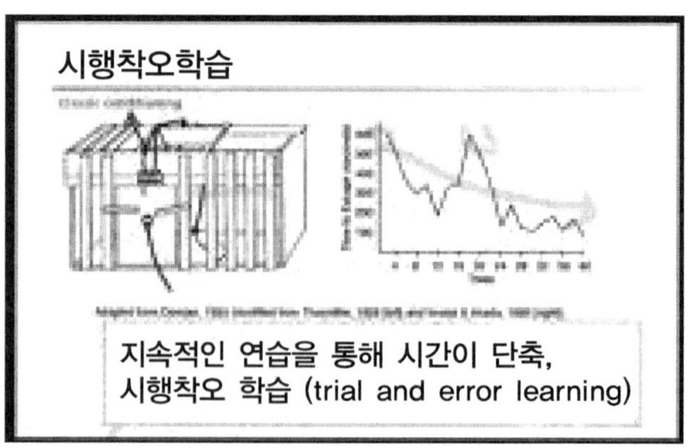

[그림 4-19] 퍼즐박스 실험

2) 학습의 법칙

상기의 실험에서 학습자는 시행착오적 반응을 반복하는 가운데 실패의 반응은 줄어들고 성공적 반응은 강화되어 학습이 성립된다는 점을 알 수 있다. 손다이크는 결합이 강화되는 과정에 대해 '연습의 법칙, 효과성의 법칙, 준비성의 법칙'이라는 3대 학습법칙을 제시했다.

연습의 법칙(law of exercise)이란 연습의 빈도가 증가하면 결합이 강화되고 연습하지 않으면 결합이 약화된다는 것이다. 즉 반복연습이 학습의 중요한 요소라는 것이다. 효과성의 법칙(law of effect)은 학습의 결과가 만족스런 상태에 도달하면 자극과 반응의 결합이 강화되고 불만족을 주는 결과가 계속되면 자극과 반응의 결합이 약화된다는 법칙이다. 준비성의 법칙(law of readiness)은 학습이 이루어지기 위해서는 학습자가 학습할 준비가 되어 있어야 하며 그렇지 않은 학습자에 대해서는 학습이 일어나지 않는다고 본다.

5. 관찰학습

학습자는 강화인자를 받은 자신의 직접 경험에 의하여 학습하기도 하지만, 타인이 강화인자를 받는 행동을 의식적으로 관찰하고 모방하는 대리적 경험(vicarious experience)을 통해서도 학습한다. 관찰학습은 대리학습(vicarious learning)이나 모델링(modeling)이라고도 하며, 반두라(A. Bandura)의 사회학습이론(social learning theory)에 근거를 두고 있다. 관찰학습은 학습자가 모델에게 주의를 기울이는 주의집중 과정, 모델의 행동을 상징적인 형태로 기억하는 파지 과정, 모델의 행동을 따라해 보는 운동재생 과정, 따라해 보고 강화를 받게 되는 동기화 과정을 거쳐 이루어진다. 모델이 학습자 자신과 비슷할수록 모델의 행동을 더욱 잘 모방할 수 있게 되므로, 또래 친구를 모델로 활용하는 경우가 많다.

관찰학습이론은 언어주의(verbalism)에 대한 반동으로 일어난 감각적 실학주의에 기초를 둔 학습이론이다. 즉, 학습에 있어서 언어보다 먼저, 또는 언어와 병행하여 실물 · 모형 · 표본 · 회화 · 사진 · 지도 · 도표 등을 관찰함으로써 학습의 구체성을 살리고 학습효과를 높이려는 것이다.

학교 교육에서도 현장학습, 여행, 실습, 영화, 슬라이드 등을 통해 다양한 관찰학습을 실시하는데, 관찰학습을 지도할 때는 다음과 같은 사항을 고려하여야 한다. ① 목적을 분명히 할 것, ② 문제를 분명히 설정할 것, ③ 관찰의 대상을 결정할 것, ④ 관찰장면을 선정할 것, ⑤ 관찰 기간을 결정할 것, ⑥ 관찰하려는 행동이나 행동 단위를 명확히 정의할 것, ⑦ 기록의 형식을 정할 것, ⑧ 관찰자의 위치와 피관찰자에게 끼칠 영향을 고려할 것 등이다.

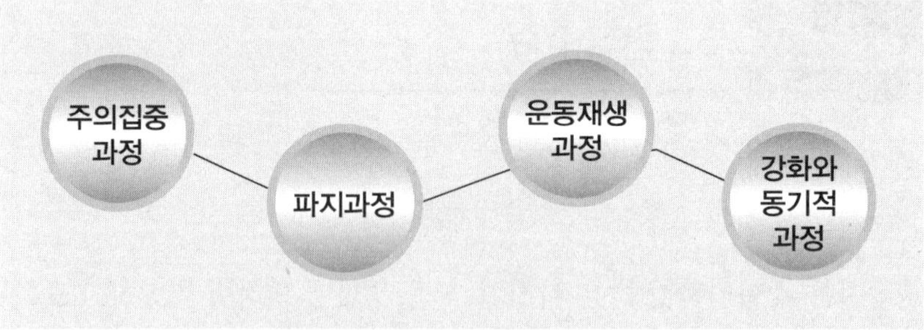

[그림 4-20] 관찰학습

관찰학습은 주의집중과정, 파지과정, 운동재생과정, 강화 및 동기과정 등의 네 과정으로 이루어진다고 보는데 그 과정은 다음과 같다.

첫째, **주의집중과정**이다. 사회학습이 이루어지기 위해서는 무엇보다도 먼저 모방대상(model)에 주의를 기울이지 않으면 안 된다. 대체로 모방대상이 특색이 있으며 성공이나 명성 또는 세력, 그리고 다른 매력적 특성을 갖고 있게 되면 주의를 더 많이 이끌어 낼 수 있다. 또한, 주의는 학습자(모방자, 관찰자)의 욕구나 흥미와 같은 심리적 특성들에 의해서도 좌우된다.

둘째, **파지과정**이다. 모방대상을 관찰한 후 어느 정도의 시간이 경과한 다음 그 행동을 모방하기 때문에 학습자는 모방할 행동을 상징적인 형태도 기억하는 어떤 방식을 가지고 있어야 한다. 반두라는 이러한 상징적 과정이 자극접근(stimulus contingency), 즉 동시발생하는 자극들 간의 연합으로 이루어진다고 설명하고 있다.

셋째, **운동재생과정**이다. 모방한 행동을 정확하게 재생하려면 그 수행에 필요한 운동기능을 갖추고 있어야 한다. 예를 들면 어린 유아는 어머니의 양치질 행동을 지켜볼 수 있으나, 신체의 힘과 민첩성 및 신체협응력이 부족하기 때문에 제대로 모방할 수 없다. 관찰을 통해서는 단지 새로운 행동의 유형(치약을 칫솔에 짜는 것, 칫솔을 이에 대고 좌우 또는 상하로 문지르는 것 등)은 알 수 있으나, 새로운 신체적 활동(양치질을 끝내는 전체 과정)을 구체적으로 구사하지는 못한다. 이러한 신체적 능력이 습득되기 위해서는 신체적 성숙과 연습이 있어야 한다.

넷째, **강화와 동기과정**이다. 사람은 특정 대상의 행동을 관찰하여 그 행동을 획득할 수는 있으나, 그 행동은 수행될 수도 있고 수행되지 않을 수 도 있다. 그런데 모방된 행동이 수행되기 위해서는 그에 대한 강화와 동기적 변인이 뒤따라야 한다. 모방한 특정의 행동을 수행하여 보상을 얻게 될 것 같으면 그 행동을 쉽게 수행할 것이다. 여기에는 부분적으로 과거에 받은 강화경험도 작용하게 된다. 또한, 수행은 대리적 강화(관찰대상의 행동에 보상이 주어지는 것을 관찰하는 것), 또는 대리적 처벌(관찰대상의 행동에 벌이 주어지는 것을 관찰하는 것)에 의해서도 영향을 받는다. 마지막으로 수행은 자기강화(self-reinforcement), 즉 자신의 행동에 대해 스스로 내리는 평가에 의해서도 상당한 영향을 받는다.

관찰학습이론은 두 가지 면에서 중요한 공헌을 하였다.

첫째, 반두라는 고전적 조건화와 작동적 조건화의 원리만으로 설명할 수 없는 행동의 학습에 대한 설명을 제시하였다는 점이다. 즉 학습자는 자극이나 보상이 없는 상황에서도 학습이 가능하다고 주장하면서, 두 이론에서 간과한 관찰학습을 부각시켰다.

둘째는, 반두라는 스키너의 작동적 조건화이론과 피아제의 인지발달이론 사이에 가교를 놓았다. 즉, 그는 학습과정에 있어서 '인지'의 역할을 강조하면서 주의 · 파지 · 조정 · 대리적 강화 · 자기강화 · 자아효능감 등의 개념을 사용하여 인간의 내부적이고 인지적인 학습과정을 설명하려고 시도하였다.

제5장

현대적 학습이론

1. 통찰학습이론
2. 스키마 학습이론
3. 장이론
4. 기호-형태 학습이론
5. 학습과 전이이론
6. 학습과 기억이론
7. 학습과 연습이론
8. 인본주의적 학습이론

인지주의 학습이론은 베르트하이머(Wertheimer)에 의해 창안된 형태심리학(Gestalt psychology)과 이를 토대로 발달한 인지주의 심리학에 기초를 둔 이론이다. 이 이론에서는 학습현상을 요소로 분석해서 파악하는 것이 아니라 주어진 전체적인 구조 속에서 파악한다. 전체 속에서 요소들의 관계가 성립되므로 유기체는 자신에게 주어진 문제사태를 전체적인 맥락에서 통찰할 때 그 해결의 실마리를 쉽게 찾을 수 있다고 본다.

형태심리학(Gestalt psychology)은 베르트하이머(Wertheimer)가 가현운동(假現運動; apparent movement)에 대한 실험을 시작하여 1912년 그 결과를 발표함으로써 체계화되었다. 이 이론에서는 전체란 요소들의 총화 이상이므로 요소를 분할할 것이 아니라 전체로서 이해되어야 한다는 점을 강조한다. 또한 이러한 형태주의 심리학을 토대로 발전한 인지주의 심리학에서는 인간은 지각한 정보를 필요한 방법으로 선택 · 비교하며 필요에 따라 저장된 정보를 인출하여 문제를 해결하는 능동적인 존재라고 인정한다. 인지주의 학습이론가는 쾰러(Köhler), 레빈(Lewin), 코프카(Koffka) 등이다. 그리고 톨만(Tolman)은 원래 신행동주의 심리학자이지만 학습에 있어서 인지적인 측면을 강조하므로 인지주의 학습이론가로 분류될 수 있다.

여기에서는 통찰학습이론, 스키마학습이론, 장이론, 기호-형태학습이론과 함께 전이, 기억, 연습이론과 인본주의 관련 학습이론을 제시한다.

1. 통찰학습이론(insight theory)

1) 통찰학습의 개념

통찰이론(insight theory)은 쾰러(Köhler)에 의하여 성립되었다. 독일의 형태(ges

[그림 5-1] 통찰학습

talt)심리학에 기초한 통찰이론은 대표적인 인지이론(cognitive theory)으로서 침팬지 실험을 통해 유기체의 통찰능력이 학습을 좌우한다는 것을 밝혀 낸 이론이다. 쾰러는 고등정신능력을 가진 유기체는 문제해결을 시행착오적으로 하는 것이 아니라 문제 사태를 전체적으로 재구성하여 해결하는 통찰의 과정을 갖고 있다고 생각하였다. 여기서 통찰(insight)이란 주어진 문제를 전체상황으로 인식하여 문제 사태를 재구성하여 해결하는 것을 말한다.

우리가 일상생활 속에서 어떤 문제에 부딪혔을 때 여러 가지 해결 방법을 모색해 보다가 갑자기 '알았다!' 하고 단번에 문제의 해결점에 도달하는 경우가 있다. 이 때의 '알았다'는 깨달음이 곧 통찰이다.

2) 통찰학습의 실험

쾰러의 통찰실험은 여러 가지가 있는데 그 중 다음 세 가지가 대표적이다.

(1) 우회로 실험

그림과 같은 우회로 안에 굶주린 유기체를 넣고 목표를 도달하는 과정을 관찰하였더니 유기체의 지능 수준에 따라 문제해결의 방식이 달랐다. 닭은 시행착오적으로 행동하다가 먹이에 도달하였으나 개는 단번에 먹이에 도달하였다. 즉, 닭은 시행착오적이며 개는 통찰로 문제를 해결하였던 것이다.

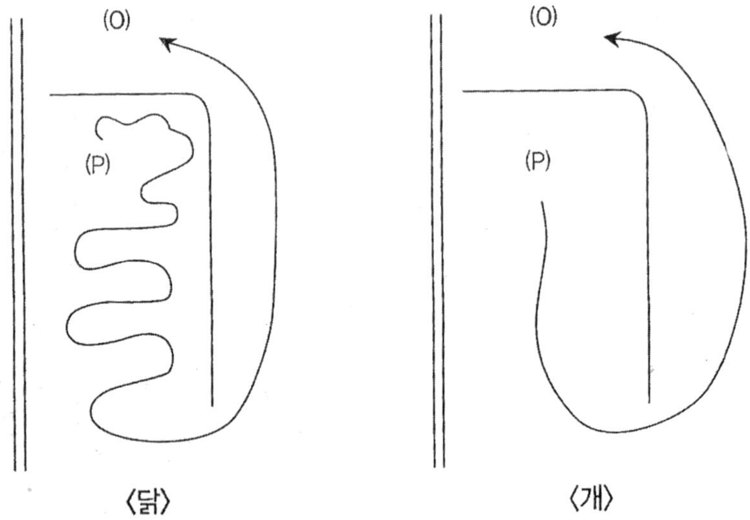

[그림 5-2] 우회로 실험

(2) 도구사용 실험

[그림 5-3]과 같은 실험장치 안에 굶주린 침팬지를 넣어 두고 어떻게 먹이를 먹는가를 관찰하였다. 침팬지는 처음 실험실에 넣어지자 우선 주변 상황을 둘러본 다음 실험실 내에 놓여 있는 막대기를 이용하여 창틀 밖에 놓여 있는 바나나를 잡아당겨 먹었다. 즉, 침팬지는 주어진 실험실 상황 속에서 문제사태를 재구성(막대기를 이용하는 것)하여 목표에 도달하였다.

[그림 5-3] 도구사용 실험

(3) 도구제작 실험

이 실험의 상황은 먹이가 좀더 멀리 떨어져 있어 막대기 하나로는 닿지 않는 상황이다. 실험실 내에는 막대기를 두 개 넣어 주었다. 침팬지는 결국 두 막대기를 끼워 연결한 뒤 먹이를 당겨 목표를 달성하였다.

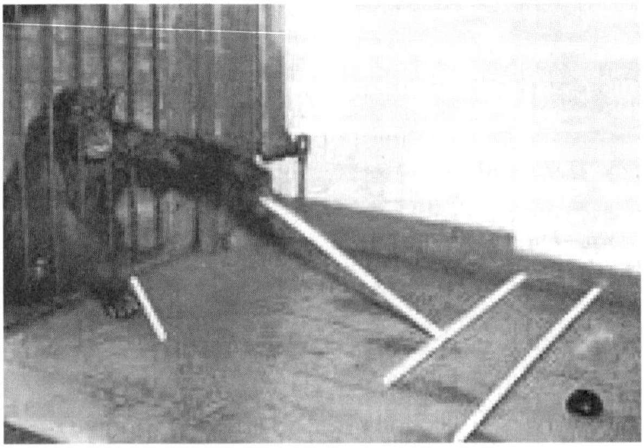

[그림 5-4] 도구제작 실험

2. 스키마 학습이론

1) 스키마학습의 개념

사람들은 사물과 상호작용하기 위해 사물에 대한 '마음의 모델(mental model)'을 먼저 구축한다. 사용자는 이전에 학습하고 훈련했던 경험을 통해 사물이 어떻게 경험되어야 하는지에 관한 마음의 모델을 갖게 된다. 예컨대 자동차의 핸들을 오른쪽으로 돌리면 차가 오른쪽으로 회전할 것이라는 마음의 모델을 갖고 있다. 따라서 사물에 대한 이해는 가시적인 형태와 구조에 대한 마음의 모델이 지각하고 탐색한 최종 이미지의 결과라고 할 수 있다. Batlett가 처음 사용한 개념으로 Piaget도 많이 연구하였는데 어떤 개인이 가지고 있는 지식 구조 또는 우리의 기억 속에 저장되어 있는 경험의 총체를 말한다. 인지심리학에서 이 같은 마음의 모델이 '스키마(schema)'라는 인지 구조에 의해 구성된다고 설명할 수 있다. '스키마(schema)'란 지식의 덩이로, 일반적인 절차, 대상, 지각 결과, 사건, 일련의 사건, 또는 사회적 상황을 표상한다(Thorndike, 1984). 즉, 이러한 지식 덩이가 기억에 부호화되어, 경험을 이해하고 저장하는 데 이용된다고 전제하는 모형들의 집단을 일컫는 말이다. 지각자로 하여금 어떤 유형의 정보를 선택적으로 수용하고 보게 하는 일종의 행위를 통제하는 기제(메커니즘)로서 쉽게 말해 "~~눈에는 ~~밖에 보이지 않는다"는 우리말처럼 사람들은 스키마에 새겨진 자신이 알고 있는 것만을 볼 뿐이다. 따라서 스키마는 무엇이 지각되어야 할지를 결정하고 통제하여 환경에 대한 개인의 경험을 구축하는 기능을 한다. 삶의 경험에 대한 각 개인의 지각 패턴은 독특하기 때문에 스키마는 개인에 대한 사적인 구조라고 할 수 있다. 하지만 스키마는 특정 문화와 사회화 과정들이 공유된 환경을 제공하는 범위까지 일반적인 모습을 공유하기 때문에 우리는 사물과 사건에 대해 다른 사람과 공감대를 형성할 수 있게 된다.

2) 스키마이론의 특징

일반적으로 하나의 스키마가 다른 것과 구별되어 존재하기 위한 필수적인 요소와 구체적인 상황에 따라 변하는 가변적인 요소에 대하여는 사람들은 일반적으로 임의치를 가지고 있다는 점이다. 이를 근거로 하여 사람들은 바깥으로부터의 정보를 이해하고 해석하며 관찰되지 않은 요소에 대한 추론과 미래에 대한 예측작업을 진행하게 된다. 스키마는 사람이 받아들이는 정보와 상호작용적인 관계를 형성하고 있다고 볼 수 있다. 기존의 스키마는 주의집중 과정을 통해 받아들이는 정보를 선택하고, 추상화하고, 해석하고 이해하며, 그리고 통합하는 데에 영향을 미치며, 새로운 정보는 그것이 축적되면서 새로운 스키마를 형성하거나 기존의 스키마의 새로운 부분을 채워 주게 된다는 것이다.

3) 스키마이론의 활용 사례

스키마학습은 다음과 같은 사례에 응용할 수 있다. 예를 들어 책을 읽어 줄 때 주제를 말해 주고 본문을 읽어 주면 학습자는 본문의 내용을 주제와 관련지어 이해하기 때문에 쉽게 그 내용을 학습할 수 있는데 이는 책을 읽어 주기 전의 주제가 스키마로 작용하기 때문이다. 또한 수업 시작 전에 학습자에게 학습목표를 제시하면 교사가 제시한 학습내용을 쉽게 학습하게 되는 경향이 있는데 이는 학습목표가 학습내용을 이해하는 스키마로 작용하기 때문이다. 이와 같은 방식으로 교수-학습과정에서 교수자가 스키마를 활용함으로써 학습자에게 학습을 촉진시킬 수가 있을 것이다.

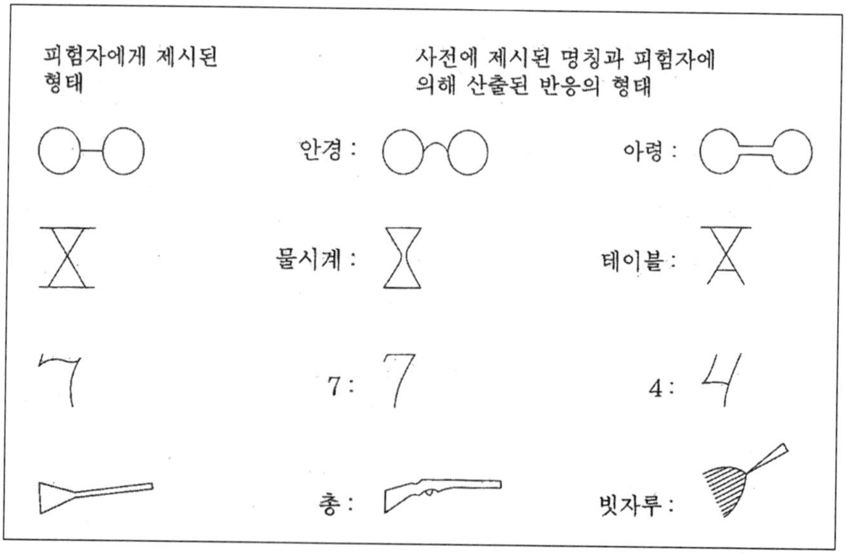

[그림 5-5] 스키마학습

3. 장이론(field theory of learning)

레빈(Lewin)은 형태심리학파로 그의 행동 방정식인 B=f(P·E)를 기초로 하여 환경과 개인의 역동적 관계성·전체성을 중심으로 장이론을 전개하였다. 그가 말하는 장(場)은 개인을 둘러싸고 그의 행동에 역동적인 힘을 가하는 주관적인 심리적 생활공간(life space; 심리적 환경)과 독립적인 의미를 가지면서 장의 한 구성요소인 개인 자신과의 통합체라고 할 수 있다. 개인과 그의 심리적 생활공간의 통합체로서의 장을 노식으로 나타내 보면 [그림 5-6]과 같다. 여기에서 보는 바와 같이 장은 개인을 포함하고 있으며 비심리적 환경과는 구분된다. 그런데 이와 같은 통합체는 시간적인 조건에 따라 역동적으로 변화하여 각각의 위상을 나타내게 된다. 레빈은 학습이 이러한 과정에서 개인의 인지구조가 변화됨으로써 일어난다는 장학습이론(field theory of learning)을 전개하였다.

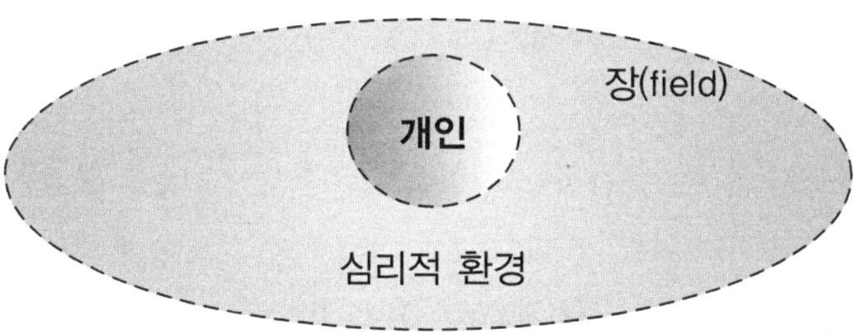

[그림 5-6] 장이론

레빈에 의하면 행동은 개인과 그가 처한 환경과의 상호작용의 결과로 나타나는 역동적이며 전체적인 통합체에 의한 결과이므로 행동의 방향은 양립하는 환경적인 힘의 강도와 개인의 요구(욕구)와의 관계에 의해서 결정되는 방향가(vector)의 개념으로 설명될 수 있다.

레빈은 이상과 같은 장이론을 도입하여 학습을 개인과 환경과의 역동적 관계로 형성되는 장에서 인지구조가 새로이 성립된다든가, 기존의 인지구조가 재구조화되는 과정으로 설명하였다. 인지구조의 변화로서의 학습은 인지의 분화, 인지의 일반화, 인지의 재구조화 등에 의해서 이루어진다고 할 수 있다.

4. 기호-형태 학습이론(sign-gestalt learning theory)

톨만(Tolman)도 학습상황에 있어서 문제사태에 대한 인지를 중요한 조건으로 생각하였다. 톨만의 이론은 신행동주의에 속하면서도 학습이론에 있어서 인지적 측면을 강조하므로 인지주의 학습이론으로 분류될 수 있다.

그는 학습의 목표를 의미체라 일컫고 그것을 달성하는 수단이 되는 대상을 기호(sign)라고 하였으며 이 양자의 관련성을 기호-형태라고 칭하였다. 따라서 여기에서는 학습은 행동을 습득하는 것이 아니라 목표로의 기호를 인지하는 것으로 간주된다. 즉, 학습이란 경험을 쌓음으로써 수단－목표－기대, 다시 말하면 "무엇을 하면 어떻게 될 것이다"라는 식으로 환경에 대한 인식이 획득되는 것으로 보고 있다. 이는 행동이 아닌 사전인지이며 인지도(認知圖; cognitive map)가 정신구조 속에 형성되는 것이다. 이 과정에서 수단－목표－기대의 관계가 성립된다. 그는 기호-형태 학습이론을 뒷받침하는 실험으로 쥐를 대상으로 미로실험을 수행하여 여기에서 얻어진 결과를 토대로 기호-형태 학습이론을 체계화하였다.

미로실험에서 쥐는 복잡한 미로의 출발지점(start box)에서 목표지점(end box)을 향해 전진할 때 다양한 방향의 갈림길에서 올바른 길을 선택해야만 하는 상황에 놓이게 되는데 쥐는 여러 번의 반복적 경험을 통하여 미로를 통과하면서 특정 지점에 놓일 때마다 목표지점으로 가는 인지도를 뇌 속에 그려가게 된다. 쥐는 새로운 자극이 나타날 때마다 신념과 기대를 학습한다. 다시 말하면 새로운 자극이 목표지점으로 가는 길과 부합되는지 그렇지 않는지에 대한 '신념'을 갖게 되고 올바른 길로 접어들게 되면 다음에 어떤 자극이 나타날 것이라는 '기대'를 학습하게 된다. 그 결과 쥐는 계속해서 가장 가깝고 쉬운 미로를 이용하여 목표지점에 도달하게 된다.

그런데 한참 후 미로의 중간지점에 장애물을 설치해 그 통행을 방해한 다음 쥐의 행동을 관찰하였다. 쥐는 또 다른 여러 미로를 여기저기 통과하여 목표지점에 도달하는 것이 아니라 두 번째로 가깝고 쉬운 미로를 통하여 곧바로 목표지점에 도달하였다. 여기에서 우리가 확인할 수 있는 사실은 초기에 반복된 여러 번의 경험을 통하여 전체 미로에 대한 인지도가 이미 쥐의 뇌 속에 그려졌다는 것이다.

한편, 톨만은 **'잠재학습'**(latent learning)이 존재한다는 사실을 밝힌 미로실험도 실시하였다. 잠재학습이란 학습(인지구조의 변화)은 이루어졌으나 아직 수행(performance; 외현적 행동으로 나타나는 것)으로는 나타나지 않은 행동을 지칭한다. 다시 말하면 학습된 것이 실제의 행동으로 바로 나타나지 않고 잠재되어 있는 상태를 말한다. 톨만은 쥐를 대상으로 한 미로실험을 통하여 이러한 사실을 확인하였다.

그는 미로실험에서 세 집단의 쥐를 사용하였다. 즉, 제1집단의 쥐들에게는 실험기간(17일간) 내내 미로의 목표지점에 정확히 도달해도 결코 보상을 제공하지 않았고, 제2집단의 쥐들에게는 그 기간 동안 목표지점에 성공적으로 도달하면 항상 보상을 제공하였다. 그리고 제3집단의 쥐들에게는 처음부터 보상을 제공하지 않다가 실험실시 12일째부터 성공적인 도달에 대하여 보상을 제공하였다.

이를 분석해 보면 첫째, 결코 보상을 받지 않았던 집단(제1집단)에서도 약간의 향상이 있는 것을 확인할 수 있었고 둘째, 17일간 계속 보상을 받은 집단(제2집단)은 꾸준한 향상을 보인 사실을 확인할 수 있다. 셋째, 이전에 결코 보상을 받지 못하다가 12일째부터 보상을 받은 집단(제3집단)은 이 때부터 미로의 성공적인 수행에 있어 많은 향상이 있음이 밝혀졌다.

이러한 사실을 종합해 볼 때 실험기간 내내 보상을 받은 제2집단 쥐들보다 12일째부터 보상을 받은 제3집단 쥐들이 성공적 수행을 훨씬 잘하고 있음을 확인할 수 있다. 제3집단의 쥐들은 처음의 11일 동안 이미 목표지점에 도달하는 미로를 잠재적으로 학습하였지만 구체적인 수행으로는 나타나지 않았을 뿐이다. 이러한 사실을 근거로, 톨만은 '보상'은 수행변인으로 작용할 뿐 학습변인으로는 작용하지 않는다고 주장하였다.

이러한 입장은 특정 자극(환경)사태에서 외현적 행동으로 나타나는 것을 '학습'이라고 인정하는 행동주의 학습이론의 입장과는 상당히 다름을 알 수 있다. 그리고 이러한 사실은 특정의 학습이 이루어졌다 하더라도 그 결과가 항상 외현적 행동의 형태, 즉 '수행'으로 나타나지 않을 수도 있음을 시사하고 있다.

5. 학습과 전이이론

1) 전이의 개념

전이(transfer)란 이전의 학습경험이 다음의 학습경험을 촉진하거나 방해하는 학습현상으로 적극적 전이(positive transfer)와 소극적 전이(negative transfer)가 있다.

전이이론은 한때 능력심리학이론의 한 부분으로서 형식도야이론(formal discipline)의 주요 주장이었다. 형식도야이론은 정신훈련의 방법으로서, 신체를 단련하듯이 반복연습을 통해 정신의 능력도 단련될 수 있다는 주장에서 비롯되었다. 특히 한 가지 능력의 집중적인 훈련은 그 능력과 관련된 다른 학습장면에서 전이된다는 주장을 하였다. 형식도야이론은 제임스(James), 손다이크(Thorndike) 등의 과학적 심리학자들에 의해 부정되었다.

적극적 전이는 이전의 학습이 새로운 하습을 촉진하는 전이이다. 예컨대, 덧셈을 한 뒤 뺄셈학습을 하는 것은 적극적 전이를 유발한다.

소극적 전이는 이전의 학습이 새로운 학습을 방해하는 전이이다. 독일어를 공부한 직후에 불어를 공부하면 단어나 발음에서 상당히 혼란을 겪게 되는 경우가 소극적 전이의 경우다. 학습에 있어서 적극적 전이와 소극적 전이의 요소들을 잘 이용함으로써 학습효과를 높일 수 있으므로 전이에 대한 보다 적극적인 이해가 필요하다. 전이에 관련된 이론들에는 동일요소설, 일반화설, 형태설 등이 있다.

2) 동일요소설

동일요소설은 행동주의 심리학자들에 의해 지지를 받는 이론으로서 손다이크가 주장한 것이다. 손다이크는 두 학습 사이에 전이가 발생하려면 학습자료 간의 동일요소가 있어야 한다고 주장하였다. 그는 면적을 알아내거나 선을 긋는 훈련결과는 단어나 문장학습에 전혀 전이를 하지 못한다고 하여 두 학습 사이에 동일요소가 없으면 전이가 발생하지 않는다고 하였다.

두 학습 사이의 요소간의 동일성이나 유사성이 크면 클수록 전이가 잘 발생된다. 수학에서의 추리능력 훈련은 논리학의 추리능력에 전이되고 라틴어 학습은 라틴어에서 파생된 영어의 어원 등의 학습에서 전이된다.

[그림 5-7] 동일요소설

3) 일반화설

일반화설은 쥬드(Judd)가 주장한 전이이론이다. 쥬드의 주장은 선행학습에서 일반적인 원리를 학습하고 후학습에서 일반적 원리가 적용되는 내용을 학습하면 전이가 발생한다는 것이다.

쥬드는 초등학교 5·6 학년 학생들을 두 집단으로 나누어 한 집단에는 빛의 굴절원리를 설명해 주고 다른 한 집단에는 아무런 원리의 설명을 하지 않았다. 그리고 두 집단 모두에게 물 속에 있는 표적을 화살로 맞추는 연습을 시켰다. 빛의 굴절원리를 사전에 학습한 집단은 처음에는 착오를 보였으나 점차 성공률이 급격히 높아졌다. 반면에 아무런 원리를 학습하지 않은 집단은 성공률이 상대적으로 높지 않았다.

이 실험의 결과 일반적 원리의 학습은 그 원리가 적용될 수 있는 학습에 있어서 적극적으로 전이된다는 것이 밝혀졌다.

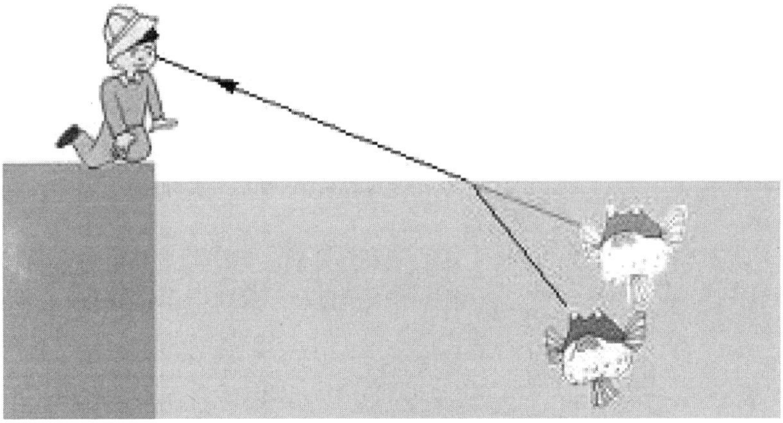

[그림 5-8] 일반화설

4) 형태설

형태설은 인지이론가들에 의해 주장된 전이이론이다. 형태설은 한 학습장면에 관한 관계나 형태의 전체적인 이해가 다른 학습장면에 전이된다는 주장이다. 이것은 두 학습간의 요소나 원리에 의해서만 전이가 발생하는 것이 아니라 오히려 그보다는 학습장면의 전체적인 이해가 전이를 일으킨다는 것이다.

닭에게 명암의 차이에 따라 먹이가 주어지는 훈련을 시켰다. 어두운 장면에서는 먹이가 주어지지 않고 밝은 장면에서 먹이가 나오도록 장치하여 이를 훈련시켰다. 그런 뒤에 실험장면의 밝기와 함께 실험장면보다 더 밝은 장면을 제시하였더니 닭은 원래의 실험장면보다는 더 밝은 장면을 선택하였다. 또한 닭은 밝기의 형태에 반응하였던 것이다. 이 이론가들에 의하면 전이는 인지구조의 재구성에 의해 전이가 발생하는 것, 즉 형태 파악의 결과라는 것이다.

[그림 5-9] 형태설

5) 전이의 조건

전이의 조건은 위에서 제시한 동일요소, 일반화, 형태 파악 등을 포함하여 자료의 유사성, 학습방법, 지능, 그리고 학습태도 등도 전이의 조건이 된다.

(1) 자료의 유사성

학습자료의 유사성이 크면 클수록 전이를 발생시킨다. 이것은 두 학습 사이의 공통 요소뿐만 아니라, 두 자료간의 내용, 조직, 형태 등의 유사성에 의해 전이가 촉진된다는 것이다.

유사성의 전이효과는 유사성의 내용에 따라 적극적 전이를 일으키기도 하고 소극적 전이를 일으키기도 한다. 말하자면 고려시대 왕명들을 암기하는 것이 조선시대 왕명들을 암기하는 데 적극적 전이가 되지만 소극적 전이로 작용하기도 한다.

(2) 학습방법

학습의 방법에 따라 전이가 일어나는 조건이 된다. 학습방법을 알면 적극적 전이가 발생한다. 우드로우(Woodrow)는 훈련방법이 어떻게 전이를 일으키는가를 실험하였다. 기억훈련방법을 제시하여 주고 기억훈련을 시킨 집단은 훈련방법을 제시받지 않고 기억훈련을 실시한 집단보다 높은 성취를 보였다. 이것은 훈련방법, 즉 학습방법의 학습이 적극적 전이를 일으켰다는 것을 의미한다.

(3) 지능

학습자의 지능도 전이의 조건이 된다. 지능이 높다는 것은 문제해결 능력과 통찰능력이 높다는 것을 의미한다. 그러므로 지능이 높은 학습자는 두 학습 사이의 연관성을 좀더 잘 파악할 수 있으므로 적극적 전이를 발생시킨다. 지능이 높을수록 보다 큰 전이효과를 가져올 수 있다.

(4) 학습태도

태도(attitude)란 행동의 경향성(tendency)이다. 학습태도란 학습에 대한 행동 경향성으로서 학습자가 학습과제에 대하여 어떤 태도를 가지고 있느냐에 따라 전이의 효과는 달라진다. 학습자가 학습자료에 대하여 적극적이고 긍정적인 태도를 가지고 있을 때에 부정적인 태도를 가지고 있을 때보다 전이가 잘 일어난다.

6. 학습과 기억이론

1) 기억의 개념

학습결과가 유지되는 과정이 기억(memory)이다. 이 기억의 과정에는 여러 가지가 있으나 그 중에서 기억의 흔적, 즉 학습이 유지되는 것을 파지(retention)라 하고 기억의 흔적이 소실되는 것을 망각(forgetting)이라 한다.

2) 망각곡선

에빙하우스(Ebbinghous)는 망각률을 조사하여 망각곡선을 모형화하였다.

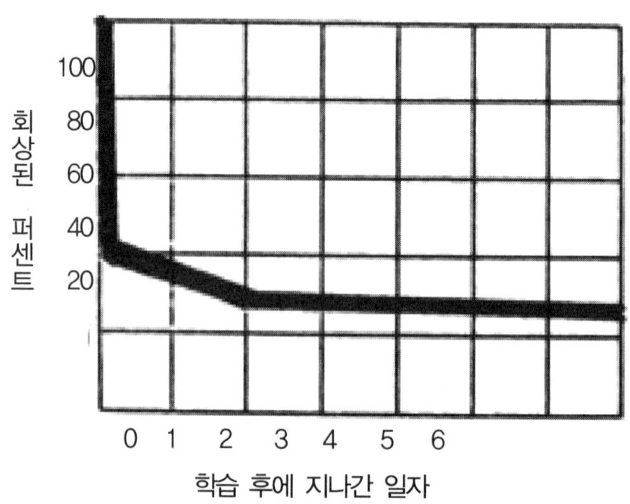

[그림 5-10] 망각곡선

그림에서 망각률이 높은 그래프는 무의미 철자의 학습이며 망각률이 낮은 그래프는 유의미 철자의 학습이다. 그는 무의미 학습재료의 학습 직후의 망각률이 아주 높아 0.33시간, 즉 20분이 경과되었을 때 이미 41%의 망각률을 보이고, 1시간이 경과되었을 때는 55% 이상의 망각률이 나타난다고 했다. 이 망각률은 점차 완만하여져서 1주 정도 이후에는 아주 낮은 망각률을 나타내고 있어 학습 직후의 망각률이 높다는 것을 보여주고 있다.

3) 기억의 조건

학습에 있어서 파지율을 높이고 망각률을 낮추는 것은 아주 중요한 문제이다. 기계적인 암기학습이든 정의적 학습이든 또는 운농 기능의 학습이든지 간에 파지율을 높이고 망각률을 낮출 수 있는 조건들을 알아본다.

(1) 과잉학습

과잉학습(over learning)이란 그 학습의 완성까지를 100%로 기준하였을 때, 100% 이상을 학습에 투입하는 것을 말한다. 즉, 구구단을 외우는데 필요한 최소 시간이 10시간일 때 실제로 투입하는 시간을 15시간하였다면 이것은 5시간 과잉학습을 실시한 것이 된다.

과잉학습이 파지율을 높이는 이유는 과잉학습에 투입된 양만큼 100%의 파지율이 시간적으로 지속되어서 일정한 시간이 지나야 100% 이하로의 망각이 진행되기 때문이다.

(2) 금지현상

금지(inhibition)현상이란 두 학습간에 서로 학습을 방해하는 현상을 말한다. 앞의 학습의 뒤의 학습을 방해하는 현상을 전진금지(proactive inhibition) 뒤의 학습이 앞의 학습을 방해하는 현상을 소급금지(retroactive inhibition)라 한다.

학습재료가 무의미하거나 단순할 때, 기계적인 암기를 필요로 하는 재료일 때, 두 학습 사이의 시간간격이 가까울 때, 학습구조의 유사성이 있을 때 등은 금지현상을 촉진하는 조건들이므로 교수-학습 과정에서 유의해야 한다.

(3) 학습방법

일반적인 학습방법에는 휴식 없이 전 과정을 학습하는 집중법과 학습 도중에 휴식을 넣어서 학습하는 분산법이 있다. 이 학습방법 중에서 집중법보다는 분산법이 대부분의 학습에서 파지율을 높인다. 단순한 기계적 암기, 반복연습하는 운동의 기능학습 등의 경우 휴식의 중요성이 크다. 그러나 모든 학습재료에서 분산법이 유리한 것은 아니다. 학습과제가 하나의 계열로 묶인 재료이거나 앞의 학습이 뒤의 학습에 관련된 재료인 경우에는 분산법보다 오히려 집중법이 유리하다. 즉, 학습의 방법을 선택하는 것은 학습내용이 무엇이냐에 따라 선택되어야 한다.

(4) 준비성

학습의 준비성이 갖추어져 있으면 보다 더 오랫동안 파지될 수 있다. 학습준비성이 갖추어져 있을 때 학습자는 보다 더 적극적으로 학습하게 되어 학습의 능률을 높일 뿐만 아니라 높은 파지율을 유지할 수 있게 된다.

(5) 의미와 길이

학습재료는 의미가 있을수록 무의미 재료보다 오래 기억된다. 또한 의미가 있으면서 재료의 계열성이 길면 더욱 오래 파지된다. 여기서 길이라는 것은 단순히 재료의 크기를 말하는 것이 아니라 의미의 길이를 말하는 것이다. 예컨대 단편소설 여러 편보다는 같은 분량의 한 편의 장편소설이 더 오래 기억될 수 있다는 말이다.

(6) 수면

수면의 효과는 두 가지 면에서 생각할 수 있다. 첫째 수면은 학습의 피로, 즉 심리적 포화(psychological satiation)를 낮추어 주는 효과가 있으므로, 기억을 높여줄 수 있다. 둘째는 수면 중의 망각속도는 깨어 있을 때의 망각속도보다 느리다는 점이다. 수면 중에는 다른 감각적 경험의 간섭을 받지 않으므로 수면 직전에 실시한 학습을 비교적 오래 기억할 수 있다.

(7) 학습재료의 감정가

감정가(感情價)란 재료에 대한 학습자의 정서적 유쾌, 불쾌, 또는 중성적 반응을 의미한다. 학습재료는 학습자에게 유쾌하고 긍정적 감정을 일으키는 것이 가장 오래 파지되며 불쾌재료가 그 다음이고 중성재료는 가장 낮은 파지를 갖는다. 천사(유쾌), 악마(불쾌), 나무(중성)의 세 단어를 학습하는 경우라면 천사〉악마〉나무의 순으로 기억될 것이다.

그러므로 학습의 파지율을 높이기 위해서는 학교학습에 제시되는 대부분의 중성가치 학습재료는 유쾌 정서를 불러일으키는 다른 재료와 결합시켜 학습하는 것이 효과적인 학습방법이다.

(8) 기타 기억의 방법

이미 기억된 정보를 오래 파지할 수 있는 조건들에 관해서는 위에서 기술하였으므로 여기에서는 학습 정보들이 여러 가지 강화를 통해 장기기억으로 저장될 수 있는 방법들을 제시한다.

① 주의력(attention)

주어지는 자극의 크기, 색상, 형태 등을 유의하면 쉽게 기억될 수 있다. 이것은 학습재료의 특징에 대해 주의를 기울인 결과가 기억에 효과를 가져온다는 것이다.

② 정보의 요약과 재정리

'빨주노초파남보'나 '태정태세문단세' 등은 단위정보의 이니셜로 요약하여 기억하는 방법이다. 이 정보의 요약의 경우 요약정보에 의미를 부여하면 더욱 쉽게 기억될 수 있다. '파도솔레라미시'를 '파도소리에 라미시라는 소녀가 생각난다' 등으로 의미화하는 경우다.

③ 언어적 · 신체적 활동

소리내서 암송하기, 손짓 · 발짓을 하며 암기하기, 대화하듯이 암기하기 등의 경우다. 개인의 기호와 반응 경향에 따라 여러 가지 방법이 있으나 한 가지 방법이 모든 사람에게 동일한 효과가 있는 것은 아니다.

④ 연상

기억하고자 하는 학습정보를 다른 유의미한 경험과 연결시키는 방법이다. 예컨대 모자, 넥타이, 양말, 지갑, 벨트, 손수건, 못이라는 단어를 순서대로 암기하고자 한다면 '모자를 머리에 쓰고, 넥타이를 목에 감고, 양말을 어깨에 걸치고, 지갑을 앞주머니에 넣고, 벨트를 허리에 매고, 손수건을 바지 주머니에 넣고, 못에 발바닥을 찔리고……'와 같이 신체의 위에서부터 차례로 아래로 내려가면서 연결시켜 암기하는 방법이다. 이 방법을 기계적인 기억에서보다 장기적인 기억을 가져올 수 있는 방법 중의 하나이다.

7. 학습과 연습이론

1) 연습의 개념

학습량의 변화도 학습내용에 따라 여러 가지 형태가 있다. 피아노 학습과 무의미 철자학습이 동일한 학습 진보를 갖는 것은 아니다.

[그림 5-11]에서 A곡선은 학습시간과 학습량이 비례하는 경우다. 이 곡선은 단어의 암기, 간단한 의미 재료의 암기, 기초 피아노 교본의 연습 등의 경우다.

B곡선은 A곡선처럼 일정하게 진보하다가 일시적으로 학습시간이 경과되어도 학습량이 늘어나지 않거나 오히려 감소하는 경우다.

운동경기에서의 슬럼프, 피아노 연습에서 초급에서 중급으로 넘어갈 때, 원리의 학습에서 원리의 파악이 어느 수준에서 난이성을 보일 때 등이다. 이 평평한 부분을 고원(高原, plateau)이라 부른다. 고원현상이 나타나면 잠시 휴식을 하거나 학습방법을 바꾸어 주면 극복되기도 한다.

C곡선은 학습의 초기에는 학습량이 거의 증가하지 않다가 어느 시기부터 학습량이 급격히 증가되는 곡선이다. 기계적 반복운동의 경우를 예로 들면 눈감고 구슬을 한 주먹에 열 개씩 잡기 연습을 할 때 연습 초기에는 실패율이 아주 높으나 어느 정도 연습이 진행되고 나면 한 번 집을 때 정확히 열 개씩 잡게 된다. 수학의 인수분해나 방정식도 마찬가지로서 초기에는 한 문제를 푸는데 오랜 시간이 걸리지만 기본적인 연습이 달성되면 높은 성공률을 보이게 되는 경우다.

D곡선은 학습 초기에는 높은 학습률을 보이지만 점차 시간이 경과될수록

학습능률이 떨어지는 경우다. 무의미 철자의 기계적 암기, 긴 문장을 반복하여 암기하는 경우 등으로서 학습의 피로가 급격히 증가하기 때문에 발생된다. 단순 학습재료의 암기 등에서는 짧은 휴식을 자주 갖거나 학습방법을 변화시켜서 극복할 수 있다.

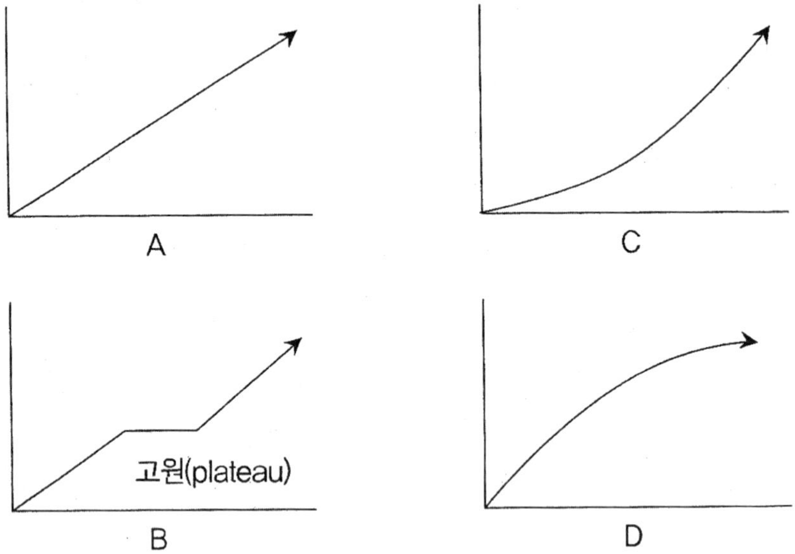

[그림 5-11] 연습곡선

2) 연습의 종류

연습방법의 종류는 두 가지로 구분된다. 하나는 전습법과 분습법이며 또 하나는 집중법과 분산법이다.

(1) 전습법과 분습법

전습법은 한 학습재료를 분할하지 않고 처음부터 끝까지 연습하는 방법으로, 학습이 완성될 때까지 처음부터 끝까지 반복연습을 실시한다.

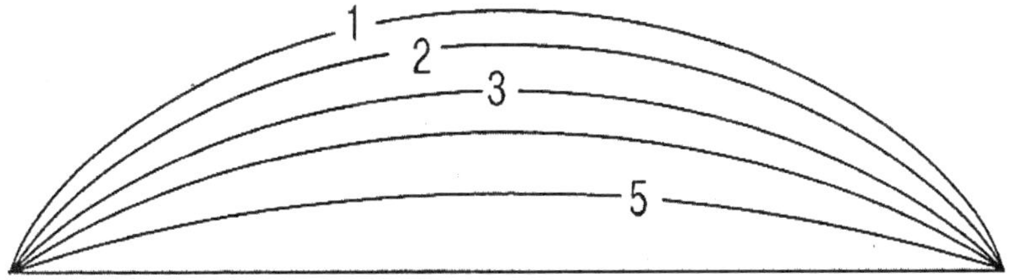

[그림 5-12] 전습법

분습법은 학습재료를 몇 개의 작은 부분으로 나누어서 각 부분을 독립적으로 연습하는 것이다. 분습법은 한 부분이 학습되고 나면 다음 부분으로 넘어가는 방법이다. 분습법은 순수 분습법, 점진적 분습법, 반복적 분습법으로 나누어진다.

① 순수 분습법

순수 분습법은 분습법의 가장 대표적인 방법이다. 나누어진 각 부분들을 독립적으로 학습하고 최종적으로 전습법으로 학습하면 효과적이다.

② 점진적 분습법

점진적 분습법은 분습을 실시하되 어느 정도 분습을 실시하고서는 부분적인 전습을 실시하는 방법이다. 즉, A와 B를 분습하고 A, B를 하나로 묶어 학습한 뒤 C로 넘어가는 방법이다. 이 방법을 학습의 앞부분이 비교적 중요할 때 사용되는 방법이다.

③ 반복적 분습법

이 학습방법은 앞의 단위를 여러 번 반복하면서 점자 뒤의 부분으로 반복해 나가는 방법이다. 이 학습방법은 앞 부분이 나머지 학습의 기초가 되므로 앞 부분을 완전하게 학습하지 못하면 다음 학습으로 진행하기 어려운 학습의 경우가 된다. 수학의 경우 덧셈은 인수분해의 기초이며, 인수분해는 미분 적분의 기초이므로, 덧셈을 학습하지 않고 다음 학습으로 진행해 나갈 수 없는 경우가 여기에 해당된다.

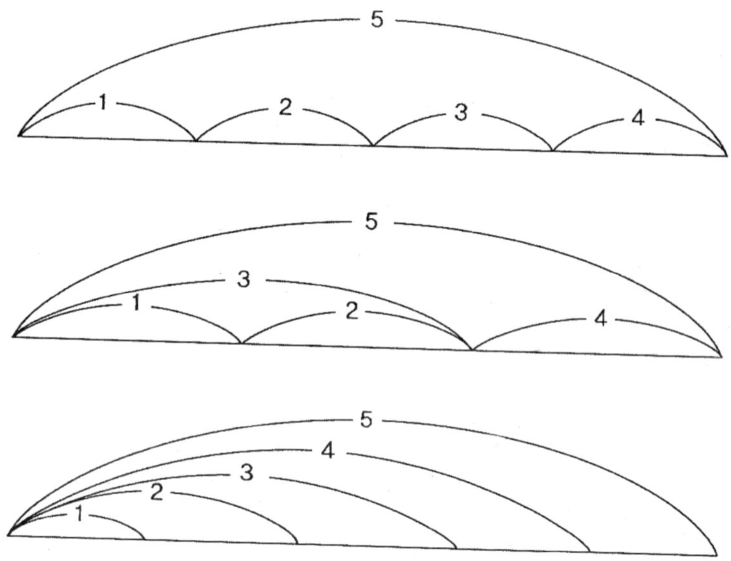

[그림 5-13] 분습법

(2) 집중법과 분산법

집중법과 분산법을 구분하는 기준은 학습 진행 도중에 휴식을 하느냐 하지 않느냐에 의해 결정된다.

학습 중간에 휴식을 넣지 않으면 집중법이고 학습 중간중간에 휴식을 넣어 학습을 진행하면 분산법이다.

집중법이나 분산법은 학습의 내용에 따라 달라진다. 다음은 두 학습방법의 사용결과에 대한 차이이다.

① 대부분의 학습은 일반적으로는 분산법이 유리하다.

② 분산법의 효과는 학습의 초기가 후기보다 크다. 학습의 후기는 초기보다 학습의 피로에 의한 심리적 포화가 크기 때문이다. 학습의 포화(satation)란 학습피로가 극도로 높아져서 학습시간의 경과에도 불구하고 더 이상 학습능률이 높아지지 않는 것을 말한다.

③ 분산법에서는 휴식방법은 분산의 초기에는 짧은 휴식이 필요하고 후기에는 긴 휴식이 필요하다.

④ 유의미 재료이거나 원리의 학습에는 집중법이 유리하며 기계적 기억의 학습이나 감각운동 학습에는 분산법이 유리하다.

⑤ 학습재료의 길이가 길거나 문제해결과 관련된 것은 분산법보다는 집중법이 유리하다.

8. 인본주의 학습이론

1) 인본주의와 학습

인본주의 학습이론은 1970년대부터 출현하게 된 인본주의 심리학(humanistic psychology)에 그 이론적 토대를 두고 있다. 인본주의 심리학은 건전한 인간 자체를 그 대상으로 하며 인간을 능동적인 무한한 잠재력을 가진 주체로 인정한다. 또한 인간은 자기주도적, 자기통제적, 자기선택적이기 때문에 그에 대한 명령 · 강요 · 통제를 지양하고 그의 자발성과 자율성을 최대한 존중한다.

인본주의 심리학은 개인의 잠재력을 실현시키는 데 역점을 둔다는 점에서 역시 1970년대부터 출현한 실존주의 심리학과 일치한다. 그러나 실존주의 심리학에서는 자신에 대한 내적 정체성과 자유의지 책임의식을 강조하는 반면 인본주의 심리학은 비언어적 경험 · 신체적 접촉을 통한 감정의 교류 및 억제된 감정과 욕망의 자연스러운 분산 등을 특히 강조한다.

학습에 대한 인본주의적 접근은 '현상학적 접근'이라고 하는데, 그 이유는 이러한 심리학적 경향이 철학에 있어서 후설(Husserl)의 현상학 내지는 그의 제자인 실존주의 철학자들의 영향을 받았기 때문이다. 여기에서는 '학습'을 지식과 정의(情意)가 결합된 유의미한 실존적 경험이라고 간주한다. 또한, 특정 사태에 대한 개인의 지각 · 해석 · 의미 등 인간의 주관적 경험을 강조한다. 따라서 행동주의 심리학처럼 자연과학적인 방법과 결정론적 기계론으로 인간의 행동을 예언하거나 통제한다든가 정신분석학처럼 과거의 유아기 성장과정에 관심을 갖거나 비정상인을 대상으로 하지 않는다.

이러한 인본주의 학습이론의 대표적인 학자들로는 **올포트**(Allport), **콤즈**(Combs), **매슬로우**(Maslow), **로저스**(Rogers) 등을 들 수 있다.

올포트는 인간행동의 연구에 있어서 일반적 원리나 법칙을 규명하려는 데 관심을 갖는 보편적 접근(nomothetic approach)과 각 개인의 독특성과 고유성을 규명하려는 개별적 접근(idiographic approach)을 구별하면서, 이 중 후자의 중요성을 강조하였다. 그는 특히 자아를 강조하였는데 이를 '느끼고 알려진 나'라고 파악하면서 독특성 또는 고유성이라고 보았다. 그는 이 자아를 통하여 건전한 성격이 발달한다고 주장하였다.

콤즈는 학습에 있어서는 인지적 측면보다 개인적 지각이 더 중요하므로 교사는 학생들이 긍정적 자아개념을 갖도록 지도해야 한다고 역설하였다. 인간은 누구나 적합감을 갖기를 원하므로 교사는 학습장면에서 명령자 · 통제자

보다는 촉진자 · 조력자의 역할을 충실히 함으로써 학생으로 하여금 적합감과 긍정적 자아개념을 갖도록 해야 한다. 그렇게 하기 위해서는 교사는 교과를 잘 알고, 학생들의 감정에 민감하며, 개개 학생들의 능력을 믿고, 자신도 긍정적인 자아개념을 갖고 학생에 대하여 최대한의 조력을 아끼지 않으며 다양한 교수방법을 사용하여 학생의 자아발달을 촉진시켜야 한다고 주장하였다.

매슬로우는 그 당시 세력을 떨치던 '행동주의 심리학'과 '정신분석학'을 거부하고 제3세력의 심리학으로서 '인본주의 심리학'을 제창하였다. 그는 한 개인이 고유한 인간으로서 실현할 수 있는 잠재가능성을 최대한 수용하고 표현하는 상태를 자아실현(self-realization)이라 하였으며 그러한 사람을 자아실현인이라 하였는데 그는 이것을 교육의 목적으로 삼아야 한다고 주장하였다. 여기에서는 기존의 사실이나 정보를 수동적으로 받아들이는 외석 학습(기계적 학습, 피상적 학습)보다는 개개인의 자아실현을 돕는 내적 학습이 더 중요하다고 역설하였다.

로저스는 '만발기능인'(fully functioning person)을 주장하였는데, 이는 자신의 경험에 내하여 개방적이며, 실존적 생활방식을 유지할 뿐만 아니라 창의적이고 건설적이며 신뢰로우며 정당한 행동을 통하여 자신의 잠재력을 유감없이 발휘하는 자유인을 말한다. 로저스는 이러한 인간을 양성하는 것을 교육의 목적으로 생각하였다. 그런데 이러한 교육목적이 달성되기 위해서는 유의미학습이 이루어져야 한다고 주장하였다. 그는 「학습하는 자유」(Freedom to Learn)라는 저서에서 두 종류의 학습에 대하여 언급하였는데, 그것은 '유의미학습'(significant learning)과 '무의미학습'(meaningless learning)이다. 이 중 무의미학습은 기존의 지식체제를 외워서 기억하도록 하는 정신적 측면만을 강조하고 또 학습자의 능동적 측면이 아니라 수동적 · 소극적 측면에서 초점을 둠으로써 학습자 각자에게 개인적 의미를 갖지 못하는 인지적 학습을 말한다. 반면 유의미학습은 인시적 측면과 정의적 측면이 통합된 전인의 형성을 강조하는 학습으로, 자기주도적일 뿐만 아니라 행동 · 태도 · 성격에까지 침투하는 학습을 말하는 것으로서, 여기에서는 학습의 책임을 학습자 자신에 두며 스스로 평가하는 자기평가를 강조할 뿐만 아니라 개인적 욕구의 만족과 의미를 중시한다. 그렇기 때문에 이러한 유의미학습에는 특히 개인의 직접적인 경험과 사고·감정을 매우 중요시한다.

로저스는 유의미학습의 원리로 몇 가지를 들었는데 첫째, 인간은 자연적인 학습욕구, 세상에 관한 자연적인 호기심, 그리고 새로운 경험을 탐색·동화하려는 열망을 갖고 있기 때문에 이를 만족시켜 주어야 한다. 둘째, 학습은 교육내용이 학습자에게 관련성이 깊을 때 유의미하고 더 빠르게 이루어진다. 셋째, 학습은 외적 위협이나 지시가 감소될 때 촉진된다. 넷째, 능동적인 참여에 의한 학습은 수동적인 학습보다 훨씬 더 효과적이며 자기주도적이고 자기지도적일 때 더 많이 학습한다. 다섯째, 학습은 학습자의 전인적 측면에 관련될 때, 즉 지적인 측면과 정의적 측면이 통합될 때 가장 지속적이다. 여섯째, 학습은 학습자의 자기책임이 강조되고 자기평가가 이루어질 때 더 고양된다.

로저스에 의하면 이러한 원리를 따르는 학습이 되기 위해서는 교사는 학습의 조력자 내지는 촉진자의 역할을 충실히 함으로써 학습자중심의 수업을 이끌어야 하며 학생들에게 따뜻하고 긍정적이며 허용적인 태도를 보이면서 학생의 능력을 신뢰해야 할 뿐만 아니라 학생의 생각이나 의견을 최대한으로 존중해 주어야 한다. 교사가 이러한 이해와 진솔한 태도를 보일 때 학생들은 자아를 깨닫고 수용하게 될 것이다.

2) 행동주의, 인지주의 및 인본주의 학습이론의 비교

행동주의 학습이론과 인지주의 학습이론 및 인본주의 학습이론이 교육의 실제(교육목적·교육내용·교육방법·교육평가)에 주는 함의를 정리해 보면 다음의 〈표 5-1〉과 같다.

표 5-1 행동주의, 인지주의, 인본주의적 학습의 비교

이론 비교 / 기준	행동주의 학습이론	인지주의 학습이론	인본주의 학습이론
교육목적	기능의 습득	인지기능의 최적 발달(문제해결능력 계발)	자아성장과 자아실현
교육내용	연습과 반복을 통해 기능을 습득시킬 수 있는 내용	감각운동 · 언어 · 인지의 발달을 촉진시킬 수 있는 내용	의사소통기술이나 집단 및 개인의 욕구에 대한 민감성 등의 사회적 발달을 촉진시킬 수 있는 통합적 내용
교육방법	· 기능의 발달을 위한 구체적 방법과 교육공학의 활용 · 교사중심 · 외적 보상에 의한 동기유발 · 과제부과 · 훈련 · 보상의 개별화 강조 · 학생의 수동적 참여(기계적 학습) 강조	· 인지기능 발달을 촉진시키는 방법 · 학생중심 · 내적 보상에 의한 동기유발(지적 호기심의 만족) · 학생의 발달수준에 토대를 둔 개별화 강조 · 학생의 능동적 참여(통찰과 이해) 강조	· 통합적인 프로젝트(학습과제)에 의한 방법 · 학생중심 · 내적 보상에 의한 동기유발(내적 욕구의 만족) · 학생의 개성 · 욕구에 기초한 개별화 강조 · 학생의 능동적 참여(자기주도적 학습) 강조
교육평가	· 암기력 평가 · 지식과 기능에 관한 양적 평가 · 상대평가 위주	· 사고력, 탐구력 평가 · 문제해결(정보처리) 능력에 관한 질적 평가 · 절대평가 위주	· 학생의 특성과 주위세계에 대한 평가 · 인지평가 및 정의평가, 질적평가 · 절대평가 위주

학습의 정의가 학습에 의한 변화가 개인의 지식이나 행동에서 나타나는 것을 전제한다고 할 때, 심리학자들은 행동에 있어서의 변화를 강조하는 입장과 인지구조에 있어서의 변화를 강조하는 입장이 있다. 전자를 행동주의 학습이론이라 하고, 후자를 인지주의 학습이론이라고 한다. 행동주의 학습이론에

서는 학습이 일어났다는 것을 행동 변화의 유무로 판단한다. 행동주의 관점은 일반적으로 학습의 결과는 행동상의 변화임을 가정하는데, 즉 행동의 변화가 있었을 때 학습이 일어났다고 보는 것이다.

인지주의 입장에서 학습은 인지구조의 변화를 의미한다. 즉, 학습은 학습할 내용과 그것과 관련된 기존의 인지구조가 상호작용을 통해 의미 있게 연결됨으로써 일어난다는 주장이다. 행동의 변화보다는 인지구조의 변화에 초점을 두고 있다. 즉 위의 행동주의 학습이론에서처럼 경험의 결과로 곧바로 행동의 변화가 있는 것이 아니라 경험과 행동 사이에 일어나는 인지작용이 있다는 것을 주장한다. 인지작용을 통해서 발생하는 지식의 변화, 지식의 획득에 초점을 두고, 지식을 획득했을 때 학습이 일어났다고 보는 것이다.

이에 반해 인지주의는 합리주의에 근거를 두고 있다. 합리주의는 데카르트, 라이프찌니와 칸트 등의 학자에 의해 발전한 철학적 사조로 '인간의 이성'을 중시하는 입장이다. 이들은 인간 외부세계에 존재하는 물리적 환경은 단순한 하나의 환경으로만 존재할 뿐이지 한 개인에게는 아무런 의미도 없다는 것이다. 그러나 이 환경이 특정인에게 지각되고 인지될 때만이 그 사람에게 의미를 갖는다는 것이다. 이것은 개개인은 지니고 있는 지각의 특성에 따라서 달리 지각하고 있음을 의미한다.

인본주의 학습이론은 외적 자극에 대한 반응을 강조하는 행동주의심리학과 모든 인간행동의 원인이 무의식적 동기에서 비롯된다고 주장하는 정신분석학의 결정론적 입장에 대한 반박으로 나타났다. 행동주의심리학이 과학적 연구에 지나치게 의존하여 각 개인의 독특한 감정과 사고를 경시한 점과, 정신분석학이 인간의 초기경험과 본능적 충동을 지나치게 강조한 점을 비판하면서 인간 행동의 근본적 원동력은 자아실현(self actualization), 즉 개인의 잠재력을 최대한 발휘하고자 하는 욕구라고 주장하였다.

인본주의는 인간과 동물을 다르다는 것을 전제로 하여 인간의 주관성과 독특성을 강조한다. 인간은 주어진 자극에 대하여 수동적으로 반응만 하는 것이 아니라, 스스로 가지고 있는 힘에 의하여 결정을 내리고 행동하는 존재라고 본다. 인간의 무의식보다는 의식이 중요하며 선행조건의 필연적이 산물보다 개인의 자유의지가 작용하는 의식의 작용을 중요시한다.

제6장

수업이론

1. 수업의 개념

학교교육의 중핵을 이루고 있는 것이 가르치고 배우는 과정, 즉 수업과정과 학습과정이다. 그런데 가르치고 배우는 과정은 분리해서 생각할 수 없기 때문에 수업의 개념을 이해함과 동시에 학습의 개념을 함께 이해하는 것이 필요하다. 또한 가르치고 배우는 과정은 교재를 중심으로 이루어지기 때문에 수업, 학습, 교육과정의 관계도 함께 알아본다.

1) 수업이란

수업의 정의를 살펴보기 전에 수업이라는 용어와 교수라는 용어의 관계를 정립하는 것이 필요하다. 먼저 영어와 대비시켜 보면 수업은 'instruction', 교수는 'teaching'에 해당하는 것으로 파악하는 것이 일반적이다. 그러나 이와 반대로 'instruction'을 교수로, 'teaching'을 수업으로 번역하는 시각도 있다.

코리(Corey)는 "수업이란 학습자가 특정한 조건하에서 특정한 행동을 하는 것을 배울 수 있도록 학습자의 환경을 계획적으로 조정하는 과정"이라 했다. 이 정의의 요점을 알아보자.

첫째, 특정한 행동이란 구체적으로 명세화한 수업목표를 가리키는 것으로 수업은 어떤 행동변화를 일으키고자 하는 뚜렷한 목표가 전제가 된다는 것을 의미한다.

둘째, 특정한 조건하에서의 의미는 목표를 달성하기 위해서는 학습자의 행동을 일어나게 하는 조건 역시 명세화해야 한다는 것을 의미한다.

셋째, 환경을 계획적으로 조정한다는 것은 수업은 언제나 계획된 활동임을 의미한다.

요약해서 말하면 수업이란 명시된 행동이 학습자에게 발생하도록 조건을 계획적으로 갖추어 주는 과정임을 의미하는 것이다.

가네(Gagné)는 "수업은 학습자에게 학습이 일어날 수 있도록 학습자의 내적 · 외적 조건을 체계적으로 조정하는 것"이라고 보았다. 이 정의에 의하면 수업은 학습자에게 학습이 일어나도록 하기 위해서는 학습자의 내적 과정을 파악하고 이를 촉진시키기 위해서 여러 외적 조건을 조성하는 것을 의미한다.

2) 수업의 교육과정과 학습의 관계

수업은 교육과정에 명시된 목표와 내용을 학습자가 학습하도록 하는 것이다. 훌륭한 교육계획은 이 3자가 가급적 가깝게 합치되도록 하는 것이다. 교육과정-수업-학습 간의 이상적 관계와 실제적 관계를 그림으로 나타내면 [그림 6-1]과 같다.

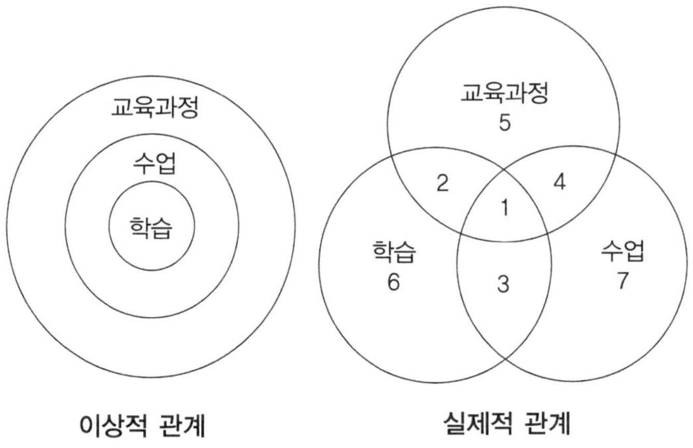

[그림 6-1] 교육과정-수업-학습의 관계

이상적 관계는 교육과정에 명시된 목표와 내용을 모두 교사가 수업하였고 또한 학생이 이를 모두 학습한 경우다. 그러나 실제로는 이렇게 완벽한 교육이란 거의 없다. 그래서 대부분은 [그림 6-1] 오른쪽 그림과 같이 여러 현상이 생기게 된다. 부위 1은 교육과정에 명시된 것을 적절한 방법으로 수업함으로써 학습자가 충분히 학습한 것을 나타낸다. 이것은 바로 [그림 6-1] 왼쪽 그림의 이상적 관계를 말한다. 부위 2는 교육과정에 명시된 것을 수업은 하지 않았으나 학생이 학습한 것을 나타낸다. 부위 3은 교육과정에 명시되어 있지 않은 것을 교사가 수업하고 학생은 학습한 것을 나타낸다. 부위 4는 교육과정에 명시된 것을 교사가 수업은 하였으나 학생은 학습하지 못한 것을 나타낸다. 부위 5는 교육과정에 명시된 것을 수업도 하지 않았고 학습도 이루어지지 않은 것을 나타낸다. 부위 6은 교육과정에 명시되어 있지도 않고 교사가 수업도 하지 않았는데 학습자는 학습한 것을 나타낸다. 부위 7은 교육과정에 명시되지 않은 것을 교사가 수업하였으나 학습자는 학습하지 않은 것을 나타낸다. 교육과정, 수업, 학습의 관계를 이와 같이 도식화할 때 좋은 수업계획과 발전은 1의 면적을 넓히는 것이다.

2. 글레이저의 수업모형

수업모형을 처음으로 체계화한 글레이저(Glaser)는 수업의 절차를 수업목표 설정, 출발점 행동 진단, 수업절차, 성취도 평가의 4단계로 설정했다. 이 절차를 나타낸 것이 [그림 6-2]와 같다.

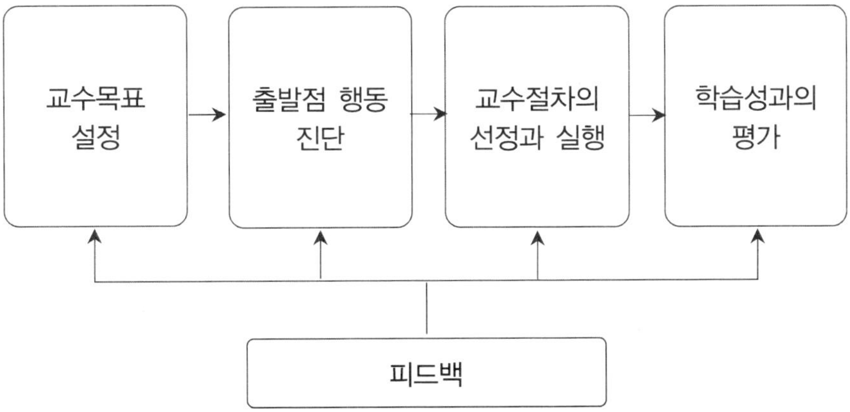

[그림 6-2] 글레이저의 수업모형

1) 수업목표 설정

수업목표란 수업절차를 통해서 학습자가 달성해야 하는 성취행동을 말한다. 다시 말해 수업활동을 통해서 학습자가 달성해야 할 인간행동을 의미한다. 글레이저는 수업목표의 진술은 관찰 · 측정할 수 있는 행동으로 세분화할 것을 주장한다. 그는 수업목표를 도착점 행동(terminal behavior)이란 용어로 바꾸어 사용하기도 한다.

그런데 수업목표는 수업의 방향을 정해 주고, 수업내용과 절차의 선정 · 조직 · 계열을 정하는 지침이 되며, 학습자에게 학습을 촉진시키며, 학습성과의 평가기준의 역할을 한다.

2) 출발점 행동의 진단

수업목표가 설정되면 다음 단계는 학습자의 출발점 행동을 진단해야 한다.

출발점 행동이란 "학습자가 수업목표에 도달하기 위해서 이미 학습해 있어야 할 행동특성"을 말한다.

출발점 행동에는 지적 능력, 적성, 선행학습 수준, 욕구, 흥미, 동기, 자아개념, 학습습관, 학습속도 등이 포함되는데 학습자의 성장 · 발달의 수준, 학습준비성, 개인차 변인, 선행학습의 정도 등을 포괄적으로 개념화한 것이다.

출발점 행동 진단의 주요 목적은 주요 출발점 행동을 확인하는 기회를 마련하고, 학습결손아를 발견하여 학습결손을 처치(treatment)하여 학습자가 수업목표를 도달하는데 저해가 되는 요소를 제거하는 데 있다. 블룸(Bloom)은 학습자의 출발점 행동에 있어서의 개인차는 학습자의 개인차의 50% 내지 65%를 결정할 만큼 중요한 요인이라고 주장하고 있다.

3) 수업절차

글레이저 수업모형의 세 번째 단계는 수업활동이 전개되는 수업절차, 즉 학습지도 단계이다. 이 단계는 보다 구체적으로 도입, 전개, 정착, 형성평가, 심화 또는 보충학습의 순으로 전개된다.

수업의 과정에서 교사는 교수활동 전의 전략이 개관, 수업목표, 진단검사 등 교수활동 중의 전략인 설명 대 발견, 연역 대 귀납, 집단 대 개별화 등 그리고 교수활동 후의 전략인 요약, 복습, 응용, 사후 검사 등을 수업내용에 알맞게 설계해야 한다.

4) 성취도 평가

이 모형의 마지막 단계인 성취도 평가는 학습성과를 총괄적으로 평가함으로써 학습자에게 성적을 내주고 교사들은 스스로의 수업 효율성을 확인하는 단계이다. 이 단계에서 실시하는 총괄평가는 절대 기준평가의 원리에 입각하여 실시하여 학습자의 수업목표 달성도를 측정해야 한다. 성취도 평가결과는 피드백(feed back)되어 앞 단계의 적정성 여부에 대한 정보를 제공한다.

3. 한국교육개발원의 수업과정모형

한국교육개발원에서 1973년에 우리나라의 학교상황에 맞는 수업모형을 개발하였다. 이 모형은 글레이저의 수업모형을 우리의 형편에 맞게 발전시켰다. 이 모형은 [그림 6-3]과 같은 단계로 나뉘어져 있다.

[그림 6-3] 수업과정 일반모형

1) 계획단계

계획단계에서는 수업의 계획을 입안하는 단계로 학습과제를 분석해서 수업목표를 확인하고 내용구조를 확인하여 수업계획을 수립한다. 수업계획에는 학생과 교사활동, 학습계열, 매체, 평가, 잠재적 교육과정 등을 포함시킨다. 실전계획에는 예를 들면 수업일정, 교실, 인력, 교재 및 교구, 지도발전단계에서의 유의점 등의 계획을 포함한다.

이 같은 내용은 [그림 6-4]와 같다.

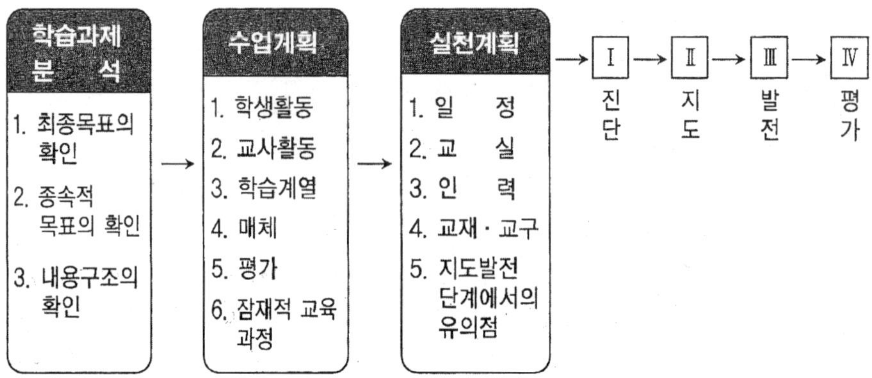

[그림 6-4] 계획단계

2) 진단단계

진단단계의 목적은 수업에 들어가기 전에 학습자가 학습준비가 되어 있는지를 파악하기 위한 단계이다. 이 단계에서는 진단을 실시하고 채점을 하여 그 결과를 무결손, 부분결손, 전반적 결손으로 분류한다. 이에 기초한 심화학습 또는 촉진학습-예습, 특별활동, 학습강화와 교정학습 Ⅰ - 프로그램 교재, 연습교재, 상호학습 그리고 교정학습 Ⅱ - 소규모 특별지도, 학습기능지도를 계획한다. 교정학습 Ⅰ, Ⅱ를 바탕으로 해서 단기적 효과와 장기적 효과를 각각 확인한다.

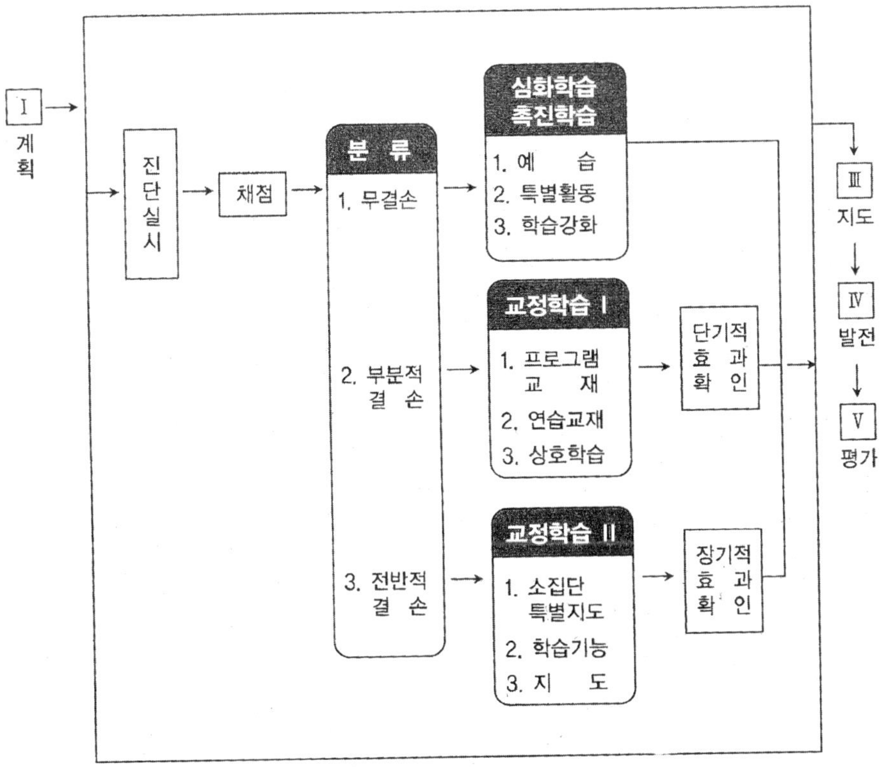

[그림 6-5] 진단단계

3) 지도단계

지도단계는 실제 수업을 진행하는 단계이며 이 단계에서는 도입, 전개, 정착의 과정을 거친다. 도입단계에서는 목표인지, 동기유발, 선수학습 관련짓기의 단계이고 전개단계는 교사주도 학습과 학생주도 학습, 텔레비전 학습으로 나누었는데 교사주도 학습은 강의, 탐구학습, 문제해결 학습, 토의, 실험 등의 방법이 있고 학생주도 학습은 프로그램 학습 관찰 · 견학 · 조사 · 발표, 그리고 토의와 모의활동이 있다. 텔레비전 학습은 수업프로그램과 보소프로그램을 활용한다. 마지막 단계인 정착단계에서는 정리, 연습, 통합, 적용을 한다.

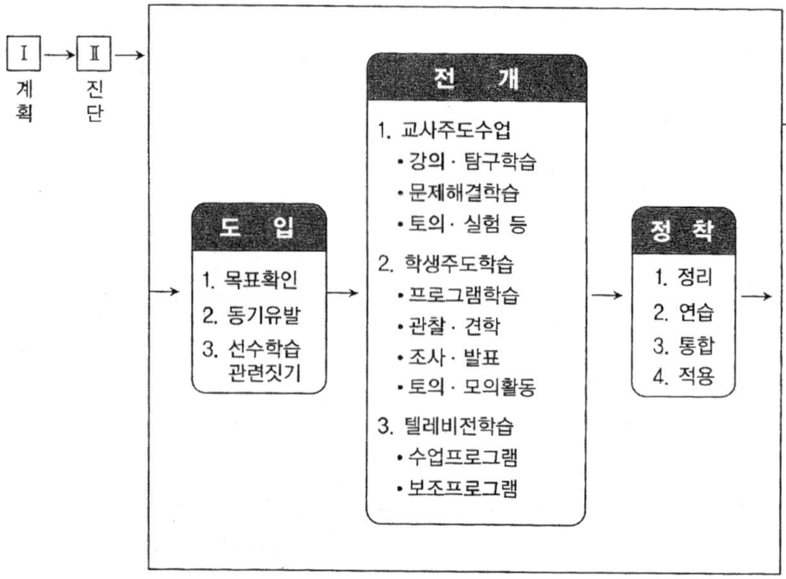

[그림 6-6] 지도단계

4) 발전단계

발전단계에서는 형성평가를 실시하고 채점을 한다. 그 채점결과를 바탕으로 문항별 정답률을 조사하고 상호토의하게 하고(협력학습), 고난도가 높은 문항을 지도하며 전반적인 질의 및 토의를 전개한다.

토의결과를 바탕으로 학습완성, 부분적 미완성, 전반적 미완성으로 분류하여 학습 완성자에게는 심화학습 또는 촉진학습을 실시(프로그램학습, 조사 · 실험학습, 특별활동, 학습강화)한다. 부분적 미완성자에게는 보충학습 I을 실시한다(프로그램학습, 연습교재, 상호학습). 그리고 전반적 미완성자에게는 확인 보충학습(프로그램학습, 연습교재, 소집단 특별지도)을 실시하고 확인한다.

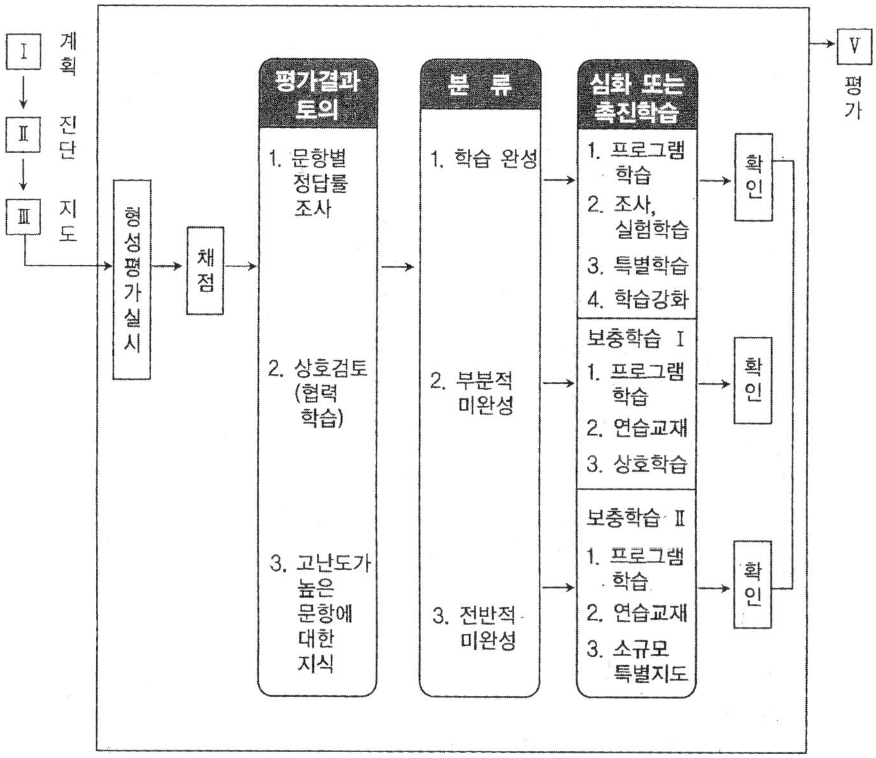

[그림 6-7] 발전단계

5) 평가단계

이 모형의 마지막 단계는 총괄평가를 한다. 평가의 실시는 매학기 2~3회가 적절하며 채점결과를 학급프로그램 파일을 만들어서 성적을 판정하고 수업과정에서 수업의 질적인 관리를 한다.

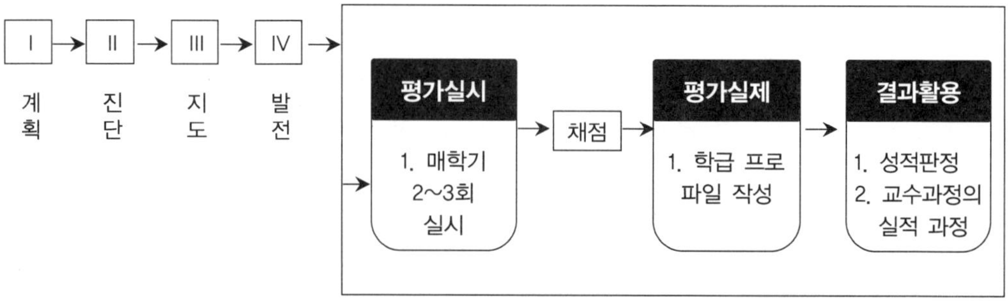

[그림 6-8] 평가단계

4. 캐롤의 학교학습모형

캐롤(Caroll, 1963)의 학교학습모형(a model of school learning)은 블룸의 완전학습(mastery learning)이론의 기반이 된 것이다. 그의 학교학습모형은 학습자가 과제를 학습하는 데 필요한 시간량을 사용하는 정도만큼 특정과제와 학습에서 성공한다는 것이 핵심적인 아이디어이다. 그의 모형은 다음 공식과 같이 표현된다.

$$\text{학습정도} = f\frac{\text{학습에 사용한 시간}}{\text{학습에 필요한 시간}}$$

$$= f\frac{\text{학습 기회·학습지속력}}{\text{적성·수업이해력·수업의 질}}$$

[그림 6-9] 캐롤의 학교학습모형

위의 방정식 모형에 의하면 학습의 정도, 즉 학업성적은 학습에 필요한 시간에 대한 학습에 실제로 사용한 시간의 비와 함수관계에 있으며 학습에 필요한 시간은 적성, 수업이해력 및 수업의 질에 의해서 결정되고 학습에 사용한 시간량은 학습기회와 학습지속력으로 설명된다는 것을 알 수 있다. 이를 좀 더 구체적으로 살펴본다.

1) 적성

캐롤은 학습자가 일정한 성취 수준에 도달하는 데 소요되는 시간의 차이를 적성(aptitude)으로 보았다. 즉, 시간이 많이 걸리면 적성은 낮은 것이고 시간이 적게 소요될수록 적성은 높다는 것이다. 이 원리에 의하면 학습적성이 낮은 학생도 과외수업 등을 통해서 학습에 필요한 시간을 충분히 제공해 주면 수업목표에 도달할 수 있다는 것을 알 수 있다.

2) 수업이해력

교사나 수업내용이나 설명을 학습자가 이해하는 능력을 수업이해력(ability to understand instruction)이라 한다. 캐롤은 수업이해력이 학습에 필요한 시간을 결정해 주는 중요한 요소로 보고 있다. 그는 수업이해력에 관계되는 변인으로 일반지능(general intelligence)과 언어능력(verbal ability)이 관계된다고 했다. 일반지능은 학습할 교재 속에 내재해 있는 여러 개념과 그 관계를 남의 도움없이 스스로 인지하고 추리할 때 요구되는 능력이고 언어능력은 수업에서 사용되고 있는 능력이다. 수업은 대부분 언어적 매개를 통해서 이루어지기 때문에 수업이해력을 높이기 위해서는 언어능력이 필요하다.

3) 수업의 질

수업의 질(quality of instruction)이란 교사가 학습자에게 학습과제를 효과적으로 조직하여 이를 제시함으로써 그 과제를 빨리 그리고 능률적으로 학습할 수 있도록 하는 것이다. 이를 위해서 교사는 학습의 목표와 학습내용을 어떻게 학습해야 하는지를 학습자가 충분히 이해할 수 있게 설명해 주어야 하며, 학습과제가 분명한 계열이 이루어져 있어야 앞 단계의 학습이 다음 단계의 학습을 위한 준비가 될 수 있게 제시되어야 하고, 수업의 전 과정이 학습자 개개인의 흥미와 특성에 알맞게 계획되고 실행되어야 한다. 이러한 조건이 잘 갖추어졌을 때 수업의 질이 최적수준에 도달하여 학습에 필요한 시간을 단축시킨다.

4) 학습기회

학습기회(opportunity)란 특정과제를 학습할 때 학습자에게 실제로 주어지는 시간량을 말한다. 학습기회의 최적 수준의 문제는 학습자의 개인차에 따라서 달라지며 수업의 질이나 적성 그리고 수업이해력과 밀접한 관련이 있다. 대부분의 학교에서는 학생들의 개인차를 고려한 학습기회를 충분히 제공하지 못하기 때문에 우수하지 못한 학습자들에게 시간이 충분하지 않아 학습의 결과에 많은 차가 난다. 따라서 개별화된 수업방법의 적용이 요구된다.

5) 학습지속력

학습지속력(perseverance)은 지구력 및 동기와 비슷한 개념으로서 학습자가 얼마만큼의 시간을 학습에 투입하기를 원하느냐와 관계되는 변인이다. 학습지속력이 높은 학생은 학습을 위해 보다 많은 시간을 능동적으로 투입하며 학습과정에서 긴장, 피로, 질병 등의 불편을 극복하며 학습과정에서 난관과 실패에 굴하지 않고 노력을 계속한다.

5. 브루너의 수업이론

브루너(Brune, 1966)의 수업이론은 선행 경향성, 지식의 구조, 학습계열, 그리고 강화를 관리하는 방법과 법칙을 탐색하는 데 초점을 두고 있다. 그의 이론은 1960년대 이후 미국의 교육개혁운동에 강력한 이론적 바탕을 제공했다. 그의 교수이론의 지향점인 네 가지 요소를 알아본다.

1) 선행경향성

학습에의 선행경향성(predisposition toward learning)이란 학습하고자 하는 의욕과 경향, 즉 무엇을 배우고자 하는 또는 주어진 문제를 해결하려는 의욕이나 동기를 말한다. 브루너가 가장 중시한 선행경향성은 학습에 임하여 여러 가지 가능성을 탐색(exploration of alternatives)하는 의욕과 태도이다.

학습자에게 탐색의욕을 불러일으키자면 탐색의욕을 활성화(activation)시키며 그것을 계속 유지하도록 지속력(maintaince)을 붙여 주고 또 방향감(direction)을 부여해야 한다. 탐구의욕이 활성화되기 위해서는 학습과제에 대한 호기심을 갖게 하고 적당한 불확실성(uncertainty)을 마련해 주어야 하며 일단 자극된 호기심을 지속시키려면 탐색결과 얻는 이득이 실패로 인한 위험 부담보다 더 커야 한다. 즉 탐색에 따르는 위험성을 극소화해야 한다. 예를 들어 학생이 틀린 답을 말했을 때 꾸짖거나 비웃거나 무시하지 않을 때 실패에 대한 불안이 없는 것이다. 또한 탐색활동이 방향감을 갖도록 하기 위해서는 학습의 목표가 주지되어야 하고 학생이 얻은 답이 그 목표의 달성에 적합한지를 알게 해야 한다. 이 밖에도 선행경향성은 사회계층, 성, 연령, 종족 간의 차에 따라 다르게 나타나며 교사와 학생 간의 관계에도 영향을 미친다.

[그림 6-10] 선행경향성

2) 지식의 구조

브루너(1960, 1966)는 지식의 구조(structure of knowledge)란 학문 내지 교과의 기저를 이루는 일반적이고 핵심적 아이디어 내지 개념이나 원리를 뜻한다. 브루너는 학습자에게 교과를 잘 가르친다는 것은 무엇을 가르쳐야 하는가 하고 물었을 때 지식이 구조를 가르쳐야 한다는 것이다. 지식의 구조화는 경제성(economy), 생성력(power), 그리고 표현방식(mode of representation)이다.

지식의 구조는 각 학문의 핵심 내용을 요약한 것이므로 경제적이고 기억하기에도 좋으며 여러 가지 사태의 문제를 해결하는 데 쓰일 수 있기 때문에 생성력이 있다. 또한 어떤 지식도 세 가지 방법으로 구조화하여 표현할 수 있다. 즉, 어떤 결과를 얻는데 적절한 동작 또는 행위를 통해서 표현하는 동작적(enactive) 표현, 개념에 대한 완벽한 정의 없이 영상이나 도표를 통하여 개괄적으로 주어진 개념을 이해하도록 하는 영상적(iconic) 표현, 상징적 또는 논리적 명제를 조직함으로써 주어진 개념을 학습하도록 하는 상징적(symbolic) 표현 방식이 있다.

그런데 브루너는 학습자의 발달단계에 따라 이해시키기에 적절한 표현방식이 있다고 주장한다. 즉, 어떤 지식의 구조를 가르치더라도 표현방식을 학습자의 사고방식에 맞추어 표현하면 발달의 어떤 단계에 있는 어떤 아동에게도 효과적으로 가르칠 수 있다고 했다.

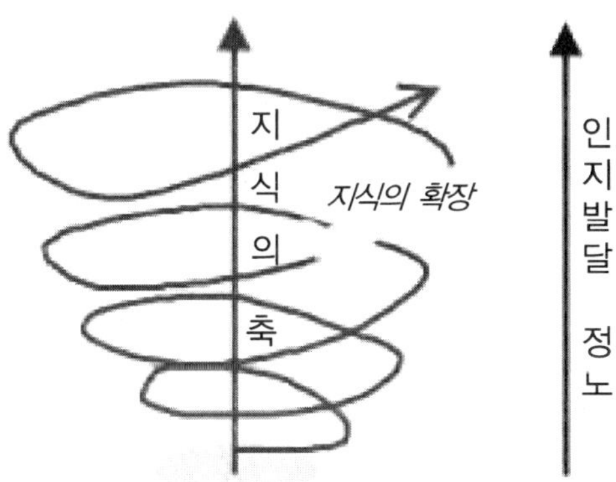

[그림 6-11] 지식의 구조

3) 학습계열

학습계열(sequence)은 학습자가 스스로 학습내용을 이해, 변형, 전이하는 능력을 발휘하도록 조직된 학습과제의 제시순서를 의미한다.

모든 학습자에게 적용될 수 있는 보편적인 최적의 학습계열은 없지만 일반적으로 작동적, 영상적, 상징적 표현순서를 따라 학습과제가 제시되어야 하며 표현의 경제성과 생성력이 낮은 내용부터 먼저 제시되고 그 다음에 경제성과 생성력이 높은 내용이 차례로 제시되어야 한다는 것이 브루너의 입장이다.

[그림 6-12] 학습계열

4) 강화

학습자들은 수업과정에서 여러 성질의 강화(reinforcement)를 받고 있지만 브루너가 가장 중요시한 강화는 학습결과에 대한 지식으로서, 그것은 학습자에게 교정적 정보(corrective information)가 되어 학습자가 스스로 받는 내적 보상(instrinsic reward)이 된다고 했다. 따라서 그는 학습자로 하여금 내적 보상을 끊임없이 즐길 수 있도록 수업이 진행되는 동안 결과의 지식이 제공될 시점과 속도를 조절하는 것이 중요하다고 했다. 내적 보상을 얻는 수업방식으로 발견학습이나 탐구학습을 통해 발견의 기쁨을 경험하도록 요구하고 있다. 즉, 교사는 문제해결책을 알고 있더라도 그것을 전달하거나 설명하지 않고 학습자가 스스로의 노력에 의해 답을 찾아 내도록 유도하거나 탐구할 것을 요구한다.

[그림 6-13] 강화

6. 오스벨의 유의미 학습이론

1) 유의미 학습이론

오스벨(Ausubel)은 미국의 심리학자로 교육에 구체적인 학습이론을 제시하였으며 특히 학습이 이루어지는 과정에 대해 관심을 가지고 연구하였다. 그는 '학습에 가장 큰 영향을 미치는 것은 이미 학습자가 알고 있는 것이다'라고 하면서 학습자의 기존의 지식에 대해 가장 큰 의미를 부여하였다. 즉 새로 학습할 내용이 학습자의 인지구조 속에 존재하고 있는 기존의 개념과 어떤 연관을 지음으로써 학습에 의해 어떤 '의미'를 갖게 되는 것을 유의미 학습으로 정의하고 이에 관한 학습이론을 제시한 것이 유의미 학습이론이다.

이와 같이 오스벨이 유의미 학습을 주장하게 된 것은 그 당시까지 교육의 주요 이슈가 되어 있던 발견학습이나 문제해결학습 등의 탐구학습 이론이 교육적으로 크게 성과를 거두지 못하고 있다는 연구 결과들이 대두되고 또한 이러한 학습이 교실수업에서는 많은 문제점을 갖고 있다는 것이 지적되면서이다. 그 당시의 탐구학습 이론은 지나치게 실험 활동을 강조하였는데 실제로 학교에서의 수업은 설명식 수용학습의 형태로 이루어지고 있으므로 이와 같은 수용학습이 유의미 학습이 될 수 있도록 하는 것이 중요하다고 지적하면서 유의미 학습이론을 주장하였다

2) 유의미 학습의 원리

(1) 선행조직자의 원리

선행조직자는 새 학습과제에 대하여 학습의 증진효과를 최대화시키고 금지현상을 최소화시킬 수 있도록 인지구조를 조정하는 방법으로서 아주 명료하면서도 안정되고 한편으로는 적절하게 포괄적인 입문적 자료를 말한다.

이 자료는 새 학습과제를 도입하는 때에 지시되며 높은 수준의 추상성 · 일반성 · 포괄성을 지니는 자료이다. 조직자를 구성하는 실질적 내용은 가르치려는 과제를 설명하고, 통합하며, 다른 과제와 관련시키기 위해 적절하도록 만들어지는 것이기 때문에 인지구조의 조직능력을 증진시키는 데 필요한 인지구조의 안정성과 명료성을 증진시켜 준다.

(2) 점진적 분화의 원리

학문내용 중 가장 일반적이고 포괄적인 의미를 먼저 제시하고 점차 세분되고 특수한 의미로 분화하도록 한다는 원리이다. 이 원리는 두 가지 가정 위에서

성립된다.

첫째는 인간은 이전에 학습한 분화된 내용에서 포괄적인 전체를 형성시키는 것보다 이전에 학습된 포괄적 전체에서 분화되는 부분은 더 쉽게 파악한다는 가정이다.

다른 하나의 가정은 개인마다 교과내용을 조직하는 방식은 가장 포괄적인 개념이나 의미를 정점으로 하여 점차 분화되는 명제, 개념, 사실이 계열적으로 구조화되도록 한다는 것이다.

(3) 통합적 조정의 원리

이 원리는 새로운 개념이나 의미는 이미 학습된 내용과 일치되고 통합되어야 한다는 것을 의미한다. 교육내용의 계열은 계속되는 학습이 이전에 학습된 것과 관계지어지도록 조직되어야 한다는 것이다.

(4) 선행학습의 요약 · 정리 원리

새 과제의 학습에 임할 때 현재까지 학습해 온 내용을 요약 · 정리해 줌으로써 학습을 촉진시킬 수 있다는 원리이다. 계열적으로 조직되어 있는 교과의 학습에서 선행단계의 학습을 분명하게 했을 때는 다음 학습이 촉진되지만 그렇지 못한 때는 다음 단계의 학습을 방해한다는 것이다. 요약 및 정리를 하는 방법으로는 해당 학습과제를 반복하면서 확인, 교정, 명료화, 차등훈련 및 반복의 방법이 있다.

(5) 내용의 체계적 조직원리

학문의 내용이 계열적 · 체계적으로 조직되어 있으면 학습의 극대화를 이룬다는 것이다. 이것은 앞에서 제시한 요약 · 정리의 원리와 관련지어 생각하면 이해하기 쉬운 원리이다.

(6) 학습 준비도의 원리

학습 준비도(readiness)란 학습자의 기존 인지구조뿐만 아니라 학습자의 발달 수준을 가리킨다. 학습 준비도는 단순한 유전적 영향만을 말하는 것이 아니고 모든 선행했던 경험, 모든 선행학습을 망라해서 개인의 인지구조와 인지능력의 형성에 영향을 주는 것을 총칭하는 것으로서 누가적이며 발달적 성격을 띤다.

7. 켈러의 학습동기이론

1) 학습동기이론

켈러(Keller)는 학습자의 동기를 유발하고 유지시키기 위해서 4가지의 중요한 변인을 지적하고 있다. 그것들은 주의력(Attention)을 집중시키고, 관련성(Relevance)을 확인하고, 자신감(Confidence)을 고취시켜 주고, 그리고 만족감(Satisfaction)을 갖도록 해 주는 것이다. 이것을 변인들의 앞자를 따서 ARCS이론이라고 명명되었다.

[그림 6-14] 켈러의 동기이론

Keller의 ARCS이론은 동기에 관한 기존의 각종 이론 및 연구를 종합하여 이를 체계화한 것이다. ARCS 모델은 학습동기를 유발하고 지속시키기 위하여 학습 환경의 동기적 측면을 설계하는 문제해결 접근법이다. 이 모형의 목적은 학습동기를 자극하고 유지할 수 있는 네 가지의 요소를 제시하고 있는데 ARCS는 A(Attention: 주의력), R(Relevance: 관련성), C(Confidence: 자신감), S(Satisfaction: 만족감)의 머리글자로 이루어지고 있으며 다시 요소별 하위 범주를 셋으로 구분하여 동기 전략을 구성하였다.

주의집중은 학습자의 흥미를 사로잡는 것에 관심이 집중된다. 즉 학습자에게 학습에 대한 호기심 유발하기인데 '어떻게 하면 이번 학습 경험을 자극적이고 재미있게 할 수 있을까?'와 관련된다. 관련성은 학습내용을 학습자의 필요와 목적에 맞추는 것을 말한다. 즉 '이번 학습 경험은 어떤 측면에서 학생들에게 가치가 있을까?'와 관련된 것에 관심을 갖는다. 자신감은 학생으로 하여금 자신의 통제하에 성공할 수 있다고 느끼고 믿도록 도와주는 것을 의미한다. 즉 '수업을 통해 학생들이 자신의 성공을 이끌어 낼 수 있도록 어떻게 도와

줄 수 있을까?'와 같은 질문에 관심을 갖는다. 만족감은 학습자에게 보상을 통해 성취를 강화해 주는 것을 말한다(내재적 보상, 외재적 보상). 즉 '자신들의 경험이 좋았다고 느끼고 앞으로 계속 학습하고 싶도록 하기 위하여 무엇을 도와줄까?'와 같은 것을 생각하는 것이다.

2) 동기유발의 원리

(1) 주의력 신장을 위한 기본 원리

교수-학습활동에서 학생들에게 주의력을 집중시키도록 하는 것은 교사가 해야 할 일차적인 과업이다. 학생들에게 주의력을 기울이도록 하는 최선의 방법은 학습자극을 적절히 변화시켜 주는 것이다. 예를 들어 손뼉치기, 음성 높이기, 책상 두드리기 등과 같은 자극을 활용할 수도 있다. 때로는 천천히 말하거나 낮은 어조로 말하는 것도 주의력을 높여주는데 효과적인 방법이 될 수도 있다. 사물의 예시나 물리적 현상을 예시해 주는 것도 주의력을 환기시키는데 효과적이다. 그러나 학습동기를 지속적으로 갖도록 하는데는 초기의 주의집중 자극만으로는 충분하지 않다. 주의력은 학습활동의 모든 과정에서 계속 유지되어야만 하며 이를 위해서는 자료 제시법을 매우 다양하게 빈번히 변화시켜 주어야 한다. 일반적으로, 주의력을 획득시키고 유지시키는 일은 예기치 않은 변화, 다양한 방식으로 의사소통, 학생들이 기대하지 않은 재치 등의 기법을 사용하여 학생들의 흥미를 유발시키는 일과 밀접히 관련되어 있다. 주의력을 유지시키는 것은 학습자의 호기심을 환기시키는 것이라고 할 수 있으며 그렇기 때문에 호기심의 유발은 수업사태의 구성과 전개에 필요조건인 것이다.

(2) 적절성의 유지를 위한 기본 원리

적절성이란 학습과제와 학습활동이 학습자의 다양한 흥미에 부합되면서도 학습자들에게 의미가 있고 가치가 있을 것이라는 점과 관련된 것이다. 학습해야 할 내용이 적절한지를 학습자들에게 지각시켜 주는 것이 중요하다. 이러한 학습조건을 갖추는 일은 학습자의 태도에도 크게 좌우된다.

학습내용의 적절성을 학습자들에게 확신시켜 줄 수 있는 최선의 방법은 기대되는 학습결과를 학생들에게 알려주는 것이다. 어떤 학생은 설득력 있는 연사나 훌륭한 작가가 되기 위해서 언어기능을 학습하려고 할 것이다. 학생들에게 이와 같은 성취의 가능성을 인식시켜 줌으로써 교수-학습의 적절성을 확신시켜 줄 수 있다.

학생들의 수행결과로 나타나게 되는 다양한 학습결과는 한 가지의 적절성만으로 모든 학생들에게 각자가 기대하는 성취목표를 충족시켜 줄 수 없다. 어떤 학습자는 자신의 능력감 때문에 환경을 지배하기 위하여 동기화될 수도 있다. 또한 일부의 학생들은 사람들과 상호작용을 하고 사람들에게 영향력을 행사하려는 욕구가 강하기 때문에 수업에서 기대되는 결과는 학생들에게 매우 다른 측면에서 매력을 끌게 된다. 그러므로 교수계획에 있어서 학생들 각자에게 적절성을 지니고 있는 다양한 학습 환경을 구성하기 위해서는 학생들의 개인적 요구, 관심, 흥미 등을 충분히 고려하여야만 한다.

(3) 자신감 형성을 위한 기본 원리

학습동기는 학습과제를 성공적으로 마칠 수 있을 것이라는 신념을 갖게 될 때 유발된다. 이것이 학습동기에서의 '자신감' 요인이다. 어떤 목표를 성취하는데 있어서 학습자가 지니고 있는 자신의 능력에 대한 자신감은 실제의 능력수준과는 깊은 관련성을 맺고 있지 않다. 즉 자신감이 높은 사람은 실제의 능력수준보다 더욱 높은 성취를 이루는 경향이 있다. 자신감은 여러 해에 걸쳐서 많은 학습상황에서 성공적인 경험이 누적되어 갈 때 형성되게 된다. 그러므로 학생들이 학습활동에서 자신감을 얻도록 하기 위해서는 학습 초기부터 성공적인 학습경험을 쌓아갈 수 있도록 학습의 기회를 주의 깊게 설계할 필요가 있다.

(4) 만족감 부여를 위한 기본 원리

만족감이라는 동기조건은 학습과제를 성공적으로 마쳤을 때 형성되게 된다. 학습이론에서는 이것을 '강화'라고 한다. 강화는 학습자가 기대되는 목표를 성취하고 그러한 성취 결과를 알게 된 학습상황에서 일어난다. 어떤 학습상황이던지 간에 학생들은 성취의 기대감을 갖게 마련이다. 이러한 성취의 기대감을 충족시켜 줄 수 있는 결과의 정보(예를 들면, 정답이다, 오답이 된 이유 등)를 제공해 주게 되면 학습자들은 그들이 무엇을 할 수 있을 것인지에 대한 성취 기대 수준을 파악하게 되고 이러한 정보는 만족감을 형성하게 되는 강화의 요인으로 작용하게 된다.

3) 동기유발 전략

ARCS 모형에서 Keller가 말하는 동기유발의 주요한 네 가지 요건인 주의집중, 관련성, 자신감, 만족감은 각각의 구성요건을 가지고 있다. 이 하위 요건은 이러한 상위 요건을 높이는데 적합한 설계 전략으로 현장평가와 연구에 의해서 도출된 요소들이다.

(1) 주의집중 전략

예기치 못했던 소리나 움직임은 자연히 사람의 주의를 유발시킨다. 그러나 더 중요한 것은 그것을 유지하는 것이다. 따라서 감각적인 자극뿐 아니라, 지적인 호기심의 유발을 통해서 학습자의 동기를 유지시킬 필요가 있다. 그 대안의 하나로 일종의 '문제거리'를 제공함으로써 학습자들이 탐구적인 호기심을 가지도록 할 수 있다. 다른 한 가지 주의집중의 측면은 학습자를 졸리게 해서는 안 된다는 측면으로 다양성과 변화가 필요하다는 것이다. 결국 이러한 전략들은 한 가지 한 가지가 분리된 것이 아닌 서로 연관된 것임을 알 수 있다.

① 지각적 각성

새롭고 놀라우면서 기존의 것과 모순되거나 불확실한 사건 또는 정보를 수업에 사용함으로써 학습자의 주의를 유발하고 유지시킨다.

② 탐구적 각성

학습자로 하여금 질문이나 문제를 스스로 해결하도록 유도함으로써 정보 촉구 행동을 자극한다.

③ 변화성

수업의 요소를 변화시킴으로 학습자의 흥미를 지속시켜 준다.

(2) 관련성 높이기 전략

사람들은 자신이 무언가를 하고자 하는 목표지향적인 경향을 갖는다. 따라서 학습에서 학습 목표와 그 유용성을 제시해 주는 것이 이러한 목표지향적 경향과 맞는다고 할 수 있다. 그러나 학습자가 현재 주제에 대해서 그 가치를 인지하지 못할 때는 학습한 후 얻게 될 가치를 보여주는 것도 하나의 방법이 될 수 있을 것이다. 한편, 이러한 유용성의 측면뿐 아니라 수업을 학습자의 학습양식과 개인적 흥미에 연결시킴으로써 관련성을 늘릴 수 있다. 또한 사람들은 기이하고 기대하지 않은 것에 주의를 집중한다고 하지만, 그들에게 이미 친숙하거나 관련지을 수 있는 것에 친밀감을 느끼게 된다. 특히 친숙한 예를 제공하는 것이 학습의 이해를 돕는데 유용하게 된다. 학습상황에서도 컴퓨터를 이용한다고 하더라도 가상의 학습공간에서도 학습자가 친밀감을 느낄 수 있도록 함으로써 관련성을 느끼도록 할 수 있다.

① 목적지향성

수업의 목표와 유용성을 제시하는 진술이나 예문을 제공하고 성취를 위한 목표를 제시하거나, 학습자들이 그 목표를 정의하게 한다.

② 모티브 일치

학습자들의 동기유발 측면과 결합되는 교수전략을 사용한다.

③ 친밀성

학습자의 경험이나 가치와 관계가 있는 구체적 용어, 보기, 개념 등을 사용한다.

(3) 자신감 높이기 전략

학습자가 겪게 되는 실패에 대한 두려움, 즉 자신감의 결여는 학습자의 학습성취에 영향을 미치게 된다. 학습자들이 가지는 학습에 대한 기대감은 자신의 행동을 부분적이나마 통제할 수 있다는 지각, 성공과 실패에 대한 귀인, 효과적으로 할 수 있다는 신념, 무기력감의 소유 정도, 그리고 낙관적인 정서 상태 등으로부터 발생한다.

새로운 것을 학습할 경우나 새로운 직무가 주어질 경우, 학습자들은 일종의 두려움을 느낄 수 있다. 이럴 경우 학습자에게 적어도 목표가 무엇인지, 무엇을 해야 할 것인지를 설명해 줄 필요가 있다. 또한 학습자의 자신감을 높이기 위해서 학습자가 성공의 경험을 많이 하도록 하는 과제를 제공해 줌으로써 점차 자신감을 높일 수 있다. 다른 중요한 요인은 학습자가 성공의 원인을 자신의 능력이나 노력으로 귀인시키도록 할 필요가 있다는 것이다. 만일 학습자가 성공을 다른 사람의 도움 때문이거나 운이 좋았다던가 과제가 쉬웠다던가 하는 것 등으로 귀인한다면 자신감은 향상될 수 없기 때문이다.

① 학습요건

학습자에게 수행의 요구사항과 평가기준을 제시함으로써 학습자가 성공의 가능성을 평가하도록 도와 준다.

② 성공기회

학습과정과 수행조건에서 의미 있는 성공의 경험을 할 수 있는 정도로 도전감을 제공한다.

③ 개인적 통제

성공에 대한 개인의 능력 요인을 지원해 줄 수 있는 피드백과 통제의 기회를 제공한다.

(4) 만족감 높이기 전략

학습자들이 학습경험에 대해 만족감을 가지기 위해서는 그들이 가지고 있는 내적 동기가 중요한 요인이 된다. 그러나 내적 동기는 외적 동기의 측면과 별개된 부분이 아니다. 예를 들면 우등상을 받을 만큼 좋은 성적을 가진 경우에도 우등상을 받지 못한다면 그들의 만족감은 높은 내적 동기에도 불구하고 떨어지게 된다. 그러나 외적 동기 역시 내적 동기가 낮을 경우 역시 만족감이 떨어지게 된다. 원하는 외적 보상을 얻을 수 있을 만큼 학습에 성공했어도 학습경험에 대해서 가치 있게 여기지 못한다면 만족감은 적을 것이다. 이외에도 학습자는 자신의 학습결과를 다른 사람과 비교하게 되는데 공평하다는 생각을 갖지 못할 경우 만족감은 떨어지게 된다.

① 내재적 강화

개인적 노력과 성취에 대한 긍정적 느낌을 제공할 수 있는 피드백이나 정보를 제공한다.

② 외재적 보상

언어적 칭찬, 실제적이거나 추상적인 보상, 인센티브를 사용하거나, 학습자들로 하여금 그들의 성공에 대한 보상을 제시한다.

8. 롸이거루스의 정교화 교수이론

1) 정교화

정교화이론은 쉽게 말해 “가장 일반적이면서도 쉽고 기본적인 ‘개요’를 가르친 뒤 점차 이보다 더 상세하고 어려운 내용을 가르쳐 나간다.”는 것이다. 정교화이론은 선수지식을 ‘단순에서 복잡’의 순서로 가르쳐야 하며 반복과 종합 그리고 다른 교수전략 요소들을 사용할 것을 제시하고 있다. ‘미시적’이론이 단일 개념을 가르치는 것과 관계된다고 볼 때 정교화이론은 여러 개념을 계열화(sequencing)해서 순차적으로 가르치는 '거시적' 이론이라고 볼 수 있다. 계열화라는 것은 학습자의 학습을 최적화하기 위해 학습과제의 순서를 정하는 것을 의미한다. 계열화는 주로 단순에서 복잡, 쉬운 것에서 어려운 것, 구체에서 추상의 순으로 이루어진다.

정교화이론을 보다 구체적으로 설명해 주는 것은 줌렌즈를 사용한 비유이다. 이 비유는 정교화이론을 사용하여 교수설계를 하는 것이 마치 우리가 카메라에 달린 줌렌즈를 통해 사물을 보는 것과 마찬가지라고 설명한다.

줌렌즈를 통하여 사물을 보려는 사람은 사물의 주변 환경이나 부분들이 속하는 전체의 상황을 먼저 파악하여 사물을 구성하는 부분들이 무엇이며 그 부분들 사이의 '관계' 및 '조화'를 보려고 할 것이다. 이때 부분들을 자세히 보기는 어려울 것이다. 전체적 상황이 파악된 후 그 사람은 사물의 어느 한 부분에 렌즈의 초점을 맞추어 구체적인 하위 부분들까지 검토하려고 한다. 각 하위 부분들과 그들 사이의 관계를 파악한 후, 관찰자는 줌렌즈를 전체 상황을 볼 수 있도록 다시 조절하며 사물의 다른 부분들을 검토하면서 이전에 관찰된 부분이 전체 상황에서 차지하는 위치를 다시 확인해 볼 것이다. 이렇게 줌렌즈를 통해 사물을 보려는 사람(관찰자)은 전체 상황을 보고 주요 부분들을 살펴본 후, 한 부분에 초점을 맞추어 그것의 하위 부분들을 더욱 상세히 관찰한 후, 다시 전체 상황과 그 부분을 검토하기 위하여 줌을 조절하는 과정을 계속할 것이다. 이와 같은 줌렌즈를 통한 사물의 관찰원리는 정교화이론을 설명하는 데 도움이 된다.

2) 정교화이론의 구성

정교화이론은 세 가지의 정교화들과 이 모델들을 통합하려는 하나의 체제 또는 일반화 모델로 구성되어 있다. 이 각각의 모델들은 공통적으로 일곱 가지의 기본 전략을 포함하고 있는데, 이 일곱 가지 전략의 성격은 교수내용의 형태에 따라 모델마다 달리 제시된다. 즉, 정교화이론은 어떤 형태의 교수내용 조직에도 적용되는 일곱 가지 기본 전략들을 제시해 주고, 이 전략들을 활용한 교수설계의 일반적 모델을 보여주며, 마지막으로 세 가지 교수내용의 형태(개념, 절차, 원리)에 따라 적절하게 적용될 수 있는 세 가지의 정교화 조직모델을 제공하고 있다. 즉, 교수가 '무엇'이라고 하는 개념을 다루고 있는가, 또는 '어떻게'라고 하는 절차를 다루고 있는가, 혹은 '왜'라고 하는 원리를 다루고 있는가에 따라 정교화의 양상은 달라진다. 정교화는 교과내용의 특성에 따라서 다음의 3가지 유형으로 구분된다.

(1) 개념적 정교화

가르쳐야 할 개념을 인지구조에 유의미하게 동화시키는 방법 또는 과정과 관련된다.

① 개념을 상위, 중위, 하위개념 등으로 분류한다.

② 가장 중요하고 포괄적이고 근원적인 개념으로부터 점진적으로 보다 상세하고 포괄성이 적은 개념의 순서로 계열화한다.

③ 기타 개념이나 내용 및 선수학습 요소를 작성된 교수 계열상에서 관련된 곳에 적절히 배치한다.

(2) 절차적 정교화

목표로 하고 있는 절차적 기술, 즉 '어떻게'라고 하는 기술을 획득하는 최적의 과정을 계열화한다.

① 해당과제의 가장 단순한 형태 또는 최단코스를 모색하고 단순화된 절차로 명세화한다.

② 가장 중요하고 포괄적이고 근본적인 것을 처음에 도입하고, 이어서 점진

적으로 복잡한 것을 포함한다.

③ 기타 개념이나 내용 및 선수학습 요소를 작성된 교수 계열상에서 관련된 곳에 적절히 배치한다.

(3) 이론적 정교화

교수내용이 이유나 근거를 따져 보면서 '왜'라고 하는 질문에 답을 얻고자 하는 이론적인 내용일 경우에 적용한다.

① 가르쳐야 할 원리들의 폭과 깊이를 명세화한다.

② 가장 먼저 가르쳐야 할 원리를 확인하고, 다음에 제시될 원리를 확인한다.

③ 원리나 이론이 발견되었던 그 때의 과정에 따라 교수계열을 고안한다.

3) 정교화이론의 전략

(1) 정교적 계열화

정교적 계열화는 단순한 것에서부터 출발해 점점 복잡한 내용을 제시하는 단순-복잡 계열의 한 형태이다. 학습내용을 요약하기보다는 정수화(epitomise)하는 것으로 정수화는 배울 내용을 대표할 만한 몇 개의 가장 쉽고 기본이 되는 내용을 응용의 단계까지 가르치는 것을 말한다. 수업에서 가르치고자 하는 내용 중 극소수의 아이디어만을 제공하는 것 또는 일반적이고 간단하면서 구체적인 한 아이디어나 원리를 밝혀 내는 것이라고도 할 수 있다. 정수화는 학습내용의 유형인 개념(concepts), 절차(procedures), 원리(principles) 중 하나를 선택해서 이루어지게 된다. 개념, 절차, 원리 중 하나가 학습하게 될 내용의 뼈대를 이루며 이것이 정교화되어 학습을 완성하는 것이다.

(2) 선수학습 능력의 계열화

학습의 구조에 기초를 둔 전략으로 새로운 정보를 배우기 전에 어떤 지식이나 정보를 먼저 배워야 할지를 보여주는 것으로 설명된다. 즉 새로운 지식을 도입하기 전에 그 지식들을 도입하기 전에 그 지식습득을 위해 필요한 모든 선수능력이 갖추어지도록 수업을 순서화짓는 것이 바로 선수 학습능력의 계열화라고 말할 수 있다.

(3) 요약자

학습자가 이미 공부한 내용을 체계적으로 검토 · 복습할 수 있도록 하는 전략요소이다. 가르친 개개의 아이디어나 사실에 대한 간결한 진술, 전형적이면서 외우기 쉬운 예, 각 아이디어에 대한 진단적 · 자기 평가적 연습문제들로 구성된다.

(4) 종합자

종합자란 개개의 아이디어들을 서로 연결시키고 통합시키기 위하여 필요한 정교화이론의 전략요소를 말한다.

(5) 비유

비유란 새로운 정보를 학습자가 친숙한 아이디어에 연결시켜 이해할 수 있도록 도와주는 교수의 전략요소이다. 비유가 교수에게 특히 효과적인 경우는 아래와 같다.

① 새로운 정보가 이해하기 어렵고 학습자에게 특별한 의미가 없는 것처럼 보이는 경우에 효과적이다.

② 새로운 정보와 비유되는 아이디어 사이에 유사성이 많을 때 효과적이다.

③ 비유가 학습자에게 친숙하고 의미 있는 것일수록 더욱 유용할 것이다.

④ 새로운 정보의 이해를 도울 수 있는 비유가 여러 가지 있을 때는 학습자가 스스로 선택하여 비유를 할 수 있게 여러 가지를 다 포함시키는 것이 효과적이다.

(6) 인지전략 자극자

인지전략이란 총괄적 기술로 불리는 것과 같이 여러 교과에 두루 사용할 수 있는 학습능력이나 사고능력을 말한다. 인지전략에는 학습내용에 알맞은 비유 찾아 내기나 적절한 심상을 생각해 내기 등이 포함된다. 즉 '인지전략'은 어떤 학습내용이든 사용될 수 있는 학습의 기술과 사고의 기술로 정의하면서 정신적 이미지를 만들어 내거나 비유 등을 생각해 내는 능력이라고 할 수 있다. 인지전략을 교수과정에서 활성화하는 방안에는 두 가지가 있다.

① 포함된 전략 자극자

수업에서 학습자가 어떤 특성한 인지전략을 거의 무의식적으로 사용하게 고안한 자극자이다. 그림, 도형, 비유, 기억술, 바꾸어 말하기 등을 삽입해 학습자가 전략의 사용을 의식하지 못하는 사이 특정한 방향으로 학습내용과 상호작용하도록 만드는 것이다.

② 분리된 전략 자극자

학습자가 스스로가 가지고 있는 기존의 인지전략을 내용에 맞게 사용할 수 있도록 안내해 주는 역할을 한다. "방금 배운 내용을 머릿속에 그려 보시오", "이 개념에 대한 비유를 생각해 보시오." 등 직접적 지시에 의한 활성화 방안이다. 이러한 활성화 방안들은 새 지식에 대한 학습자의 습득과 파지를 돕고, 의식적인 전략 활용을 통해 학습능력의 향상을 가져온다.

(7) 학습자 통제

학습자 통제란 학습자가 학습내용과 학습속도, 전시전략에 대한 통제와 인지전략의 선택 및 계열화를 자기 자신에 맞게 선택하고 활용할 수 있는 자유를 가짐을 뜻한다. 즉 학습자가 자신의 학습할 내용과 다양한 학습전략들을 선택하고 계열화하여 어떻게 공부하고 학습할 것인가를 결정할 수 있는 가능성을 갖는다는 것이다.

정교화이론은 동기 부여된 학습자에게 학습자 통제를 허용했을 경우 교수의 효율성과 효과성을 향상시킨다는 가정을 하고 있다. 학습자 통제는 교수내용의 선정, 계열, 인지전략의 활성화에 사용될 수 있다.

제7장

학습동기

1. 학습과 동기
2. 동기이론
3. 학습동기를 장려하는 전략

1. 학습과 동기

1) 동기의 개념

심리학을 사람의 행동과 마음을 연구하는 학문이라고 할 때, 사람은 왜 행동하는가? 무엇이 사람으로 하여금 행동하게 하는가?라는 의문을 가질 수 있다. 이러한 질문이 곧 동기에 대한 질문이다.

동기(motivation)는 사람을 움직여 무엇인가를 하게 만들고 활력 있게 만드는 힘이다. 이 단어는 라틴어의 움직인다(Movere)는 말에서 유래되었으며 인간의 행동을 일으키는 근원적인 힘이라는 뜻이다. 동기란 욕구에 의해 행동이 활성화되는 상태 혹은 원동력이다. 따라서 동기가 없으면 행동을 시도하지도 않고 지속할 수도 없다. 특히 학습동기는 학업성취도를 예언하는 변인 가운데 지능보다 더 예언력이 큰 변인이 되기도 한다.

학습동기란 학습동기는 학생들로 하여금 공부를 시작하게 하고 공부에 집중하게 하고, 공부를 지속하게 하는 마음의 힘이다. Woolfolk(1998)는 '학습활동을 가치 있는 것으로 여겨 열심히 하려는 경향'이라고 정의하였고 Brophy(1998)는 '학습활동을 의미 있고 가치 있는 것으로 인식하여 의도한 학습목표를 성취하려는 경향'으로 정의한다. 그는 학습동기는 교사나 부모가 가르쳐서 되는 것이 아니라 가정과 학교에서의 모방과 사회화 과정을 통하여 발달한다고 본다. 즉 부모와 교사, 친구 등 중요한 타인으로부터 받는 기대, 직접적 지시, 피드백, 상과 벌 등을 통하여 서서히 발달한다.

이러한 점에서 학습동기는 학습에 중요한 심리적 변인 중 하나이다. 수업내용과 교육환경이 훌륭하다고 해도 학습자가 공부하고 싶은 의욕이 없다면 이러한 것들은 모두 쓸모없기 때문이다. 최근 미국에서는 지금까지의 교육개혁 과정을 실패로 규정하고 새로운 방법을 강구하는 운동이 일어나고 있다. 학생들의 학업성취도가 계속 떨어지고 있기 때문이다. 이러한 학력 저하의 주요 원인이 학생들의 능력 저하와 학교 교육개혁의 부족이 아니라 학생들의 태도와 노력, 즉 학습동기 저하 때문이라는 것이다(심우엽, 2006).

그러나 동기는 추상적인 개념이기 때문에 관찰이 어려워 겉으로 관찰되는 행동에 근거하여 추측할 수밖에 없다. 동기를 추론할 수 있는 지표는 다음과 같다(권대훈, 2010).

- 어떤 종류의 동기를 가졌는지에 따라 신택된 행동이 달라진다. 자유로운 시간이 주어졌을 때 어떤 사람은 공부를 하고, 어떤 사람은 게임을 한다. 동기가 어디에 있는지에 따라 행동의 내용이 달라진다.
- 동기가 높은 사람일수록 도전적인 과제를 선택하는 경향이 있다. 동기수준이 낮은 사람일수록 어려운 과제를 회피하는 경향이 있다.
- 동기수준이 높은 사람은 과거에 성공경험이 상대적으로 많아 자신감이 있지만 동기수준이 낮은 사람은 실패에 대한 두려움이 크다.
- 동기수준에 따라 행동을 수행하는 강도가 다르다. 동기는 활력 있게 만드는 힘이므로 동기수준이 높을수록 더 열심히 노력하게 된다.
- 동기수준에 따라 수행시간의 지속 정도가 다르다. 동기수준이 높을수록 활동지속 시간이 길다.
- 동기는 개인의 인지 및 정의적 반응에 영향을 준다. 일반적으로 동기가 높으면 효과적인 인지전략을 구사하고 긍정적인 정서를 갖고 있다.

2) 동기의 종류

동기는 일반적으로 내재적 동기와 외재적 동기, 1차적 동기와 2차적 동기로 구분한다.

(1) 내재적 동기

내재적 동기(intrinsic motivation)는 자기 스스로 하고 싶은 일을 하고 자신의 능력을 기르면서 도전감을 느끼고 최고의 성취를 하고자 하는 타고난 성향이다. 유기체는 심리적 욕구를 가지고 태어나기 때문에 활동과정에서 자연스럽게 만족감을 갖고자 한다. 이러한 만족감은 과제를 해결하는 과정에서 유능감과 자기 결정감을 느낄 때 생겨난다. 이처럼 내적 동기란 외적 보상과 압력이 없는 상황에서 스스로 행동자체를 수행하는데 목적이 있다. 내재적 동기는 자발적이며 지속성이 길고 유의미 학습을 촉진시키기 때문에 일반적으로 내재적 동기가 외재적 동기에 비해 더 바람직하다. 내재적 동기가 높은 사람의 특징은 다음과 같다(권대훈, 2010).

- 자발적으로 학습한다.
- 인지적 관여도와 주의집중력이 높다.
- 도전적 과제를 선호한다.
- 교과내용을 완전히 이해하기 위해 유의미 학습을 한다.
- 창의력이 높다.
- 실패를 겪는다 하더라도 재시도하고 지속성이 높다.
- 학습에 즐거움과 환희를 느낀다.
- 학습도중에 스스로 선정한 표준에 비추어 이해여부를 점검한다.
- 성취도가 높다.

(2) 외재적 동기

외재적 동기(extrinsic motivation)란 외적 사건과는 욕구, 흥미, 인지, 정서 등을 말한다. 외재적 동기는 행동주의 관점에 근거하고 있는데 높은 성취도를 보였을 때, 칭찬을 해 주거나 심부름을 했을 때 용돈을 주는 것 등으로 동기를 유발하는 것이다. 이 때 학습자는 활동 자체에는 관심이 없고 활동의 결과에만 관심을 갖게 된다. 이런 점 때문에 학습자 내부의 동기를 감소시키거나 학습자에게 낮은 자아개념을 형성하게 할 수 있다는 비판을 받기도 한다(Eggen & Kauchak, 1992). 결과적으로 학습 상황에서는 외재적 동기보다 내재적 동기가 더 효과적이라고 할 수 있다. 내재적 동기를 유발하기 위한 방법은 다음과 같다.

- 학습활동에 자율성을 주어 과제나 해결방식을 스스로 선택하도록 한다.
- 내재적 동기는 유능감, 즉 성공감을 맛볼 수 있을 때 유발되므로 실현가능한 목표를 세우도록 격려한다.
- 흥미 있는 과세를 주어 호기심과 성취욕구를 자극한다.

(3) 1차적 동기

1차적 동기(primary motivation)와 2차적 동기(secondary motivation)는 학습된 동기인지 여부에 따라 구분한다. 1차적 동기는 학습되지 않은 생득적 성향을 말한다. 유기체의 생명보존, 종족보존에 필요한 동기로 대표적인 일차적 동기로는 성과 공격성이 있다.

(4) 2차적 동기

2차적 동기는 1차적 동기를 제외한 후천적 학습 및 경험으로서의 동기를 말한다. 대표적인 2차적 동기에는 권력동기와 성취동기가 있다. 권력동기는 타인으로부터 인정을 받고 타인이나 집단을 통제하거나 그들에게 영향을 미치려는 욕구를 의미한다. 성취동기는 어떤 보상 때문이 아니고 그 일 자체에 즐거움과 의미를 부여하는 동기에 의해 성취하는 경우를 말한다.

3) 동기의 기능

동기는 학습자의 행동에 어떻게 작용을 하는가? 학습과정에서 동기는 출발적 기능과 지향적 기능 그리고 강화적 기능을 한다.

동기의 기능은 다음과 같다(김청자, 2004; 송인섭 외, 2000).

(1) 출발적 기능

동기는 행동을 시작하게 만든다. 어떤 행동을 해야겠다고 마음먹는 것이 바로 동기의 출발적 기능이다. 이러한 기능은 자발적이어서 자신도 모르게 생겨나기도 한다. 학습에서 동기가 생겼다는 것은 학습목표를 확인했다는 것이고 학습자 자신이 뚜렷한 목표를 가졌다는 뜻이므로 힘있게 학습활동을 수행할 수 있게 된다.

(2) 지향적 기능

세상의 많은 일 중에서 특정한 일을 수행하고자 하는 이유는 무엇일까? 인간의 행동은 항상 선택의 과정이고 선택에 의해 목표지향적인 행동을 하게 된다. 일정한 목표를 향해 행동을 일으키게 하는 내적인 힘이 동기의 지향적 기능이다.

(3) 강화적 기능

어떤 일을 수행하면서 난관에 봉착했을 때 어떤 사람은 포기하지만 어떤 사람은 스스로를 다독이며 스스로에게 힘을 주고 위로를 하며 전진한다. 자신이 선택했다는 이유로, 또는 자신이 하고 싶은 일이라는 이유로 만족감을 느끼고 성취감을 느끼며 지속적으로 수행하는 것이다. 특히 결과가 만족스러울 때는 더욱 추진력이 생겨 강화의 역할을 하게 된다.

2. 동기이론

1) 욕구위계이론

매슬로우(Maslow)는 인간의 동기를 연구한 인본주의 심리학의 대표적인 학자이다. 그는 인간은 내적 욕구를 가지고 태어나며, 이 욕구를 만족시키기 위해 노력한다는 욕구위계이론(hierarchy of need theory)을 발표하였다.

매슬로우는 행동주의나 정신분석학에서 주장하는 것처럼 인간은 환경이나 본능에 반응하는 수동적인 존재가 아니라는 것이다. 인간은 매우 건전하고 능동적인 존재이기 때문에 분석적으로 파악하거나 결정론적으로 설명해서는 안 되고 전체적이고 통합적으로 이해해야 한다고 하였다. 따라서 인간의 동기를 연구하려면 한 개인이 가지고 있는 경험의 통합이자 핵심인 자아개념(self-concept)과 연결하여 파악해야 한다는 것이다. 학생에게 동기는 학생이 자기 자신을 어떤 존재라고 생각하는지, 교사가 자기를 위해서 얼마나 노력하고 있는지를 느끼는 정도인 자아개념의 수준에 따라 달라진다는 것이다. 인간은 단순히 생물학적 만족이나 긴장을 감소시키기 위해서 노력하는 존재가 아니라 자기의 잠재된 가능성을 찾아 자아실현을 하기 위해 최선을 다하는 존재라는 점에 초점을 맞춘다. 즉, 인간이 가지고 있는 긍정적이고 지적이며 상위지향적인 성향이 있다는 것을 강조하는 것이다(신명희 외, 2004).

매슬로우의 이론은 인간행동의 방향성을 명확하게 보여 준다. 그는 가장 우선적이고 기본적인 생리적 욕구에서부터 인지적 · 심미적 욕구를 포함하는 자아실현 욕구까지 5단계의 욕구위계를 제시하고 있다. 모든 사람이 자아실현을 위해 노력한다고 믿었으며, 우선 하위의 욕구가 충족되어야 상위의 욕구를 추구하는 마음이 생기게 되어 궁극적으로 자아실현까지 이르게 된다고 결론지었다.

인간이 가지고 있는 5가지 욕구란 생리적 욕구, 안전의 욕구, 애정과 소속의 욕구, 자존욕구, 자아실현 욕구라 보았다. 매슬로우는 가장 낮은 단계의 욕구를 생리적 욕구 그 다음 단계가 안전의 욕구, 애정과 소속의 욕구, 자존욕구, 자아실현의 욕구 순으로 올라간다고 보았다. 하위단계에 속하는 욕구는 그 상위단계에 속하는 욕구보다 더욱 빈번하게 일어나며, 하위단계의 욕구가 충분히 충족되어야 비로써 상위단계의 욕구가 발현된다고 하였다.

5가지 욕구의 내용은 다음과 같다.

(1) 생리적 욕구

생리적 욕구는 생존에 필수적인 의식주를 추구하는 것으로 공기, 물, 음식, 휴식을 취하고자 하는 욕구이다. 생리적 욕구들이 지배하고 있을 때는 다른 욕구들은 존재하지 않지만 욕구가 충족되고 나면 다른 새로운 욕구가 발생한다.

(2) 안전 욕구

안전 욕구는 신체적 안전을 추구하는 것으로 위험한 상황이나 사람을 피하려는 욕구이다.

안전 욕구의 저해 요소는 부모의 불화나 죽음, 전쟁이나 범죄, 급속한 사회적 변화 등을 들 수 있다. 이에 대비하기 위해 직업을 갖고 저축이나 보험을 들며 종교에 의지하려 한다.

(3) 애정과 소속의 욕구

생리적 욕구와 안전의 욕구가 충족되고 나면 애정과 소속의 욕구는 소속과 인정과 애정을 받으려는 것으로 타인과의 애정과 소속의 욕구가 생긴다. 애정관계를 맺으려고 하거나 어떤 집단에서 소속감을 가지려고 하는 소망을 일컫는다. 친구나 애인, 배우자, 자녀 등이 필요해지고 이웃이나 직장동료 집단 등에 소속감을 느끼고 싶어한다. Maslow는 많은 정신증이 이 욕구의 좌절에서 기인한다고 본다.

(4) 자존 욕구

자존 욕구는 자신의 능력을 나타내고 승인받으려는 것으로 자신을 가치로운 사람으로 인정받기를 원하는 욕구이다. 자존 욕구가 충족되면 자신감, 유용감, 가치감을 갖게 되며, 충족되지 못하면 열등감, 무력감, 허탈감에 빠지게 된다.

자존 욕구는 자기가 스스로를 인정하고 남들도 인정과 존중을 해줄 때 충족된다. 사회적으로 명예와 지지를 얻고도 늘 심한 열등감에 시달릴 수도 있다.

(5) 자아실현 욕구

자아실현 욕구는 심미적, 지적 욕구를 포함하는 것으로 진선미를 추구하고 지식을 쌓으며 균형 있는 삶을 살고자 하는 욕구이다. 자신의 본성에 충실하고 자신의 잠재력이나 자기다움을 실현하고 자기답게 되고자 하는 욕구이다.

매슬로우는 이 욕구들을 결핍 욕구와 성장 욕구로 나누었는데 생리적 욕구, 안전 욕구, 애정과 소속의 욕구, 자존 욕구는 결핍 욕구에 속하고 자아실현의 욕구는 성장 욕구에 포함된다고 하였다.

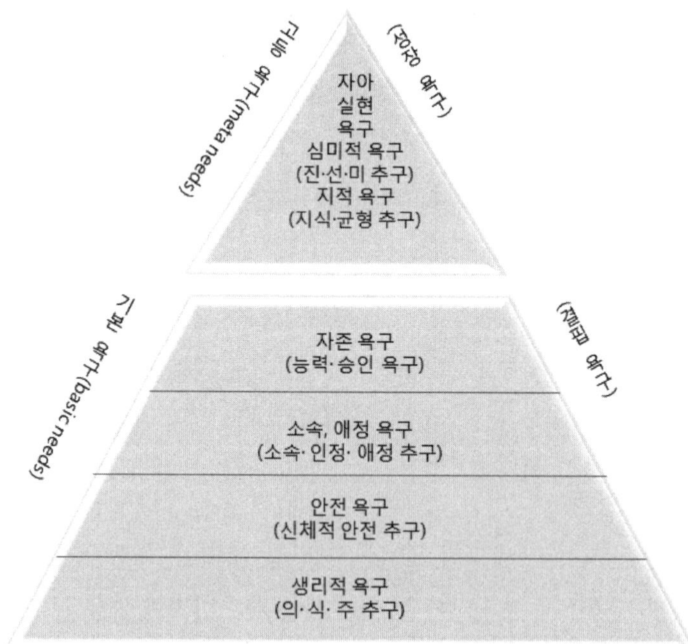

[그림 7-1] 매슬로우의 욕구위계이론

매슬로우의 이론은 교사에게 중요한 시사점을 준다. 아침밥을 굶고 학교로 오게 되어 생리적 욕구가 결핍된 아이, 가정의 경제가 어려워 안전의 욕구를 위협받고 있는 아이, 부모의 이혼으로 위기를 느껴 애정과 소속감이 결핍된 아이, 자신은 가치 있는 존재가 아니라고 생각하여 자존감이 낮은 아이들의 학습 욕구는 확실히 감소되어 학교에 오더라도 공부하는 것이 쉽지 않을 것이다. 이들에게는 가장 상위단계에 있는 인지적 욕구와 심미적 욕구가 포함되어 있는 자아실현 욕구가 생기기 어렵기 때문이다. 학생들에게 자아실현 욕구를 가지게 하려면 하위단계의 욕구 중에서 결핍된 것이 무엇인지를 먼저 찾아내어 보완해 주는 것이 우선되어야 한다는 것이다.

궁극적으로 매슬로우의 요구위계이론은 구체적으로 효율적인 학습지도를 하기 위해서는 학생들의 낮은 자아개념과 하위 욕구를 연결하여 통합적으로 이해해야 함을 강조하고 있다.

자아실현의 욕구가 충족된 사람의 특성을 살펴보면 다음과 같다(심우엽, 2006).

- 타인의 압력에 영향을 덜 받는다.
- 자신의 인생에 사명감을 가지고 산다.
- 자신과 타인, 세계에 대하여 객관적 · 현실적 태도를 취한다.
- 과거와 미래를 현재와 의미 있게 연결하며 산다.
- 자립적, 창의적, 독립적이다.
- 자신에게 긍정적이고 자신과 타인 모두의 감정이나 느낌에 민감하다.
- 일과 여가, 나의 필요와 남의 필요와 같이 2분법적으로 구분하지 않는다.
- 어떤 상황이나 사건에서도 더 긍정적이고 좋은 면, 더 나은 면과 의미를 찾으려 한다.
- 어린 시절 부모가 수용적이고 독립심을 갖도록 양육하였으며, 최소한의 통제만을 하였다.
- 보통 사람도 절정경험을 하지만 자아실현을 한 사람은 더 자주 한다. 절정경험이란 자신도 잊어버릴 만큼 어떤 것에 몰입한 경험을 말한다. 매슬로

우는 자아실현을 할 수 있는 분야는 다양하며, 인구의 1%만이 노년이 되어서야 자아실현을 경험한다고 하였다. 그러나 모든 사람들이 반드시 위계에 따라 행동하는 것은 아니라는 점에서 비판을 받기도 하였다.

매슬로우가 제시한 욕구위계설의 한계점은 다음과 같다.

- 자아실현을 한 사람으로 토마스 제퍼슨, 아브라함 링컨 같은 역사적 인물들을 꼽았는데, 이들이 자아실현인의 특성을 가졌는지 확인하기가 어렵다.
- 자아실현은 일반인에게는 도달하기 어려운 목표로서 이러한 사람은 매우 드물다.
- 욕구위계이론이 누구에게나 적용되는 이론은 아니다. 경제적으로나 심리적으로 매우 불우한 환경에서 결핍욕구가 충족되지 않은 사람도 지적 욕구를 강하게 추구하는 경우가 종종 있다.
- 욕구단계에서 결핍 욕구가 성장 욕구에 비해 열등하다는 것은 서구 중심적 사고이다. 매슬로우 자신도 밝혔듯이 욕구의 위계는 뒤바뀔 수 있다. 자존심이 그보다 하위 욕구인 사랑보다 중요한 사람도 있어 당장 생계가 어려워도 자존심 때문에 직장을 포기하는 사람도 있다. 또 어떤 욕구에 결핍되어 보지 못한 사람은 그 욕구를 과소평가함으로써 위계가 뒤바뀔 수도 있다.

결국, 인본주의에서는 동기를 모든 인간의 성장과 발달의 원인이 되는 내부적이고 활동적인 힘으로 본다. 인간에게는 스스로의 행동을 지시하고 활기를 주는 타고난 발달 원리가 내재되어 있다. 따라서 인본주의의 입장에서는 동기화되지 않는 학습자란 있을 수 없으며, 교사는 학생의 성장과 발달, 그리고 새로운 경험을 종합하는데 도움을 주기 위하여 이미 내재되어 있는 긍정적인 경향성을 증진시키기 위해 최선의 노력을 기울여야 한다는 것이다.

2) 귀인이론

와이너(Weiner)는 인간의 동기에 대하여 연구한 인지주의 심리학의 대표적인 학자이다. 와이너는 인간은 세계에 대해 이해하려는 욕구를 가지고 있다고 전제하면서 인본주의 이론과 마찬가지로 인간을 능동적이고 적극적으로 사고하는 이성적인 존재로 보았다.

인간은 어떤 일에 성공하거나 실패하였을 때 그 원인을 알아보고자 하는데 와이너는 이를 귀인이론(attribution theory)으로 설명하였다. 인간은 자신이 선택한 일을 즐기고 모르는 것을 알고자 하는 욕구 때문에 열심히 일하고 공부할 뿐만 아니라 수행이 끝난 후 자신의 성공과 실패의 원인을 알고자 하는 특성이 있다고 가정한다. 예를 들면 자신의 성공이나 실패는 행운 혹은 불운 때문인지, 과제의 난이도가 높아서였는지 또는 낮았는지, 주변 사람들의 도움 때문인지 혹은 주변 사람들의 방해 때문인지, 자신의 높은 능력 때문인지 혹은 낮은 능력 때문인지 등에서 원인을 찾는다는 것이다.

이 때 성공이나 실패의 원인을 자신의 노력이나 능력 등의 내적 요인이라고 생각하는 경우가 있고 우연한 결과나 운 등의 외적 요인이라고 생각하는 경우도 있다.

와이너는 사람들이 성공과 실패의 원인으로 가장 많이 귀인하는 네 가지 요소를 능력, 노력, 운, 과제의 난이도라고 규정하였다. 이런 귀인들은 원인의 소재, 안정성, 통제 가능성이라는 세 가지 차원의 모형을 기준으로 분류하였다.

(1) 원인의 소재

원인의 소재(locus of causality)란 사람들의 성공 또는 실패에 대한 원인의 근원을 의미한다. 즉, 성공이나 실패의 원인이 사람들의 내부에 존재하는지 외부에 존재하는지가 원인의 소재가 된다. 이와 같은 기준에 따라 수행결과의 원인은 내적 요인과 외적 요인으로 나뉜다. 노력이나 능력 등은 개인의 내부에 존재하는 원인이기 때문에 내적 요인이 된다. 노력과 능력이라는 원인에 성공과 실패를 귀인하는 사람들은 내적으로 지향되어 있다고 분류된다. 반면, 운이나 과제의 난이도 등은 성공이나 실패를 귀인하는 전형적인 외적 요인이다. 시험이 쉬워서, 또는 우연히 자신이 공부한 부분이 시험문제로 출제되었기 때문에 높은 성적을 얻었다고 생각하는 사람은 성공의 원인을 외적 요인에서 찾은 것이다.

(2) 안정성

안정성(stability)이란 귀인을 변화시킬 수 있는 가능성의 정도를 의미한다. 귀인에는 변화될 수 있는 것도 있고 그렇지 않은 것도 있다. 성공이나 실패의 원인을 분석하여 그 대책으로 과업에 들이는 노력의 양을 적절히 조절하거나, 좀 더 많은 도움을 요구하거나, 때에 따라서는 공부하는 방식을 바꿀 수도 있다. 이러한 것들은 모두 변화 가능한 귀인들이다. 그러나 실패에 대한 원인을 개인의 내적 능력이 부족한 탓으로 돌린다면 능력을 변화시키는 것은 상대적으로 힘든 일이 된다.

안정성은 그 정도에 따라 안정적(stable) 귀인과 불안정적(unstable) 귀인으로 분류된다.

(3) 통제 가능성(controllability)

성공이나 실패를 통제할 수 없는 선행 사건에 귀인하는가 혹은 통제할 수 있는 선행 사건에 귀인하는가에 따른 분류가 통제 가능성(controllability)이다. 예를 들어, 통제 불가능한 원인은 지능지수나 운도 마찬가지다. 반면에 노력은 통제 가능한 원인이다. 이처럼 통제 가능성은 통제 가능(controllable) 귀인과 통제 불가(uncontrollable) 귀인으로 나뉜다.

표 7-1 귀인과 귀인 차원의 관계

귀인	원인의 소재	원인의 안정성	원인의 통제 기능성
능력	내부	안정	통제불가
노력	내부	불안정	통제가능
과제난이도	외부	안정	통제불가
행운	외부	불안정	통제가능

이처럼 귀인이론은 성공이나 실패에 대하여 자신의 행동에 대한 원인을 원인의 소재, 안정성, 통제 가능성에 귀속시키는 경향성이 있음을 설명하는 이론이다. 귀인이론은 실제적으로 교실에서 일어나는 사건들에 대하여 학생들이 어떻게 해석하여 원인을 찾는지에 초점을 둔다. 어떤 학생은 교실활동에서 흥미를 느끼고 도전적인 과제를 찾는 반면, 똑같은 교실활동을 지루하고 두렵게 여기는 학생이 있다. 그 이유는 무엇인가? 또 어떤 학생은 자신의 성적이 낮았을 때 시험이 너무 어려웠다고 생각하고 또 어떤 학생은 시험공부를 충분히 하지 않았다고 느끼는데 귀인이론은 이런 이유를 잘 설명해 주고 있다.

이 외에도 귀인에 영향을 미치는 것들이 몇 가지 더 있다. 과거의 성공과 실패의 경험, 문화, 성, 교사의 태도 등이다(심우엽, 2006).

성공과 실패의 경험에 따라서 귀인하는 경향이 다를 수 있다. 일반적으로 성공적인 학생들은 성공과 실패의 이유를 모두 노력 탓으로 돌리는데 비해, 덜 성공적인 학생들은 운이나 능력, 교사의 탓으로 돌리는 경향이 강하다. 실패를 거듭한 사람은 성공의 원인은 외적 요인에서 찾지만 실패는 자신의 능력 부족으로 내적 요인으로 귀인한다.

문화에 따라서도 차이가 있는 것으로 나타났다. 성공이나 실패에 관계없이 미국과 유럽은 노력보다는 능력에 귀인하는 경향이 강한데 반해 우리나라와 일본, 중국에서는 능력보다는 노력에 더 귀인하며, 미국의 흑인 학생들은 학습된 절망감에 쉽게 빠진다. 아시아 학생들이 노력에 더 귀인하는 이유는 아시아 교사와 부모들은 능력보다 노력을, 유전보다 환경을 더 강조하기 때문이며 결과적으로 아시아인들은 다른 대륙의 학생들에 비해 상대적으로 높은 학업성취도를 보이게 된 것이다.

성별에 따라서도 차이가 있는데, 여자는 남자에 비해 실패는 자신의 낮은 능력 때문이라고 귀인하는 반면, 성공은 높은 능력 때문이라고 귀인하지 않는다. 남녀 간의 이러한 차이는 수학, 과학과 같이 남자의 영역이라고 인식되는 과제에서 더욱 분명히 드러난다. 예를 들어 5, 6학년 여학생들은 남학생에 비해 수학 과목에서 실패를 능력 탓(부족)으로 돌리면서도 성공을 능력의 탓으로 돌리지 않았다. 여학생에게서 나타나는 이러한 귀인 성향에서의 편견은 대체로 여성들의 자신의 능력에 대한 자신감과 성공에 대한 기대가 낮기 때문이라고 볼 수 있다. 그러나 현재 여학생의 성취수준이 남학생보다 높은 것이 세계적인 추세인 것을 보면 이러한 설명이 반드시 타당한 것만은 아니다(심우엽, 2006).

인간의 귀인은 현재의 귀인으로 끝나는 것이 아니라 다음 과제에서의 성취기대와 행동에 영향을 미치기 때문에 더 중요하다. 귀인의 일반적인 현상은 성공 후 기대가 높아지고 실패 후 낮아지는 것이다. 이러한 변화를 동기이론에서는 전형적 기대변화라고 하는데 이러한 기대변화는 사태의 원인을 안정적인 요인으로 귀인하는 경우에 일어난다. 즉 과거 사태에서 성패의 원인을 안정적인 요인(능력)으로 귀인하는 경우에는 귀인이 앞으로의 기대에 영향을 미치는데 비해, 불안정한 요인(노력, 운)으로 귀인하는 경우에는 앞으로 성취에 대한 기대에 영향을 미치지 못한다. 어떤 결과가 불안정한 요인에 의해 결정되었다고 생각하는 경우에 이 결과는 앞으로의 성패에 관하여 분명한 정보를 주지 못하기 때문이다.

성공했을 때, 성공의 원인을 노력으로 귀인하는 것은 매우 바람직한 현상이다. 단순히 능력 때문에만 성공했다고 생각하는 것보다 노력 때문에 성공했다고 인식하면 다음에 성공하기 위해 더 노력을 하기 때문이다.

실패를 했을 때, 실패의 원인을 자신이 통제할 수 없는 요인으로 귀인하게 되면 학습된 무력감(learned helplessness)이 생기기도 한다. 학습된 무력감 현상은 셀리그만과 마이어(Seligman & Maier, 1967)에 의해 처음으로 연구되었다.

그들은 개에게 전기충격실험을 하였다. 먼저 사전훈련으로 한쪽 집단의 개는 전기충격을 받게 되면 어깨 높이의 벽을 뛰어넘어 피할 수 있도록 묶지 않았고 다른 집단의 개는 묶어 놓고 도망가지 못하도록 하여 64회 동안의 전기충격을 고스란히 받게 하였다. 그들은 이 두 집단과 함께 전기충격을 전혀 받아보지 않은 다른 한 집단의 개를 포함하여 모두 세 집단의 개들을 전기충격 장치에 넣고 반응을 살폈다. 세 집단의 개를 우리 안에 가두고 10초 동안의 경고불빛을 준 후 바닥에 50초 동안 전기충격을 줄 때 도피할 때까지의 시간이 얼마나 걸리는지를 측정한 것이다. 이때 사전 훈련에서 묶어 놓았던 개들도 벽을 뛰어넘을 수 있도록 모두 풀어놓았다.

본 실험에서 도피행동까지의 시간을 측정하였는데 그 결과 전기충격을 처음 겪는 개들과 사전 회피훈련을 받은 집단의 개는 벽을 뛰어넘기까지의 시간에는 차이가 있었지만 모두 도피하였다. 이에 비해 전에 도피할 수 없었던 집단의 개들은 거의 대부분 전기충격을 주면 뛰거나 짖다가 약 30초 후부터는 바닥에 앉아 낑낑거리며 전기충격을 고스란히 감수하고 있었다. 이들 중 사전훈련에서 벽을 뛰어넘어 성공적으로 탈출했던 일부 개들도 다음 전기충격 때에는 역시 수동적으로 전기충격을 감수하고 있었다.

전에 도피할 수 없었던 개들은 물론이고 우연히 도피를 했던 개들도 도피 행동을 하지 않은 이유를 셀리그만은 학습된 무력감 때문이라고 설명하였다. 학생들이 학습이 불가능다고 판단하는 것은 학습자의 통제 불능 경험 때문이라는 것이다.

학교에서 어느 과목에서 반복적으로 실패한 학생은 능력이 있음에도 포기하게 된다. 학생들에게 해결할 수 없는 문제를 주어 무기력감을 느끼게 하면 나중에 풀 수 있는 문제를 주어도 이전에는 그 문제를 풀 수 있었음에도 풀지 못하게 된다(Dweck & Repucci, 1973). 또한 부모의 실직, 이혼, 가족의 죽음 등 자신이 통제할 수 없는 사건을 경험했을 때에도 무력감에 빠질 수 있다. 이러한 무력감은 우울증을 유발할 수 있으며 결국 암 등 질병에도 취약한 것으로 밝혀졌다.

이처럼 학습상황에서 능력부족으로 실패했다고 생각하는 학습된 무력감에 빠진 학생들은 교사가 아무리 노력을 강조해도 무반응으로 일관한다.

학습된 무력감에 빠진 학생의 행동은 다음과 같은 특징이 있다(Stipek, 1998).

- 나는 못한다고 생각한다.
- 교사의 설명과 지시, 설득에 관심이 없다.
- 도움을 요청하지도 질문을 하지도 않는다.
- 아무것도 안 한다.
- 성공을 해도 자부심을 느끼지 않는다.
- 지루해 하고 재미없어 한다.
- 쉽게 기가 꺾인다.
- 교사의 질문에 자발적으로 대답하려고 하지 않는다.
- 친구들과 사교적으로 잘 어울리지 않는다.

초등학교 저학년에는 자신과 친구들 간의 성취도의 차이를 인식하게 되고 자신의 능력을 다른 친구들과 비교하게 된다. 이러한 비교 평가는 자신의 장단점을 파악하는 계기가 되므로 반드시 나쁜 것만은 아니다. 이러한 평가는 어떤 부분을 더 노력해야 하는지를 알려주고 학습과 진로에서 장기적 계획을 수립할 수 있게 해 준다.

결론적으로 학생들에게 무력감을 느끼게 하는 귀인은 하지 않도록 하고 내적 귀인을 하며 자신에 대하여 긍정적인 믿음과 감정을 지닐 수 있도록 과제를 제시하고 목표를 세우며, 평가하여야 할 것이다.

학습된 무력감을 예방할 수 있는 방법은 다음과 같다(심우엽, 2006).

- 도전적이면서도 성취할 수 있는 과제를 하게 한다. 너무 쉬운 과제는 성공해도 자신의 노력이나 능력에 의해 성공했다고 느끼지 않기 때문에 능력의 향상을 기대하기 어렵다.
- 다양한 수준에서 다양한 방법으로 과제를 하도록 한다. 가령 수학 문제를 획일적 수준에서 획일적인 방법으로 풀게 하면 빨리 끝낸 학생은 놀게 되며, 곧바루 친구들과 능력을 비교하게 된다. 능력별 집단 편성은 임시로 융통성 있게 운영하는 것도 좋은 방법이다.
- 어려운 과제는 쪼개서 점진적으로 해결할 수 있도록 하고, 과제를 곤란도 순으로 배열하여 자신의 능력이 향상되고 있음을 느끼게 한다.
- 장단기 목표를 구분하여 세운다. 초등학생들에게 1단계에서 7단계까지의 뺄셈 문제를 1시간에 한 단계씩 풀도록 했을 때와 7단계를 7시간에 걸쳐 한꺼번에 풀게 했을 때 전자의 경우가 자기 능력에 대한 자신감을 훨씬 높게 느꼈다.
- 학생에게 개인적인 목표를 세우도록 한다. 너무 쉽거나 어려운 목표가 아니라 적절한 수준의 목표를 세워 이를 달성할 때 성취감과 자부심을 경험한다.
- 학생이 학습한 것을 구체적이고도 분명하며 정보를 지닌 피드백을 주고 점수나 상은 학생 자신 또는 교사가 세운 명확한 기준에 근거하여 부여한다.
- 친구들이 성공했을 때도 축하해 주도록 한다. 학급에서 교사만이 평가자가 아니며 친구들의 반응도 중요한 평가원이다.
- 평가 결과를 공개적으로 알리지 말아야 한다. 극소수 상위권 학생을 제외

하고는 좌절감을 갖게 하며, 학생들에게 자신의 능력 향상보다 결과의 비교 평가에 더 관심을 갖게 한다.

- 성공은 노력과 능력 탓으로, 실패는 노력 또는 학습방법 미숙 탓으로 돌리도록 가르친다.
- 점수가 낮은 학생들에게는 자기보다 낮은 학년의 학생들을 가르치게 해 보고 잘 할 수 있는 특기를 살려 주목을 받게 해 준다.

3) 성취동기이론

학교에서 학업성취에 가장 큰 영향을 미치는 동기요인은 성취동기이다. 성취동기(achievement motivation)란 도전적이고 어려운 과제를 성공적으로 수행하려는 욕구이다. 성취동기는 머레이(Murray)에 의해 처음 제시되었고 이후 맥클리랜드(McClelland)와 아트킨슨(Atkinson)이 본격적인 연구를 하기 시작하였다.

이들은 사람들이 고통을 참아가면서 남들이 하지 못하는 일을 왜 하려는 것인지에 관심을 두고 연구하였다. 그 결과, 인간에게는 도전적이고 어려운 과제를 성취하는 것 자체에 관심을 갖고 그 분야에서 탁월해지려는 욕망인 성취동기가 있다는 것을 발견하게 되었다.

성취동기를 측정하기 위하여 머레이는 주제통각검사를 고안해 내었다. 주제통각검사는 누구나 자유롭게 상상하는 이야기는 자신의 갈등, 욕구뿐 아니라 동기를 반영한다고 가정하였다. 이 검사는 상황이 불분명한 몇 장의 그림을 보여주고 일련의 질문을 통해 피험자에게 그림에 대해 이야기를 꾸며 보게 하여 그것을 분석하고 점수화하였다.

예를 들어, 책이 펼쳐져 있는 책상 앞에 앉아 허공을 바라보고 있는 소년의 그림을 보여 준다. 그런 후에 다음과 같은 질문을 한다(신명희 외, 2004).

- 어떤 일이 일어나고 있는가?

- 소년은 누구인가?
- 과거에는 무슨 일이 일어났는가?
- 어떻게 이런 상황이 벌어졌는가?
- 소년은 무엇을 생각하며, 무엇을 원하는가?
- 다른 사람들은 그에게서 무엇을 원하는가?
- 소년은 무엇을 하려고 하는가?
- 앞으로 무슨 일이 벌어질 것인가?

이 그림에 대한 반응으로 피험자가 '이 소년은 이미 몇 권의 철학 서적을 탐독했으며 이제 자기 어깨 위에 세상의 무게를 느끼고 있다'고 말한다면 이 사람은 높은 성취동기를 갖고 있는 것이다. 그러나 만약 '그는 지금 부모님 몰래 가출을 생각하고 있다.'고 답했다면 성취동기가 낮은 사람이라 볼 수 있다는 것이다.

아트킨슨(1983)은 100점 만점의 시험에서 70점이 나온 성적표를 바라보고 있는 학생의 그림을 제시한 후, 학생들의 성취동기를 조사하였다. 연구 결과, 높은 성취동기를 가진 학생은 그림을 보고 '그 학생은 그 점수보다는 더 잘 할 수 있었을 것이며, 앞으로 더욱 열심히 공부해야겠다고 다짐하고 있다.'라고 해석하였다. 반면에 성취동기가 낮은 학생은 '그는 자기 성적을 보며 매우 낙심하여 어떻게 해야 할지 모르고 있다. 그는 아마도 그 과목을 싫어할 것이며, 시험도 분명히 어려웠을 것이다.'라고 생각하고 있었다.

성취동기 수준은 실재로 수학 과제를 수행에도 관계가 있는 것으로 나타났다. 성취동기가 높은 학생은 외부 감독 없이 자신이 스스로 성취의 속도를 조절할 수 있었고 언제나 높은 성취 정도를 유지하였다. 즉 성취동기는 과제지속력과 정적인 상관이 있었다. 또한 성취동기가 높은 학생은 낮은 학생에 비해 실패하는 과제에서조차도 과제지속력이 긴 것으로 나타났다. 성취동기가 높은 학생은 자신의 실패를 외부의 탓으로 돌리기보다는 자신의 노력의 탓으로 보고, 노력하면 대부분의 과제를 더 성취할 수 있다고 믿었다.

아트킨슨은 성취동기는 욕구(need), 기대(expectance), 가치(value)로 구성된다고 보았다. 욕구는 동기를 일으키는 계기, 기대는 성공의 가능성, 가치는 유인가로 정의하였다.

그 후, 다른 인지이론가들은 Atkinson이 가치를 너무 좁게 정의했다고 보고 가치를 넓게 해석하려 한다. 성적이 학생의 자아개념에 얼마나 중요한가, 어떤 성취가 학교 밖의 생활에서 얼마나 유용한가 등도 과제가 지닌 가치에 포함된다고 본다. 과제가 지닌 가치를 세 종류로 나누면 다음과 같다(심우엽, 2006).

(1) 내재적 가치

내재적 가치(intrinsic value)란 다른 목적을 위해 과제를 수행(가령 공부)하는 것이 아니라 과제 수행 자체가 즐겁기 때문에 과제를 행하는 경우다. 내재적 동기와 밀접한 개념이다.

(2) 성취가치

성취가치(attainment value)는 과제의 주관적 중요성을 의미하는 것으로 과제의 성취가 자신의 유능감과 자아개념에 중요할수록 이 가치는 크다. 자기결정감 이론(self-determination theory)의 내적 강요동기에 가까운 개념이다. 수학만큼은 내가 최고라는 생각이라면 그 학생에게 수학의 성취가치는 매우 높다고 할 수 있다.

(3) 효용가치

효용가치(utility value)는 과제수행이 다른 목적을 위해 얼마나 유용한가에 따른 가치이다. 대학진학에 유용한 과목의 공부는 효용가치가 높다. 예를 들어 어떤 여학생이 수학은 남자들에게나 중요한 과목이라고 생각하여 소홀히 한다면 이 학생에게는 수학의 효용가치는 낮은 것이다.

과제가 지닌 이러한 가치에 따라 노력투자(공부 시간, 전략 등)와 위험(실패 등) 감수 그리고 그 과제를 선택할 것인지가 달라진다. 시험이 다가와 여러 과목을 공부해야 할 경우 과목의 가치에 따라 불가피하게 공부시간이 달라진다. 어느 학생이 특정 과목을 공부하지 않는 이유는 게으르거나 학습동기가 없어서가 아니라 과제의 가치가 다르기 때문일 수도 있다.

과제의 내재적 가치가 낮을 경우 동기유발 방법은 과제를 일상사와 연관시켜 그 가치와 중요성을 인식시키고 재미있게 가르치는 것이다. 최소한의 외적 보상을 사용하여 학습을 시작하게 한 후 자율적 결정을 통하여 진행하도록 하고 최종적으로 과제의 가치를 자신의 것으로 수용하게 해야 한다. 학생들이 스스로 학습에 몰두할 만한 목표와 가치 및 학습의 중요성을 찾지 못한다면 자율적으로 학습하는 학생을 찾기란 쉽지 않기 때문이다.

성취동기는 두 가지로 분류되는데, 성공추구동기와 실패회피동기이다. 성공추구동기는 성공에 대한 기대나 바람으로 성취를 통해 자부심을 경험할 수 있다는 유능감이다. 성공추구동기가 높은 아동은 성취해야 할 과제에 적극적으로 접근하고 몰입한다. 이에 반해 실패회피동기는 어떤 과제에 직면했을 때 만약 실패를 하면 창피하고 부끄러워질 것이라는 것을 예상하는 것으로 실패회피동기가 높은 아동은 성취해야 할 과제를 하려고 하지 않는 경향이 있다. 이렇게 성공의 가능성과 성취의 가치는 서로 반비례의 관계에 있기 때문에 성공추구동기와 실패회피동기는 서로 다른 행동의 결과를 초래한다(이대식 외, 2010).

첫째, 실패에 대한 반응이 다르다. 성공추구동기를 가진 아동은 성공을 목표로 하고 있기 때문에 그 과정에서 실패를 경험할 경우 더욱 노력을 한다. 반면에 실패회피동기를 가진 아동은 실패를 경험하면 노력을 덜 하려고 한다.

둘째, 선택하는 과제의 난이도에서도 차이를 보인다. 성공추구동기가 높은 아동은 조금 더 노력하면 성취할 만한 도전적 과제를 선택하지만, 실패회피동기가 높은 아동은 매우 쉬운 과제나 매우 어려운 과제를 선택하는 경향이 있다. 예를 들면, 교사가 마음대로 과제를 선택할 수 있게 했을 때 너무 어려운 과제를 선택하거나 너무 쉬운 과제를 선택하는 아동이 있다면, 이런 아동의 행동은 실패회피동기에 기인한 것이다. 때때로 실패 후에 오는 비난이나 조소, 벌에 대한 두려움 때문에 동기 유발이 되기도 한다. 쉬운 과제보다는 어려운 과제를 성취했을 때 성취감은 더 증가하므로, 높은 성취동기는 그 과제에 수반되는 위험을 감수하게 한다. 이렇게 성취동기는 성공추구동기와 실패회피동기의 관점에서도 설명할 수 있다. 성취동기란 성공하기 위해서만 유발되는 것은 아니다.

셋째, 성공추구동기가 높은가, 실패회피동기가 높은가에 따라 아동의 학습 행동도 달라진다. 성공추구동기가 실패회피동기보다 높은 학생들은 과제를 열심히 하고 자신의 수행결과에 대해 불안해하거나 걱정하지 않는다. 반면, 실패회피동기가 성공추구동기보다 높으면서 불안수준이 높은 학생들은 주로 과제를 미루고 수행이 나빠지는 악순환을 경험한다. 특히, 과제를 미루게 되면 실패를 하더라도 자신이 열심히 했음에도 불구하고 실패를 했다고 여겨지는 것보다 시간이 없어서 노력을 기울이지 않았기 때문에 실패한 것이라고 귀인할 수 있기 때문에 미루는 행동을 지속하게 된다. 한편, 학생들의 실패회피동기는 발달단계에 따라 상이한 양상을 보이기도 한다. 저학년 학생들은 과제의 난이도에 상관없이 현재 해야 할 과제에 몰두하는 과제지향적인 모습을 보이는 반면, 고학년으로 갈수록 실패회피 경향이 증가한다.

성취동기는 개인차가 크다. 따라서 교사는 높은 성취동기를 가진 학생과 낮은 성취동기를 가진 학생이 누구인지를 알아 내어 적절한 수업을 계획해야 한다.

3. 학습동기를 장려하는 전략

일정한 상황에서 학생의 학습동기가 서로 다른 이유는 무엇일까? 이것은 첫째로 학생들이 내가 이 과제를 성공할 수 있을까? 둘째로 나는 진정으로 성공하기를 기대하는가? 셋째로 성공하기 위해서 나는 무엇을 해야 하는가? 등에 대한 의문을 품고 있기 때문이다(Woolfolk, 2001).

교실에서 학생들의 학습 효과를 증진하기 위해서 계획적으로 활용할 수 있는 농기유발 방법은 학습자의 요구, 흥미, 태도, 목적 등에서 이루어지는 내재적 동기와 점수, 승인, 상, 벌 등에 의하여 이루어지는 외재적 동기를 적절하게 사용할 수 있어야 할 것이다. 여기에서는 수업 전, 수업 중, 수업 후의 활동으로 구분한 동기유발 방법을 소개한다(Woolfolk, 2001; 김청자, 2004; 심우엽, 2006; 권순달 외, 2002; 이경하 외, 2010; 문은식 외, 2011).

1) 수업활동 전의 동기유발 방법

(1) 분명한 학습목표의 제시

- 달성 가능한 목표를 제시한다.
- 학습이 끝났을 때 구체적인 행동의 변화를 제시한다.
- 대다수의 학생들이 달성할 수 있는 목표를 제시한다.
- 장기적 과제는 몇 개의 하위목표로 나누어 제시하여 부담감을 줄인다.
- 학습과제를 여러 단계로 나누어 각자의 수준에 맞는 목표를 달성하도록 한다.

(2) 학습목표와 개인적 욕구와의 결부

- 호기심을 자극하여 도전감을 준다.
- 남에게 인정받으려는 욕구를 자극하여 시험출제 가능성과 결부시킨다.

(3) 교사의 현실적 기대감

- 교사는 학생들의 실제수준과 목표수준을 구분하여 기대수준을 갖는다.
- 잘하고 있는 것이 무엇인지를 알려주어 자신감과 성취감을 느끼게 한다.
- 과거에 어려워했던 것이 지금은 별것 아닌 과제가 되었다는 것을 상기시켜 인내심을 갖고 노력하면 성취할 수 있다는 것을 알게 해 준다.

(4) 교과목이나 학습과제에 대한 긍정적인 태도

- 이 과제를 성공할 수 있을까?에 대한 불안감 대신 성공에 대한 기대를 갖게 해 준다.
- 교과목의 성격에 따라 학생들이 좋아하는 과목도 있고, 그렇지 않은 과목도 있다는 것을 수용한다.
- 선생님에 대한 유쾌한, 또는 불쾌한 경험이 과목에 대한 쾌불쾌의 원인이 되기도 한다. 학생들을 열심히 즐겁게 가르치는 교사가 되도록 노력한다.
- 문제해결을 위해 교사가 시범을 보여주어 교사라도 과제해결에 실패할 때가 있고 다양한 방법으로 시도해야 함을 알게 해 준다.

(5) 학습하기에 적절한 환경을 마련해야 한다.

- 쾌적한 학습분위기를 조성하기 위해 실내의 온도, 채광, 책걸상의 상태, 소음, 단정한 자세, 피로 등에 신경을 쓴다.

• 학생들이 피로를 느끼면 간단한 심호흡, 체조, 이완 동작, 약간의 수면 등의 조처를 취한 후 학습한다.
• 주의집중 전략으로 학급분위기가 산만해졌을 때는 모두가 조용할 때까지 기다리는 것도 유용한 방법이다.

2) 수업활동 중의 동기유발 방법

(1) 학생의 수업참여 유도

• 교사가 전체 수업을 주도하지 말고, 학생들의 참여를 유도한다. 흥미로운 질문을 던져 호기심을 자극하거나, 적절한 힌트를 주어 학생들이 스스로 문제를 해결했다는 성취감을 갖게 한다.
• 단순하게 대답할 수 있는 수준에서부터 토의법의 활용까지 다양한 교수방법을 사용한다. 학생들이 공통적으로 관심을 갖고 있는 대상이나 주제를 소재로 활용하는 것도 유용한 방법이다.
• 동기유발의 또 다른 방법은 친숙한 것만을 소재로 하는 것이 아니라 신기한 것을 동시에 사용하는 것이다.
• 수업의 속도를 학생들의 속도에 맞추고 전 단계를 완전히 이해하기 전에는 다음 단계로 넘어가지 않는다. 특히 시험이나 숙제에는 아주 쉬운 문제와 어려운 문제를 섞어서 내주어 모든 학생이 몇몇 질문에는 성공적이고 몇몇 질문에는 실패하도록 한다. 이렇게 하면 모든 학생들에게 성공감과 도전감을 동시에 줄 수 있게 된다.
• 학습과제가 중요하다는 것을 인식시키는 것도 중요하지만 학생들의 욕구, 즉 안전과 소속감에 대한 욕구를 충족시켜 주는 것이 우선되어야 한다. 매슬로우의 욕구위계이론에 의하면 하위단계의 욕구가 충족되지 않으면 상위단계의 욕구가 생기지 않는다.

(2) 성취의 기회 부여 및 즉시 강화

- 교사가 문제를 처음부터 끝까지 다 풀어 주는 것보다는 학생들 스스로 풀거나, 거의 다 풀었을 때까지 기다렸다가 도와주는 것이 효과적이다.
- 때로는 교사가 학습전략을 가르쳐 주면 시행착오를 줄일 수 있으며 새로운 학습방법을 접하게 되어 한결 수월하게 해결할 수 있다.
- 작은 것이라도 각자의 수준에 맞게 과제를 제시하고 자신감을 갖게 하는 것이 자아개념을 갖게 하는데도 효과적이다.
- 성취가 있을 때마다 즉각적으로 강화를 해 주는 것이 좋다. 벌은 일시적으로 그 반응을 중단하게 하는 효과만 있을 뿐이다.
- 보상이나 처벌전략을 사용한다. 교사는 언어적 강화(칭찬)를 하거나 유형의 보상(가외 점수)을 제공하거나 혹은 특권(휴식시간)을 철회하면 효과가 있다. 이런 방법들보다 우선해야 할 것은 교사가 지지적인 태도를 가지고 있어야 한다.

(3) 학습진전 정도의 즉각적 통지

- 학습의 진전의 정도를 즉시 알리는 일은 학습의 효과를 증진할 뿐만 아니라 학습자의 동기를 강화하는 데에도 매우 효과적이다.
- 학습진전의 정도를 자주 알려주면 교사가 학생에게 늘 관심이 있다는 것을 느끼게 됨으로 학습태도가 좋아질 수 있다.

(4) 협동적인 분위기를 조성 및 적절한 경쟁심을 유발

- 집단토의나 집단 브레인스토밍을 통해 분단별로 토의 결과를 발표하면서 과제를 해결하는 동안 협동심을 기를 수 있다.

- 일시적으로 비슷한 수준의 학생들을 모아 수업하면서 경쟁심을 자극하면 동기유발의 효과를 극대화할 수 있다.
- 학습과제의 가치를 알게 해 주면 경쟁심 유발에 자극이 된다. 어린 학생들에게는 즉각적이고 구체적인 것에 초점을 맞추어 다음 시험에 출제된다고 안내하고 반면에 큰 학생들에게는 인지능력이 있으므로 좀 더 추상적이고 미래지향적인 효용가치를 알게 해 준다.

(5) 문제해결에 필요한 다양한 방법 제시

- 문제해결을 위해 교사가 시범을 보여 교사라도 과제해결에 실패할 때가 있다는 것을 알게 해 준다.
- 과제해결의 다양한 방법과 변형하는 방법, 기억방법을 마련해 주면 보다 적극적인 학습자가 된다.
- 이렇게 하면 학생들은 그 과정에 흥미를 느낄 뿐 아니라 교사에 대한 신뢰심, 존경심을 갖는다.
- 문제해결을 위해 교사가 시범을 보여 준다. 교사라도 과제해결에 실패할 때가 있고 다양한 방법으로 시도해 보는 것이 필요하다는 것을 알게 해 준다.

3) 수업활동 후의 동기유발 방법

(1) 평가 결과에 대한 상세한 설명

- 학습목표 달성이 일단락되면 처음의 목표에 비추어 얼마나 진전했는지를 알려 준다. 상대평가에 대한 자세한 설명을 하는 것도 때로는 필요하다.
- 결과에 대한 평가는 타인과의 비교가 아니라 자신의 수행수준 증진을 위해 힘쓸 것을 강조한다. 자신의 수행수준을 스스로를 체크할 수 있도록

피드백을 해 주며 수정과 보충을 해 주어 학생들의 곤란점이 무엇이며 왜 실패하고 있는지를 알려 준다. 또한 그들이 잘 하고 있는 것이 무엇인지를 알려주어 자신감과 성취감을 느끼도록 해 준다.

• 미흡한 점에 대해서는 다음 시간에 다룰 것을 언급하면서 핵심적인 문제 몇 개를 과제로 내주는 것도 좋다.

(2) 평가 결과에 대한 피드백

• 시험의 결과와 관련하여 간단한 퀴즈, 숙제 등을 내주어 복습할 기회를 준다.
• 과제물은 되도록 빨리 점검하여 수정할 수 있게 해 주고 반응할 기회를 준다.

(3) 평가 결과에 대한 긍정적인 메시지 전달

• 총평을 하는 경우 우선 학생이 잘했다는 점을 밝혀 학생의 능력과 노력을 인정해 주고, 이런 점은 참 좋았다고 일단 긍정적 평가를 해 주는 것이 차후의 동기유발에 효과적이다.
• 미흡한 점은 능력이 부족해서가 아니라 노력이 부족했거나 보는 관점이 달랐다는 등 노력이 중요하다는 점을 부각하는 것이 바람직하다.

제8장

생활지도의 이해

1. 생활지도의 기초
2. 생활지도의 내용과 활동
3. 상담의 이해
4. 상담이론
5. 부적응행동과 지도

현대사회는 지식위주의 교육이 팽배하고, 전인교육의 기회가 줄어들고, 학생들은 불건전한 환경과 가치관의 부재 속에서 혼란스러워하고 있다. 따라서 과거보다 학생들의 다양한 문제를 해결하도록 돕는 교육적 활동과 아울러 학교에서의 생활지도 및 상담에 관한 활동이 요구되어진다.

이 장의 전반부는 생활지도와 상담에 관련된 부분을 살피고, 후반부는 학생들의 부적응행동과 지도방법들을 다룬다.

1. 생활지도의 기초

1) 생활지도의 개념

생활지도(guidance)는 안내, 인도, 지도 등의 의미를 가지고 있다. 또한 생활지도는 교육의 두 가지 면, 즉 가르치는 면(教)과 기르는 면(育) 중 기르는 면에 해당하는 것으로 교(教)가 모르던 것을 새로 알도록 도와주는 활동이라면 육(育)은 이미 기존에 가지고 있는 잠재된 능력을 최대한도로 발휘하게 하며 동시에 자신의 능력을 발견하도록 돕는 활동이다.

생활지도의 시작은 청소년들에게 직업을 구해 주는 것으로 시작하였으나 현재에 와서는 학습자를 대상으로 교육, 사회, 직업, 진로, 성격 등의 관계에서 개인의 잠재능력을 발견하고 당면하는 여러 가지 문제를 스스로의 힘으로 해결하도록 지도하기 위한 조직적인 봉사활동이다.

생활지도란 좁은 의미로는 직업지도, 진로지도, 성격지도, 여가지도, 문제학생지도 등의 의미로도 사용되고 있으나, 넓은 의미로는 학교에서 이루어지는 모든 교육적 활동을 의미하며 교육과정, 교수-학습, 장학, 과외활동 등 학교의 모든 영역과 밀접히 관련되어 있다.

2) 생활지도의 발달

20세기로 들어오면서 날로 복잡해지는 사회변화와 개인차로 인하여 생활지도의 필요성이 증대되고, 학교교육에서도 조직적인 생활지도가 점차 발달하게 되었다. 역사적으로 볼 때 미국에서의 생활지도 운동은 생활지도의 개념과 발전에 커다란 영향을 주었는데, 이를 시기별로 살펴보면 다음과 같다.

(1) 초기(직업지도 시기)

조직적인 생활지도 운동은 파슨스(Parsons)가 1907년 미국의 보스톤시에서 직업지도 운동을 시작한 것이 시초였다. 이 시기는 직업지도와 학업지도를 포함한 진로지도가 생활지도의 중심이었다.

(2) 전환기(정신위생의 도입)

1929년 경제공황 이래 생활지도는 큰 변혁을 일으켰다. 환경에 대한 적응문제를 중시하는 경향이었으며, 정신위생이나 사회적 적응의 문제가 생활지도에서 중요한 위치를 차지하게 되었다.

(3) 발전기(집단지도의 중시)

1930년대부터 생활지도는 종전의 개별지도나 상담방법에서 탈피하여 협동적인 인간상의 요구에 부응하기 위해 집단지도 방법을 중시하기 시작했다.

(4) 상담심리의 분리

제2차 세계대전 이후 상담심리학이 학문으로서 그 기초가 성립됨에 따라, 생활지도의 일반기능으로부터 상담심리가 분리되어 독자적인 영역으로 떨어져 나가고 생활지도가 전문화되었다.

3) 생활지도의 필요성

급속한 경제성장과 산업구조의 변화 속에서 우리의 청소년들은 변화에 대처하여 다양한 문제들을 해결할 수 있는 지혜와 적응할 수 있는 능력이 필요하게 되었으며, 생활지도의 필요성을 정리하면 다음과 같다.

(1) 직업세계의 변화

현대사회는 자동화의 시대로 급격하게 직업구조가 변화되고 있다. 직업의 다양화, 전문화 현상 속에서 학생들은 자신에게 적합한 직업을 선택하고, 그 직업을 위하여 준비해야 할 것들이 무엇인지에 대해 충분한 안목과 정보를 가지고 있지 못한 상태이다. 이에 학생들에게 미래사회에서 각광받을 수 있는 직업의 유형과 자신의 적성 등을 고려하여 현명한 선택을 할 수 있도록 하는 도움이 필요하다

(2) 사회양상의 변화

현재 우리나라는 급격한 경제성장과 산업의 현대화에 따른 물질문명의 발달로 생활의 질은 높아졌으나 전통문화와 가치관에 큰 혼란을 야기하여 세대간 격차와 갈등을 심화시키고 청소년들의 가치관 혼란을 유발하고 있다. 학교

에서는 변화하는 사회와 새로운 가치관에 학생들이 적응해 나갈 수 있도록 지도해야 한다.

(3) 개인차 강조

현대사회는 개성과 창의성이 가치 있는 것으로 받아들여지고 있고, 교육도 개인의 흥미, 가치, 결정 등을 존중하는 방향으로 가고 있다. 생활지도는 개개인의 자아실현을 목표로 하여 개인의 소질, 적성, 흥미 등을 파악하도록 도와주어 자신만의 독특함을 잘 발휘할 수 있도록 격려하고 기회를 제공해야 한다.

(4) 가정환경 변화

산업화의 영향으로 가족의 형태가 바뀌면서 핵가족과 확대가족이 늘고 부모의 이혼, 별거 등의 가족결핍 현상은 학생들에게 심리적 갈등과 혼란을 주며, 또한 여성의 사회진출 증가는 가정의 교육적 기회를 줄어들게 하여 학생들에게 가정의 역할을 대리해 줄 수 있는 장치가 필요하며 학교에서의 생활지도가 이를 보조해 줄 필요가 있다.

(5) 정신건강의 문제

복잡하고 빠르게 변화하는 사회는 학생들에게 다양한 스트레스를 주고, 학생들은 이에 적응하기 위한 각종 정서적 · 심리적인 부조화와 갈등을 갖게 되었다. 이 같은 문제에 대처하기 위해서 학습자들의 정신건강을 위한 생활지도가 필요하다.

4) 생활지도의 원리

(1) 생활지도는 모든 학생을 대상으로 한다.

생활지도는 개인의 자아실현을 목표로 하는 활동이다. 따라서 그 대상도 문제아나 부적응아뿐 아니라 성장과 적응을 위해서 도움을 필요로 하는 정상적인 생활을 하는 학생들도 함께 포함되어야 한다. 교육현장에서 생활지도를 문제아를 대상으로 하는 것으로 생각하는 경향이 있기 때문에 학생들은 문제가 있어도 선뜻 도움을 요청하지 못한다. 정상아들이 자신들의 능력과 적성을 고려하여 진학이나 취업을 하며, 다양한 인간관계를 성공적으로 수행할 수 있는 기회를 갖도록 지도하여야 한다.

(2) 생활지도는 처벌보다 예방과 선도에 중점을 둔다.

현대의학은 발생된 여러 가지 행동의 치료보다는 예방을 목적으로 하고 있다. 치료보다 예방적인 지도가 시간과 노력면에서 훨씬 경제적이다. 물론 현실적으로 학교현장에서 학생지도에 많은 교사나 카운슬러가 부족한 실정이긴 하지만 문제발생 후 처벌을 통하여 학생을 바로잡는다는 것은 매우 어려운 일이다. 그러므로 문제를 사전에 방지하는 것이 학생의 입장에서나 국가적인 입장에서도 필요한 일이며 이를 위해 문제발생 후 처벌보다는 문제를 미연에 방지하고 예방하는 차원에서 이루어져야 한다.

(3) 생활지도는 학교교육 계획의 통합된 일부이다.

생활지도 활동은 학교교육 계획 속에 통합되어 학교의 지원을 받으며 학교 행정가나 교사의 협조 아래 생활지도교사의 전문성을 인정하고 대상에 따라 다양한 프로그램을 가지는 교육과정의 한 분야로 인정되어야 한다.

(4) 생활지도는 과학적이고 객관적인 판단에 기초한다.

학생들은 각각 개성이 다르며 흥미, 가치관이 다르다. 이러한 개인차를 고려하여 학생지도를 하기 위해서는 상식적 판단보다는 과학적 방법으로 원인을 규명하고 진단을 내려야 한다. 검사방법으로는 각종 심리검사나 행동관찰기록, 환경조사서, 개인 성적기록표 등이 있고 심리측정 도구로는 지능검사, 적성검사, 사회성숙도 검사, 가치관 검사, 흥미검사, 성격검사가 있다.

(5) 생활지도는 개인의 인격을 존중하고 자율성을 인정한다.

생활지도는 개인의 존엄성과 가치, 자유와 평등을 존중하는 민주적인 원리에서 출발하여야 한다. 인간은 이 세상에 존재한다는 사실만으로도 존중받아야 하며, 어떠한 상황에서도 인격체로 인정되어야 한다. 또한 인간은 자기성장의 능력을 가지고 태어나며, 그러한 능력은 신장되고 계발되어져야 한다.

(6) 생활지도는 사랑의 마음을 가지고 임한다.

생활지도의 핵심은 사랑이다. 교사나 상담자는 학생을 사랑하는 마음을 가져야 한다. 사랑이란 학생들이 구체적으로 느끼고 공감할 수 있는 것으로 만드는 것이 중요하다. 현대사회는 결핍가정, 빈곤가정의 아동들은 물론, 물질적으로 부족함이 없는 학생들도 사랑에 목말라하는 것을 느낄 수 있다. 이들을 진심으로 이해하려고 노력하고 관심을 가지는 상담자가 절실히 필요한 때이다.

2. 생활지도의 내용과 활동

1) 생활지도의 내용

생활지도는 학생들의 전인적 발달과 인격성장을 목적으로 하는 것이기 때문에 생활지도는 교육활동의 전 분야를 포함하는 광범위한 것이라야 한다.

(1) 교육지도

학교생활에서 우선시되는 것 중의 하나가 교육과 관련된 활동이다. 교육지도는 학생들로 하여금 자신들의 흥미, 개성, 능력 등에 부합되는 학습활동을 전개하는데 필요한 정보나 자료를 제공함으로써 학생 개개인의 가능성을 최대한도로 계발하도록 돕는 활동이다(오만록, 2004). 교육지도의 분야에는 신입생 오리엔테이션, 교육정보의 제공, 특별활동지도, 학업지도, 학습방법지도, 진학 및 진로지도 등이 포함된다.

(2) 직업지도

직업선택, 직업준비, 취업알선 등 장래직업에 관련된 영역에 대하여 학생의 적성, 능력, 가정환경, 사회적인 요청 등을 고려하여 현명하게 선택하는 것을 도와주는 것이 직업지도다. 발달단계별 지도내용은 초등학교에서는 진로인식단계, 중학교에서는 진로탐색단계, 고등학교에서는 진로준비단계, 대학교에서는 진로전문화단계로 구분되며, 직업의 성질, 작업조건 및 훈련, 보수, 승진체계 전망, 직업수행을 위한 정보자료 등을 제공하며, 교과목과 연계하여 직업적성 교육을 실시한다.

(3) 인성지도

인성지도란 인격지도 또는 성격지도를 뜻하며, 이는 개인의 인성적, 심리적 문제가 되는 불안, 욕구불만, 정신건강, 이성문제, 개인적 습성과 태도 등에 관한 지도를 뜻한다. 인성지도의 방향은 성격형성에 장애가 되는 기본적 욕구불만, 우월감, 열등감, 극단적인 수줍음, 공격적 태도, 이기주의, 자만심, 정서불안 등을 제거해 줌으로써 인간으로서 원만하고 조화로운 발달을 이루고 한 인격체로 완성하도록 도와주는 것이다.

(4) 사회성 지도

인간은 사회적 존재이기 때문에 집단 속에서 적절히 적응할 수 있는 태도와 습관을 가져야 한다.

사회성 지도는 개인 혹은 학습자의 교양, 도덕적인 윤리관, 인간존중의 습관형성, 의사전달의 합리적인 방법, 관용, 친구관계, 이성과의 교제, 부모-자녀관계, 집단에서의 대인관계 등에 있어서 원만한 인간관계를 유지하며 협동과 봉사의 정신으로 생활할 수 있는 성격개발에 대한 지도를 뜻하는데 이는 집단활동을 통해서 체험하는 것이 가장 효율적이다.

(5) 건강지도

건강지도란 공중위생, 허약자 지도, 건강을 증진시킬 수 있는 생활습관을 형성하도록 지도하는 것이다. 개인의 건강은 오늘날 가장 중요한 교육목적의 하나다. 따라서 건강지도는 학생이 건강이나 신체적 발달에 관하여 그 중요성을 이해하고 자신의 건강을 위해서 각자가 적절한 대책을 세우도록 도와주며, 신체적 결함, 운동부족, 영양실조, 위생관념 등 신체적 건강과 함께 각종 스트레스로부터 정신건강을 유지할 수 있도록 지도하고 조언한다.

(6) 가정지도

최근 생활지도에서 중요성을 더해 가는 것 중에 가정문제가 있다. 가정은 인간의 인격형성에 가장 중요한 역할을 담당하는 원초적인 사회집단이다. 우리나라의 전통적인 가족관계에서 부모-자녀간의 윤리적인 중요성은 민주사회인 오늘날에도 변할 수 없다. 다만 부모에 대한 순종과 복종을 강조한 전통적인 가정교육 내용은 협동과 상호존중 및 사랑의 관계를 체험할 수 있는 내용으로 변화되어야 할 것이다.

생활지도는 가정이나 가족문제로 고민하고 또 부적응을 일으킨 학습자가 적응을 잘할 수 있도록 도와줄 뿐만 아니라 가정의 부모와도 긴밀한 협조관계를 유지하여 실질적인 생활지도가 되도록 한다.

(7) 여가지도

여가란 직접적 만족을 보상받지 않더라도 자유롭게 추구되는 것으로 주된 기능은 휴식, 즐거움 그리고 개인적 발달이다. 산업사회에서의 여가활동은 단순하게 시간을 보내거나 돈을 쓰는 소비적인 활동이 아니라 신체적, 정신적 활동을 증진시키고 능률을 올릴 수 있는 생산적이고 창조적인 것이어야 한다. 최근 주 5일제 수업으로 인하여 학생들의 여가시간이 늘어난 만큼 시간적 여유를 가치 있게 활용할 수 있도록 레크리에이션 활동을 선택하고, 그런 활동을 통해서 고상한 취미와 심신의 건전한 발달을 이루도록 지도한다.

2) 생활지도의 주요활동

(1) 학생조사 활동

학생에 대한 올바른 이해의 기초 자료를 수집하는 활동으로 각종 조사 및 검사활동이 있다. 학생을 이해하기 위한 구체적 자료는 가정배경, 학교경험과 학교성적, 지적 능력과 학업적성, 건강과 신체적 자료, 학교 밖의 생활경험, 특수능력(미술, 음악, 기술, 문학), 직업적 흥미, 인생, 장래의 계획 등이 있다.

학습자를 보다 올바르고 정확하게 이해하기 위하여 학습자 개인에 관한 심리적 특성을 진단하는 것으로 학습자의 지능, 학력, 적성, 흥미, 성격, 가치 등의 검사가 있다. 그리고 학습자의 내면적 세계를 파악하기 위해 심리검사와 관찰법 등이 이용되고 있다.

(2) 정보제공 활동

정보활동은 학생이 요구하는 교육적, 직업적 정보를 수집, 정리하여 학습자가 각종 문제를 해결하고 직업의 영역에 있어서나 직업준비를 고려함에 있어서 학생들에게 유용한 정보를 제공하는 것이다.

(3) 상담활동

상담은 학습자의 교육적 · 정서적 · 직업적인 여러 가지 문제에 대하여 전문적인 자격을 갖춘 상담교사와 학습자가 일대일로 대면하여 충고, 권유, 정보 및 자료 제공, 이야기, 설득 등으로 학습자를 도와주는 활동이다. 학교에서 주로 활용되는 상담으로는 개인상담, 집단상담이 있고 최근에는 또래집단을 활용한 또래상담이 많이 행해지고 있다.

(4) 정치활동

학교나 학과의 선택, 진로의 선택 등 계속되는 인간의 생활에서 자신의 능력과 적성에 맞추어 가장 적절한 것을 선택하도록 도와주고 배치하는 활동을 정치활동(placement service)이라고 한다. 정치활동은 학습자들의 잠재적 가능성을 최대한 발달시킬 수 있는 교육과정과 과외활동을 제공하여야 하며, 학습자와 부모들이 제공된 경험을 통해 자기실현을 이룩할 수 있도록 적응을 하고 계획을 세우도록 각종 봉사활동을 제공해야 한다.

(5) 추수활동

추후활동이라고도 부르는 이 과정은 생활지도를 통해 정치가 끝난 학생들이 선택한 일을 효과적으로 수행하고 적응하도록 도와주는 것을 말한다. 추수활동의 목적은 학습자들의 발전 상태를 지속적으로 점검하여 문제를 예방하고, 계속적인 성장 · 발달을 촉진시키고 나아가 전체 학교교육 프로그램을 증진하는 데 있어서 유용한 정보를 얻기 위한 것이다.

3. 상담의 이해

상담은 생활지도 활동에서 가장 핵심적인 활동이다.

1) 상담의 개념

상담이란 내담자가 자신과 환경을 의미 있게 이해하는 과정을 통하여 자신의 성장과 발달을 촉진하는 것을 목표로 하고 있다. 따라서 상담은 상담자와 내담자 간에 수용적이고 구조화된 관계를 형성하고 이러한 관계 속에서 내담자가 자기 자신과 환경에 대해 의미 있는 이해를 증진하도록 함으로써 내담자가 효율적으로 의사결정을 하고 여러 심리적인 특징을 긍정적인 방향으로 변화시키도록 도움을 주어 결과적으로 내담자의 성장과 발전을 촉진하는 심리적 조력의 과정이라 할 수 있다. 여기서 말하는 상담은 심리치료와 같은 점이 많으나 차이점이 있다고 보아야 할 것이다.

상담과 심리치료는 그 목표가 다르다. 상담의 목표는 성장과 발달을 촉진하는 것임에 반하여, 심리치료는 장애를 제거하거나 완화시키는 것이다. 상담의 목적이 예방적이라면, 심리치료의 목적은 치료와 교정에 있다. 상담은 학교, 기업체, 상담소 같은 곳에서 교육학, 상담심리학, 사회사업학 등의 분야에서 훈련받은 상담자가 수행하는 심리적인 조력과정인 반면, 심리치료는 의학이나 임상심리학 분야에서 훈련받은 상담자가 병원을 중심으로 하여 수행하는 심리적인 조력과정으로 본다.

2) 상담의 진행과정

학교환경 내에서 대부분의 상담은 어떤 의미에 있어서는 최초의 면담이다. 그러므로 학교상담자는 최초의 상담에 있어서 특별히 숙련되어야 한다. 학교상담의 기본 절차는 다음과 같다(박선영, 2007).

(1) 면담을 위한 준비

카운슬링은 카운슬러가 학생에 관한 자료를 준비하지 않는한 효과를 거두기 어렵다. 그러므로 카운슬러는 학생에 대한 환경적 자료를 검토할 필요가 있다.

(2) 최초 구조발전

학생은 카운슬러가 누구이고 어떤 일을 할 수 있고 자기에게 어떤 기대를 할 수 있는가를 알 필요가 있다. 이것은 짧은 시간에 행해질 수 있다. 경험있는 카운슬러는 민첩하게 그리고 효과적으로 의사소통하는 방법을 안다.

(3) 목표설정

훈련과 경험의 산물로서 카운슬러는 상담의 목표를 인식하게 될 것이다. 이러한 목표는 자기의 전문적 가치체계와 인간발달을 개념짓는 방법으로부터 온다.

(4) 관계형성

카운슬러는 면담을 진행함으로써 설정해 놓은 관계를 계속적으로 형성해야 한다. 정직성, 관심의 표현, 인간성, 지각성은 학생에게 허용되어야 한다. 때로는 카운슬러는 부드러운 미소를 짓거나 이해의 표시로 고개를 끄덕거림과 같은 태도를 지녀야 한다.

(5) 학생의 말을 돕기

카운슬러는 자발성과 감수성에 의존하면서 학생들이 자기의 감정을 표현하도록 돕고, 학생이 경험하고 있는 곤란성을 이해하고, 인식하지 못하고 있는 감정과 수락된 곤란성을 가진 감정을 돕는데 자발성과 감수성을 활용하여야 한다.

(6) 면담의 종료

다음 상담을 위한 계획을 세운다. '언제, 어디서, 다른 전문가에게 위촉할 것인가, 검사가 필요한가, 다른 정보가 부가되어야 하는가?' 등에 대한 검토를 한다.

(7) 사후지도 계획

카운슬러는 상담의 내용을 기록하고 상담 이후에 대한 지도를 계획한다.

3) 집단상담

(1) 집단상담의 정의

집단상담은 여러 명의 내담자를 대상으로 집단을 구성하고, 참여자들의 역동적 상호작용을 활용하여 참여자 개개인의 문제를 집단 역학적이고 비구조적인 과정으로 해결하거나 성장 · 발달을 촉진시켜 나가는 과정을 말한다.

(2) 집단상담의 가치

집단상담은 다음과 같은 가치를 지니고 있다(김형태, 2001).

첫째, 집단을 구성하는 개개 참여자들에게 일상생활 속에서는 경험하기 어려운 기회를 제공해 준다.

둘째, 참여자 자신의 감정이나 행동에 대해 통찰할 수 있는 기회를 제공해 준다.

셋째, 다른 사람과 긍정적이고 자연스러운 관계를 형성할 기회를 제공해 준다.

넷째, 상담자에게는 구성원들의 사회적 태도 등을 관찰하고 지도할 수 있는 편리한 장을 마련해 준다.

① 아동을 위한 집단상담

- 아동을 대상으로 하는 집단상담은 예방적, 치료적 목적을 위해 실시된다.
- 학교에서의 집단상담은 심각한 정서 문제나 행동장애를 가질 가능성이 있는 아동을 발견할 기회를 제공한다.

② 청소년을 위한 집단상담

- 갈등하고 있는 느낌을 표현하고, 자기 의심을 탐색하고, 이런 관심사를 또래와 나눌 수 있다.
- 청소년들의 성장에 도움이 될 수 있는 기회를 제공해 준다.

③ 대학생을 위한 집단상담

참여자들에게 이들의 주요 관심사인 진로결정, 남녀관계, 정체감, 소외감 문제, 자율성 등과 같은 문제를 다룰 수 있는 기회를 제공해 준다.

④ 노인을 위한 집단상담

삶의 의미를 발견하도록 격려해 줌으로써 단순히 존재하는 것이 아니라 자신의 삶을 충분히 누릴 수 있도록 격려해 준다.

(3) 집단상담의 계획

① 집단의 장소와 분위기

크기와 위치는 내담자들이 편안히 느낄 수 있도록 너무 크지 않으며 외부의 소음이 들리지 않아야 한다. 서로 잘 볼 수 있고 잘 들을 수 있으며, 둥그렇게 둘러앉을 수 있는 곳이 좋다. 녹음이나 촬영을 할 수 있는 시설을 갖추면 상담자가 자신의 상담방법이나 상담내용 및 내담자의 태도 등을 참고자료로 활용하기 좋다.

② 집단의 크기

상담집단의 크기를 결정할 때는 집단의 목표와 내담자들에게 기대하는 정도를 고려해야 한다. 일반적으로 5~10명 정도가 이상적이라고 할 수 있다.

집단의 크기가 너무 작으면 역동이 충분히 활용되지 않고, 집단에 의해 받는 압력이 커져 오히려 비효율적이다. 반대로 집단의 크기가 너무 크면 집단원 모두의 참여가 어렵고, 상담자가 각 개인에게 주의를 기울이기 힘들고, 진정한 상호작용이 어렵다. 한 학급 구성원이 20명 이상이 되는 집단 속에서는 집단 구성원이 '상담경험'보다는 '교육경험'을 하게 된다(이장호 외, 2005).

③ 집단의 구성

집단의 구성은 개인의 배경이나 성격을 고려하여 구성해야 한다. 일반적으로 동질집단 구성은 응집력, 갈등이 적고, 서로에게 지지적이며, 자기와 비슷한 사람이 있음을 보고 안심하는 보편성의 경험, 비슷한 문제라도 각자가 독특하며 개별성이 있음을 경험할 수 있다. 이질집단 구성시에는 다양한 상호작용이 증폭되고 갈등이 심화될 수 있기 때문에 상담자는 집단상담의 역동을 충분히 다룰 수 있어야 한다.

④ 모임의 시간

집단상담의 적절한 시간은 구성원의 연령, 집단의 성격, 그리고 모임의 빈도에 따라 달라질 수 있다. 일반적으로는 한 회기에 한 시간에서 한 시간 반 정도가 적당하나 아동의 경우는 30~40분 정도가 적당하다.

4. 상담이론

1) 정신분석적 상담이론

정신분석이론은 프로이드에 의해 시작되었으며 그의 이론은 인간행동의 기초가 되는 성격형성을 설명하는 이론이다. 정신분석이론은 인간의 정신을 탐구하는 하나의 방법인 동시에 인간의 정신을 치료하는 치료기법이다.

(1) 기본철학

인간행동의 기본 동기를 성적 에너지에 두고 무의식, 어린 시절의 경험, 성, 공격성 등을 강조한다. 이는 인간의 성격구조인 본능, 자아, 초자아로 구성되는 성격구조에 의해 적절히 균형을 이루게 되는데, 만일 이 세 가지 구조가 균형을 이루지 못하고 갈등이 일어날 때, 이를 억압하여 무의식 속에 저장하게 되면 이러한 갈등은 점점 증대되어 이후에 정서적 장애나 신경증적 질환으로 발전하게 된다. 정신분석에서는 유년기 및 아동기의 경험이 성격을 형성하며, 어린 시절의 미해결된 욕구와 억압받았던 경험 등이 무의식에 내재해 있다가 훗날 문제행동으로 나타난다고 보고, 정신분석 상담에서는 어릴적 갈등과 욕구불만이 내재되어 있는 무의식을 의식화시킴으로써 내담자들이 자신의 무의식에 대해 통찰할 수 있도록 한다.

(2) 성격의 구조

성격은 원 본능, 자아, 초자아로 구성된다. 프로이드의 정신분석이론에 의하면 각 개인에게는 제한된 양의 심리적 에너지가 있으며, 성격구조의 세 가지 요소 중 개인이 가진 에너지에 대해 어느 요소가 통제력을 더 많이 갖는지에 따라 인간의 행동특성이 결정된다.

① 원 본능(id)

원 본능은 인간의 가장 원초적인 부분으로, 태어나면서 가지고 있는 심리적 에너지의 원천이며 무의식의 지배를 받는다. 원 본능은 맹목적이며, 요구적이고, 고통을 피하고 쾌락을 얻으려는 쾌락의 원리에 의해 움직인다.

② 자아(ego)

자아는 현실원리에 의해 움직인다. 자아는 성격을 지배하고, 통제하고, 조절하는 실행자다. 현실원리에 의해 지배되므로 논리적이며 합리적인 사고를 하며, 원 본능이 현실적으로 가능하지 않은 요구를 할 때는 원 본능의 만족을 억제한다.

③ 초자아(super-ego)

초자아는 성격의 도덕적, 비판적 측면으로 현실보다는 이상을, 쾌락보다는 완성을 위해 작용한다. 이 초자아가 발달되면 부모에 의해 통제되던 것들이 초자아에 의해 통제된다. 초자아는 원초아의 충동을 억제하며, 자아가 현실적 목표 대신 도덕직 목표와 완전을 추구하노록 한다. 조자아는 부모나 사회의 표준이 내면화된 것으로, 심리적 보상이나 처벌과 관련이 있다.

(3) 치료목표

내담사로 하여금 자신의 행동의 동기를 각성, 통찰할 수 있어서 의식수준에서 행동할 수 있게 도우려는 것이다. 이를 위하여 첫째, 무의식을 의식화하고 둘째, 자아를 강하게 하여 행동이 본능의 요구보다는 현실에 바탕을 두도록 한다.

(4) 치료기법

정신분석에서 사용되는 기법은 무의식을 의식화시킬 수 있는 것들이다. 무의식에의 접근은 자아가 통찰과 새로운 것을 동기화할 수 있도록 해 준다.

① 자유연상(free association)

자유연상은 무의식에 있는 생각과 갈등을 의식수준으로 표출시키기 위해 사용되는 기법이다. 내담자로 하여금 마음 속에 떠오르는 것이면 무엇이든지 말하도록 하는 것이다.

이러한 과정을 통하여 내담자는 과거의 충격적인 상황에서 느꼈던 감정을 발산하게 되고 상담자는 정서적 문제에 대한 무의식적 동기나 원인이 되는 단서를 찾을 수 있게 된다.

② 정화(catharsis)

무의식 속 깊이 묻혀 있던 억압된 생각과 경험을 표현하게 되면, 억눌려 있던 감정이 발산되어 마음이 편안해지고 안정을 찾게 된다.

③ 꿈의 해석(dream analysis)

꿈이란 무의식에 이르는 지름길이다. 잠자는 동안 방어가 약해진 틈을 타 무의식에 억압된 욕구들이 왜곡되거나 상징화되어 위장된 모습으로 나타난다. 상담자는 꿈분석을 통하여 내담자의 억압되고, 잠재된 무의식적 욕구를 통찰할 수 있게 돕는다.

④ 통찰(insight)

심리적 문제를 가진 사람은 대체로 무의식 속에 어떠한 갈등과 고통스런 동기를 가지고 있다. 통찰은 무의식 속에 숨겨진 것들의 의미를 정확하게 파악하여 내담자에게 그 의미를 이해하도록 하는 것이다. 통찰이란 자신의 부적응 행동의 원인을 이해함과 동시에 문제해결을 위해서는 여러 가지 방법이 있음을 이해시키는 정신분석 상담의 핵심이 된다.

⑤ 전이(transference)

전이란 개인이 과거에 주요한 타인에게서 경험했던 감정, 갈등, 욕망 등을 현재 상황에서 반복하려는 경향에서 발전된다. 이 때 내담자는 상담 장면에서 과거에 자신과 관계를 맺었던 중요한 인물에게 느꼈던 감정을 상담자에게 옮겨서 느끼는 것이다.

상담자는 내담자가 전이 감정을 크게 느끼도록 상담을 이끌 필요가 있다. 상담자는 내담자가 느끼는 감정이 무엇이며, 그의 감정이 현재 상담자와의 관계에서 생긴 것이 아니라 과거 그에게 일어났던 어떤 것을 반복하여 재현시키고 있음을 인식시키고, 그 감정을 통찰하도록 돕는다.

(5) 공헌

이떤 체계보다도 많은 탐색과 논생을 일으켰으며, 치료의 발달이나 치료에 대한 생각을 자극했다. 성격의 구조나 기능에 대해서 자세하고 포괄적으로 기술했다. 행동결정인자로써 무의식과 생후 5년 동안의 외상경험을 강조한다. 무의식을 의식으로 끌어올리는 여러 기법들을 발달시켰으며, 전이와 역전이, 저항, 불안, 자아 방어기제 등에 초점을 둔다.

(6) 제한점

치료자는 오래 훈련을 받아야 하고, 내담자는 많은 시간과 경비를 들여야 한다. 이 모형은 사회적, 문화적, 대인 관계적 요인을 무시하고 본능적, 생물학적 요인을 강조한다. 자아의 힘이 부족하여 전이 신경증치료를 받을 수 없는 내담자도 많다. 대개의 상담상황에 활용되기는 어렵다

2) 인간중심적 상담이론

인간중심 상담이론은 1940년대에 로저스(Rogers)에 의해 주장되었으며, 현재도 계속 발전되고 있는 이론이다. 로저스는 처음에는 자신의 이론을 비지시적 상담이라고 불렀다가 곧 내담자중심 상담이라고 고쳐 불렀으나 후기에는 자신의 이론을 인간중심 상담이라고 부르게 되었다. 인간중심 상담이란 인간은 자신의 문제를 해결할 수 있는 내재적 능력을 갖고 있다는 로저스의 견해를 강조한 것이다.

(1) 기본철학

인간에 대해 긍정적인 관점을 가진다. 인간은 건설적, 긍정적, 수용적, 현실적인 존재이며, 인간은 실제 경험과 지각되는 경험 사이의 불일치로 혼란과 갈등을 겪게 된다. 건강한 사람은 자아개념과 경험의 불일치 없이 있는 그대로 인식하고 받아들인다. 또한 로저스는 프로이드처럼 과거에 매여 있지 않고

인간의 존재의 의미는 '여기와 지금(here and now)'에 있다고 본다.

로저스는 자아실현 경향을 성취하기 위하여 인간은 항상 노력하고 도전하고 어려움을 극복함으로써 진정한 한 개인이 되어 가며, 자아실현은 완전한 최종 단계라기보다는 능력있는 사람이 되는 하나의 과정으로서 인간은 항상 발전하고 성장할 수 있는 창조성이 있으며 그럴 수 있는 가능성이 잠재되어 있다고 보았다(이숙, 2005). 인간의 성장 잠재력의 실현은 진실되고 무비판적 이해와 수용을 경험하는 인간관계 속에서 발휘될 수 있다고 보았다.

(2) 치료목표

인간중심 이론은 인간에게 초점이 있지 인간의 문제에 초점이 있는 것이 아니다. 그러므로 치료목표는 단순히 문제를 해결하는 것에 있지 않고 그들이 현재 직면하고 있는 문제들과 앞으로의 문제들을 극복할 수 있도록 그들의 성장을 도와주는 것이다. 이러한 목표를 위해 상담자는 내담자가 자기 탐색을 할 수 있는 안전한 환경을 만들어 줌으로써, 그들이 이전에 부정하거나 왜곡했던 자기의 제 측면을 경험할 수 있도록 하고 자기개방, 자기신뢰, 발전의지, 자발성을 발전시킬 수 있게 한다.

(3) 치료기법

인간중심 이론은 기법을 별로 사용하지 않으며, 치료자의 태도를 중시한다. 기본적 방법에는 진실함, 수용, 적극적 경청, 감정반영, 거기에 존재해 주는 것 등이다.

① 일치(진실성)

상담자가 내담자와의 관계에서 '순간' 경험하는 자신의 감정이나 태도를 있는 그대로 솔직하게 인정하고, 경우에 따라서는 솔직하게 표현하는 태도를 말한다. 상담자가 진실한 태도를 일관되게 유지하면 내담자도 자신의 경험에 대한 진실한 접촉을 통해 내담자의 자아와 경험간의 불일치를 줄일 수 있게 된다.

② 무조건적 긍정적 존중

내담자를 아무런 전제나 조건을 달지 않고 한 인간으로서 있는 모습 그대로 수용하고 긍정적인 존재로 대하는 것이다. 이것은 "네가 ~하기 때문에"가 아니라 "언제나 너를"이라는 태도이다. 상담자나 교사도 인간이기 때문에 문제를 일으키는 학생들을 무조건적으로 수용하기는 힘들다. 이럴 때 그 학생의 행동 중 먼저 수용할 만한 것이 없는지를 살핀다. 예를 들어 지각을 한 학생의 경우 지각을 하는 것은 수용하기 힘들지만 죄송해하는 모습을 보인다면 그것부터 인정하고 받아들여 주면 학생들도 자신을 인정해 주고 존중해 준다는 것을 느끼게 되고 행동변화를 위해 노력하게 될 것이다.

③ 공감

공감적 이해란 상담자가 내담자의 감정에 빠져들지 않으면서 내담자의 감정을 자신의 감정인 것처럼 느끼는 것이다. 현재 내담자의 내면적 감정을 마치 상담자 자신의 감정인 것처럼 느낀다. 몸은 둘이지만 감정은 하나인 것과 같다. 비록 자신의 감정이지만 그 의미가 제대로 이해되지 않았던 내담자가 자신에 대한 진정한 경험과 접촉을 확대시켜 나가도록 해 준다. 공감적 이해를 잘하기 위해서는 적극적 경청을 하는 것이 중요하다. 잘 들어야만 내담자의 감정을 정확히 짚어 낼 수 있다.

(4) 공헌

내담자가 적극적 입장을 취하고, 치료의 방향에 대해 책임을 가지도록 하는 점이 독특한 공헌이다. 기본개념이 단순하여 이해하거나 적용하기가 쉽다. 모든 치료에 적용되는 신뢰로운 관계형성의 기초가 된다.

인간중심 상담의 기본가정인 아동의 성장 잠재력, 자기 치유능력에 대한 신념은 아동상담자에게 힘을 실어 주는 치료철학이 될 수 있다.

정신분석적 아동상담처럼 인간중심 아동상담 또한 상담과정에 부모를 참여시킨다. 상담자는 부모도 아동에게 했던 것처럼 수용해 준다. 아동의 문제가 부모-자녀관계의 맥락에서 일어나기 때문에 부모들에게도 아동과 같은 도움이 필요하다고 본다.

아동의 문제는 대부분 부모와 관련되어 있다고 보여지기 때문에 부모 참여는 상담에 많은 도움을 준다. 그러나 부모 참여의 정도는 아동의 연령, 아동의 문제에 따라 다양해질 수 있다.

(5) 제한점

치료자가 반영만 하고 수동적으로 될 위험이 있다. 지시나 기법이 없다는 불만을 느끼는 내담자들이 많다. 위기상황에 있는 내담자에게는 더 지시적인 방법이 필요할 수도 있다. 어떤 문화집단에서는 치료자도 활동적이기를 바란다.

인간중심 상담은 나이가 어린 아동에게는 너무 추상적이라는 비판을 받아왔다. 또한 행동이 거칠거나 언어 표현력이 풍부하지 않은 아동에게는 적합하지 않으며 아동에게 빠른 행동상의 변화를 계획할 수 없다는 것도 또 하나의 제한점으로 지적되고 있다.

3) 행동주의적 상담이론

행동주의 상담은 심리학의 학습이론에 근거를 두고 있다. 행동수정, 행동치료는 행동에 중점을 두는 상담자에 의해 활용되는 개입을 지칭하며 종종 혼용되어 사용된다. 하지만 엄밀히 말하면 행동수정은 조작적 조건화 과정을 말하며 행동치료는 전형적으로 고전적 조건화 과정을 말한다. 그러나 일반적으로 행동주의 아동상담이란 일상의 발달적 문제에 대처하는 아동의 능력을 향상시키기 위해 바람직한 행동은 계속 유지 · 증진시키고, 바람직하지 않은 행동은 감소시켜 감으로써 아동의 행동을 변화시키고자 하는 행동주의 개념과 기법을 상담에 조직적으로 적용하는 것을 말한다.

(1) 기본철학

행동주의 상담자들은 인간을 선하지도 악하지도 않은 단지 환경의 산물로 본다. 인간은 단지 환경에 반응하는 개체로서 자신의 행동을 이끄는 자기 주도적 정신력을 가지고 있지 못하다. 따라서 자신을 변화시키고 통제하는 데 스스로 중심이 될 수 없다. 인간이 어떤 환경에서 어떤 학습을 받았는가에 따라 새로운 행동이 생겨난다.

(2) 치료목표

일반적으로 부적응 행동을 없애고, 효과적인 행동을 가르치고, 행동에 영향을 미치는 요인에 초점을 두며, 문제행동을 없앨 수 있는 방법을 찾는 것이다. 치료목표의 설정이나 목표도달 평가에 내담자가 능동적 역할을 한다.

목표는 세 가지 중요한 기능을 한다. 명확히 정의된 목표는 첫째, 구체적인 내담자의 관심영역을 반영하고 상담의 방향을 제시한다.

둘째, 구체적 상담전략과 중재를 선택하고 사용할 수 있게 해 준다.

셋째, 결과평가의 준거가 된다.

(3) 치료기법

중요기법으로는 체계적 둔감화, 이완법, 강화기법, 모방, 인지 재구성, 자기 표현훈련이나 사회적 기술훈련, 행동시연 등이 있다. 치료계획을 세우기 위해 초기에 진단이나 평가를 하고, 필요에 따라 계약이나 숙제를 제시하기도 한다.

① 체계적 둔감법

바람직하지 못한 행동과 마찬가지로 바람직하지 못한 정서반응도 변화시킬 수 있다. 체계적 둔감법은 월페(Wolpe)에 의해 개발된 방법으로 근육이완을 시킨 후에는 이완상태에서 작성된 불안위계에 따라 불안을 가장 적게 유발하는 자극에서부터 차례대로 제시한다. 불안을 유발하는 자극은 실물이나 실제적인 상황으로 이루어질 수 있으나 보통 상상에 의한 자극을 약 20초 동안 연상시킨 후 불안을 느끼지 않게 되면 그 다음 순위의 불안장면을 연상하여 불안에 대해 점차적으로 둔감하게 하는 것이다. 이 기법에는 근육이완법을 함께 사용한다.

(i) 이완훈련: 근육이 이완된 상태에서는 불안이 일어나지 않는다는 원리에 따라 주로 공포나 불안을 제거하기 위하여 사용되어진다. 근육이완 훈련은 손과 팔의 근육의 긴장을 이완시키는 것에서 시작하여, 머리, 어깨와 목, 가슴과 몸통, 다리의 순서로 진행된다.

(ii) 불안위계표 작성: 공포나 불안을 일으키는 장면들에 대해 주관적인 불안 검사를 실시한 다음, 가장 불안한 상태를 0으로 하고 점차 이완된 상태로 점수를 주어 순서대로 표를 만든다. 위계순서는 내담자에 따라 달라질 수 있다.

시험불안에 대한 위계화 목록

a. 시험 날짜와 시간이 발표되는 날
b. 시험 치기 사흘 전
c. 시험 치기 하루 전
d. 시험 치기 전날 밤
e. 시험지를 나누어 줄 때
f. 시험지를 받아 문제를 풀 때
g. 시험 치는 날 학교에 도착했을 때

② 자기표현 훈련

주로 대인관계의 문제를 해결하는 방법이다. 대인관계에서 자신의 생각이나 불쾌감, 분노와 같은 부정적 감정뿐 아니라 원만한 대인관계를 위해 필요한 애정, 호감의 긍정적 감정도 표현하지 못하고 억제하는 사람들에게 효과적이다. 지나친 자기억제는 긴장과 불안을 가져온다. 자기표현 훈련은 과도한 자기억제로 인한 불안을 감소시키기 위해 자기가 말하고 싶은 것을 말하도록 훈련시키는 과정이다.

③ 탈조건화

탈조건화는 약한 혐오자극을 강하고 좋은 자극과 짝지어 혐오자극에 의해서 일어난 불안을 극복하는 과정이다. 우리가 알고 있는 알버트의 공포증 치료는 탈조건화의 대표적인 예이다. 예를 들어 애완견을 싫어하는 아동에게 애완견과 좋아하는 아이스크림을 함께 주는 방법이다. 만약, 아이스크림으로 충분히 보상이 되면 애완견으로 인해 일어나는 불안이 줄어들게 된다.

④ 혐오치료

인간의 행동 중에는 장기적으로는 좋지 않은 결과를 가져오더라도 즉각적으로는 너무 큰 만족감 때문에 쉽게 제거되지 않는 특징이 있다.

알코올 중독, 지나친 흡연, 과식 등이 이러한 행동의 예이다. 따라서 이러한 행동을 변화시키기 위해서는 그 행동의 결과로 유발되었던 즉각적인 만족을 고통스런 혹은 혐오스런 성질의 것으로 바꾸는 것이다. 부정적인 속성과 반복적으로 연결시킨 행동은 점차 부정적인 속성을 띠게 되어 점차 멀리하게 된다. 예를 들어 금연 교실에서 폐암에 걸린 환자의 폐를 슬라이드로 보여주어 담배와 혐오스러운 폐를 연합시키는 것이다.

⑤ 행동수정

(i) 정석강화: 바람직한 목표행동을 했을 때 긍정적인 사건을 출현시켜 목표행동의 빈도를 증가시키는 것으로 행동주의 상담에서 가장 빈번히 사용되는 방법이다. 유치원에서 친구들과 놀지 않고 교사에게만 관심을 끌려고 하는 아동을 한 예로 들어 보자. 교사가 아이에게 보인 관심이 교사에게만 관심을 끌려는 아동의 행동을 강화시킬 수 있다. 이 아동의 경우 혼자 놀거나 교사에게 관심을 끌려는 행동을 할 때는 어떠한 관심도 주지 않고, 그 아동이 어떠한 형태로든 친구에게 다가가는 사회적 행동을 보일 때만 관심을 보여준다면 점차 친구에게 다가가는 행동이 증가할 것이다. 또래에게 다가가는 행동에 대해 교사가 관심을 보이는 것이 바로 정적강화이다.

(ii) 부적강화: 정적강화가 바람직한 행동을 했을 때 긍정적 사건을 출현시키는 것에 반해 부적강화란 목표했던 바람직한 행동을 했을 때 아동이 싫어하는 자극을 제거해 주는 것이다. 부적강화는 지속적인 정적강화로 긍정적 보상물이 효과가 없을 때 활용할 수 있는 방법이다. 예를 들어 학교 등교 전에 방을 깨끗이 정리하면 아동이 싫어하는 수학학습지의 분량을 줄여주는 것을 말한다.

(iii) 토큰경제: 바람직한 행동에 대해 인정하고 칭찬해 주기 혹은 물건으로 보상해 주는 긍정적인 강화의 방법이 효과가 없을 때 활용할 수 있다.

우리가 흔히 쓰는 스티커, 상표 등이 토큰의 일종으로 토큰경제(token economy)는 토큰을 강화물로 사용하는 체계적인 강화 프로그램이다. 바람직한 행동에 대해 우선 토큰으로 강화를 받으며, 후에 토큰들은 희망하는 음식, 놀잇감, 활동과 같은 후속 강화물로 교환된다.

토큰경제가 아동의 지속적인 문제행동을 변화시키는 데 바람직한 방법일 수 있는 것은 다음과 같은 이유 때문이다. 아동의 욕구는 즉각적으로 충족되어야 하는 속성을 가지고 있어 목표로 하는 바람직한 행동결과에 대해 즉각적인 보상이 없을 때는 이 행동 결과가 지속될 수 없다. 그렇다고 매번 바람직한 행동의 결과에 대해 긍정적인 보상이 계속된다면 긍정적인 보상의 효과가 감소될 수 있다. 이 때 토큰의 활용은 목표행동의 결과에 대해 즉각적으로 보상할 수 있는 방법이다. 또한 아동에게는 욕구를 즉각적으로 충족시키려 하는 것에서 점차 욕구와 만족을 지연시켜 충족시켜야 하는 성숙한 행동으로의 변화가 필요하다.

(iv) 벌: 바람직하지 않은 행동 후에 혐오적인 사건을 출현시키거나 긍정적인 사건을 제거함으로써 바람직하지 않은 행동의 빈도를 감소시키는 것이 벌이다. 혐오적인 사건의 출현은 체벌로 신체적 고통을 주는 것이며, 우리가 흔히 사용하는 타임아웃은 긍정적인 사건 제거의 대표적 방법이다.

(4) 공헌

평가기법을 강조하므로 치료 효과를 설명할 수 있다. 구체적 문제를 규명하고, 목표에 대한 진전을 계속 내담자에게 알려 준다. 행동주의 상담은 어떤 면에서는 분명하고도 체계적인 상담과정을 제공하기 때문에 기법에 대한 경험이 별로 없는 사람들도 상담자에 의해 설계된 치료프로그램을 실행할 수 있다는 장점이 있다. 이러한 측면에서 아동상담 과정 중에 부모를 행동주의 상담자로 훈련시켜 부모를 통한 행동수정이 부모교육의 활동으로 이루어지는 경우가 있으며 효과도 긍정적이라는 평가를 받고 있다. 치료자는 분명히 강화자, 모델, 교사, 조언자의 역할을 한다.

(5) 제한점

첫째, 지나치게 행동을 단순화시켜 이해하려는 경향이 있어 깊은 내면의 문제를 가진 내담자를 다루기에는 부족하다. 둘째, 행동주의 상담과정에서 사용되는 강화물에 관한 비판이다. 일부에서는 아동들이 어떤 형태로든 외적인 유인물에 대한 욕구 없이 내적으로 보상되어야 한다는 측면에서 강화 프로그램을 반대한다. 마지막으로 행동주의 상담은 아동과 상담자 관계가 중시되지 않는 점에서 기계적이고 비인간적이라는 비난을 받고 있다.

5. 부적응행동과 지도

1) 부적응의 의미

부적응행동이란 일반적인 규범에서 벗어난 부적절한 행동이다. 그러나 부적절의 기준은 문화나 사회규범에 따라 매우 다르므로 일반적으로 통계학적인 의미로 그 집단의 대다수의 사람과 비슷하거나 또는 그 집단의 대표적 개인이 가지고 있는 특성을 말한다.

2) 청소년 문제행동 지도

(1) 학교스트레스

① 학교스트레스

현대를 살아가는 학생들은 학교생활에서 각종 스트레스에 의하여 어려운 문제에 부딪치게 되기도 하고 오히려 스트레스로 인해 좀 더 나은 발전을 하기도 한다. 같은 스트레스도 개인에 따라 다르게 영향을 끼쳐 이로울 수도 해로울 수도 있기 때문에 건전한 학교생활을 위해선 스트레스에 잘 적응할 수 있어야 할 것이다.

학교스트레스 요인들을 분석한 결과를 보면 학교에서 경험하게 되는 스트레스 요인은 성취 관련 요인, 공부문제, 학문적 자아개념 등 공부와 관련된 요인들과, 교사관계 · 친구관계 등의 대인관계 관련 요인들로 나누어 볼 수 있다(임규혁, 1996). 이와 같은 스트레스 요인들은 학생들에게 직접적인 영향을 미치고 있으며 더욱이 신체적 · 정서적으로 성숙과정에 있는 아동기와 청소년기에는 성인들의 입장에서 사소하게 느껴지는 일들이 스트레스로 느껴질 수 있다는 사실에 대하여 교사의 이해가 요구된다.

학교 구조 속에서 가장 많은 심리적 갈등을 야기시키는 것은 학업성취문제이다. 학업성취에 대한 문제는 결국 시험의 문제로 집약되며 학교스트레스가 시험스트레스로 환원되는 이유가 바로 여기에 있다.

② 학교스트레스 축적과정

일상생활에서 학생들을 가장 어렵게 하는 압력요인들은 학교생활 적응과 진로 결정 그리고 이것을 기초로 한 정서확립이라는 세 가지 영역이다(한준상, 1995). 그 중에서도 학교분위기, 학업성취에 대한 압력, 친구들과의 관계, 교사와의 관계 등의 학교생활 적응의 문제가 학생들에게는 매우 큰 스트레스 요인으로 작용하고 있다. 그런 자극을 받은 개인은 장기간 동안 심리적으로나 생리적으로 그들의 삶에 도움이 되지 않는 부적절한 피로감을 경험하게 된다. 그 결과 그들의 정신건강은 여러 가지 부정적인 상태, 말하자면 학교생활에서의 부적응, 진로결정 포기, 그리고 그에 더한 자기정체감 상실의 상태에 빠지게 된다.

③ 학교스트레스 대처

학교생활을 하면서 학생들이 스트레스를 경험하지 않을 수는 없다. 다만 학생들이 스트레스에 원만히 적응하도록 돕는 일이 중요하다. 학생들이 다양한 스트레스에 효과적으로 대처하기 위한 방법은 다음과 같다(임창재, 2005; 임규혁, 1996; 한준상, 1995).

첫째, 학생 자신의 마음가짐이다. 예를 들어 시험 때마다 스트레스를 경험하는 학생들은 시험이 자신의 학업성취를 진단해 보는 도구적 기능에 불과하다는 식의 사고로 시험에 대한 긍정적인 대도를 지녀야 한다. 또한 학교 안에서 발생되는 모든 스트레스는 해결이 가능하다고 생각하는 것이다. 즉 교사와의 관계라든가 학우들 간의 경쟁의식 등은 타인을 이해하는 긍정적인 자세를 가짐으로써 극복될 수 있다고 생각해야 한다.

둘째, 학교스트레스가 성장을 위한 도전이라고 생각하는 것이다. 스트레스는 위협적이고 부정적인 면이 있으나 이러한 스트레스를 극복함으로써 자기성장의 기회가 된다는 사실을 이해하는 것이 중요하다. 예를 들어 시험을 치르는 어려움은 성취감을 느끼게 하는 도전의 과정으로 생각할 수 있다.

셋째, 학생 자신이 자신의 스트레스 대상, 원인, 정도를 파악할 필요가 있다. 예를 들어 시험에 대한 불안감이 어느 정도이고, 왜 불안을 느끼고 있는지를 명확하게 판단할 수 있다면, 시험에 대한 스트레스는 학습수준을 높여줄 수도 있다. 이를 위해 친구들끼리 서로의 시험 스트레스를 얘기함으로써 그것이 자신만의 스트레스가 아니라는 점을 인식하는 과정도 효과적인 대처방안이 될 수 있다.

넷째, 개인이 스트레스 상황에 대처하기 위하여 활용하는 자원을 고려해야 한다. 즉 도움을 줄 수 있는 지원자나 학교를 포함한 사회기관 등을 통하여 사회적 지지를 얻을 수 있다. 예를 들어 학생이 시험 때문에 불안하고 초조하게 느낄 때, 부모나 친구들의 공감이나 관심은 소속감과 안정감을 유지할 수 있게 해 준다.

이상에서 살펴본 학교스트레스 방안들을 적절히 활용할 수 있도록 교사들이 학생들을 상담하고 도와준다면 학생들이 건강하게 학교생활을 할 수 있게 될 것이다.

(2) 학업부진

학교교육에서의 결과는 학업성적으로 나타나게 된다. 학업에 있어서 실패의 경험은 학습결손을 누적시키게 되고 열등감, 좌절감, 불안감을 가지게 한다. 학습에 있어서 계속적인 노력과 열의를 보이더라도 성적이 향상되지 않아 좌절하고 자살하는 경우도 있다. 이와 같은 문제가 확대되기 전에 원인을 찾아서 치료하고 학교생활에 즐겁게 참여할 수 있는 기회를 가지도록 세심한 배려가 필요하다.

① 학업부진의 의미

학습부진은 학업성적이 보통수준보다 낮아 학급에서 지도상 곤란한 학습자를 말한다. 그리고 자신의 지적 능력에 비하여 학력이 뒤떨어지거나 혹은 학업성적이 부진한 경우다.

② 학업부진의 요인

학업부진의 요인을 간략히 요약해 보면 다음과 같다(김계현, 1997; 송인섭 외, 2000).

(i) 선수학습의 결핍: 학교교육과정은 대부분 난이도에 따라 구성되어 있다. 그러므로 한 시점에서 중요한 내용을 제대로 학습하지 못하면 그 이후의 내용을 학습할 수 없는 문제가 발생한다. 한번 생긴 학습의 결핍은 현재의 학업부진을 야기하고, 현재의 학업부진은 다시 미래의 학습결핍으로 작용한다. 이런 현상이 반복될 때 누적된 학습결손을 야기하게 된다.

(ii) 학습동기의 결여: 학습동기는 공부할 과제에 대한 흥미, 의욕, 관심 등을 포괄하는 일반적인 개념으로, 이와 같은 정의적인 학습시발 행동이 결여될 때 학습 자체에 관심을 가지지 못하고 소홀히 하므로 학업부진이 야기된다.

(iii) 가정환경의 문제: 지적발달과 관련된 가정요인으로는 유아기의 감각적 경험, 영양상태, 양육방법 및 애정, 인지적 학습에 대한 부모의 관심, 그리고 가정의 안정적인 분위기 등이 있다. 가정환경이 학업에 부정적으로 작용할 때 학업부진이 나타날 수 있다.

(iv) 학습습관의 문제: 공부방법은 시간관리방법, 주의집중, 독서방법, 예습·복습방법, 노트필기 방법 등과 관련이 있다. 학습습관이 잘못되어서 학습부진이 생길 수도 있다.

(v) 정신건강 문제: 몇 가지 정신건강 문제는 학업부진과 관련이 깊다. 시험불안도 문제가 되지만 우울증이나 정신분열증 등 정신증적 문제는 학과학습에 지장을 주곤 한다. 만일 학업부진이 발달장애에 의한 것이라면 전문가의 도움이 꼭 필요하다.

③ 학업부진 학습자의 특성

- 주의력이 부족하고 지속시간이 짧다.
- 학습에 대한 흥미와 태도가 낮다.
- 주의집중력이 약하고 주의산만하다.
- 추상적 개념과 어휘력이 부족하다.
- 중요하지 않은 정보를 회상하는 데는 정상아들과 별 차이가 없으나 중요한 정보를 회상하는 데는 정상아보다 뒤떨어진다.
- 자극에 대한 반응과 상황판단이 느리다.
- 사회성이 부족하고 자아개념도 낮다.
- 만성우울증적 경향과 적대적 반항장애 경향을 보인다.

④ 학업부진 학습자의 지도방법(임창재, 2005; 공석영, 1998).

- 학습부진 학습자에 대한 정확한 진단이 필요하다.
- 학습에 부적응된 학습자는 정도에 맞는 기초과정부터 보완해 주어야 한다.
- 학습지도방법을 개선하거나 학습자의 학습양식에 맞는 교수양식을 일치하도록 학습전략을 활용한다.
- 개인차를 고려하여 지도하여야 한다.
- 학습시간에 긴장감을 주지 않기 위해 학습활동을 단순하게 하고 적은 단위로 학습내용을 구체화하여 제시한다.
- 학습을 연습이나 실험 등의 실행을 통해 하도록 한다.
- 동기를 유발하여 자신감을 가지고 의욕적으로 학습할 수 있도록 조정한다.
- 학습 성과를 인정해 주고 격려하여 발표할 기회를 준다.

제9장

교육평가

1. 교육평가의 의의
2. 교육평가의 유형
3. 교육평가의 방법
4. 교육평가 도구의 조건

1. 교육평가의 의의

1) 교육평가의 개념

교육평가(educational evaluation)란 교수-학습 과정이 진행되는 동안과 마지막 단계에서 교육목표의 달성 정도와 교육과정의 효율성을 평가하는 것이다. 즉, 교육목표를 달성하기 위해 정보를 수집하여 교육적 가치를 판단하는 것이다.

교육평가가 제대로 이루어지기 위해서는 5단계의 절차를 거친다. 교육평가의 절차는 다음과 같다(이옥형 외, 2010; 임창재, 2005).

첫째, 평가목표를 설정해야 한다. 평가의 목표는 곧 수업목표이기도 하다. 평가목표를 설정하는 것은 평가내용, 또는 검사내용을 정하는 일이다. 즉, 무엇을 재느냐를 결정하는 일이다.

둘째, 평가방법의 계획을 정해야 한다. 평가방법이란, 평가목표에서 분류된 행동을 어느 정도 잘 아느냐, 즉 수업목표의 달성도를 어떻게 재느냐를 의미한다. 교육평가에서 이용될 수 있는 검사방법은 매우 다양하다.

셋째, 평가도구의 제작 및 선정을 해야 한다. 평가도구를 제작하는 것은 교사가 평가방법에 맞는 검사 문제를 만드는 것이다. 선정한다는 것은, 이미 만들어져 있는 표준화 검사 중에서 선택한다는 것이다. 모든 평가도구는 객관도, 신뢰도, 타당도, 신용도가 높게 제작되어야 한다.

넷째, 평가의 실시 및 결과처리를 해야 한다. 평가를 실시하기 전에 출제 문항을 검토하고 문항의 곤란도에 따라 배열, 편집하여 검사지를 인쇄한다.

평가자는 검사의 실시 요령에 익숙해야 하며 시험 중에 부정행위가 발생하지 않도록 공정하며 정확한 감독을 해야 한다. 검사나 행동의 증거가 수집되면 예정된 방법에 의해 통계 · 처리해야 한다.

다섯째, 평가결과의 해석 및 활용을 해야 한다. 결과의 해석은 우선적으로 교육목표, 즉 평가목표의 달성을 알아보는 것이다. 다음으로 평균치와 표준편차를 비교함으로써 점수의 분포도를 알아볼 수 있고, 다른 집단과의 평균 점수의 비교에서 학급성적의 수준을 검토할 수 있다.

교육평가는 두 가지 차원으로 해석되어 왔다(송인섭, 2000; 임창재, 2005). 첫째로는 교육평가란 점수를 매기고 판정하며 학생을 성공과 실패집단으로 유목화하여 서열화하는 것으로 보는 입장이 있다. 그 결과 성공한 집단의 학생들은 능력 있는 학생으로 생각되지만 실패한 집단의 학생들은 계속 실패할 가능성이 크고 쓸모없는 인간으로 취급받을 수 있다. 교육평가의 두 번째 입장은 교육평가를 교수-학습을 개선하고 학생의 학습에 도움을 주는 것으로 보는 시각이다.

이것은 교사의 입장에서 필요한 것으로 평가결과에 따라 학습자들의 학습이해의 정도, 학습속도, 학습의 곤란점과 수업방식의 장단점, 수업내용의 오류 등을 파악할 수 있다. 이를 토대로 교사는 학생들에게 알맞은 피드백을 할 수 있다. 이러한 입장은 좀 더 적극적인 평가활동으로 교육개선에 직결되는 평가관이라 할 수 있다.

성취수준에 대한 판단은 시험과 같은 객관적 도구를 사용해 측정을 하게 되는데, 교육평가에서 시험과 유사하게 사용되는 용어들이 있다. 시험, 고사, 검사, 측정, 평가 등의 용어는 교육현장에서 자주 쓰인다. 시험이라는 용어는 교육평가라는 학문이 생기기 이전부터 가장 먼저 쓰인 말이다. 고사라는 용어는 학교에서 흔히 쓰이는 말로 주로 지필고사에 한정된 시험을 일컫는다. 검사라는 용어는 앞의 두 용어에 비해 훨씬 뒤에 쓰인 용어로 측정운동이 왕성했던 20세기 초반의 산물이다. 측정이라는 용어는 손다이크를 비롯한 교육측정가들에 의해서 학술용어로 채택되면서 객관적이고 공정하고 정확한 평가방법의 필요성을 강조하였다. 측정이란 인간의 행동특성이나 사물의 현상을 관철하거나 검사하며 수량화하는 것이다. 평가라는 용어는 1934년 타일러(Tyler)에서부터 시작된다. 그는 가치 있는 교육목표를 지향하기 위해서는 측정하는데 그쳐서는 안 되며 측정결과를 가지고 평가를 해야 한다고 강조하였다. 이처럼 평가란 측정된 행동특성이 얼마나 바람직한 수준인가를 판단하는 종합적인 과정을 말한다.

2) 교육평가의 기능

학교교육에서 교육평가는 여러 방면에서 다양한 역할을 하고 있다. 교육평가의 기능은 다음과 같다(김희수, 2010; 박도순 외, 2007; 임창재, 2005).

- 진단과 이해의 기능이다. 교육계획의 수립은 학습자의 현재 상태를 정확하게 파악한 후에 세워야 한다. 교사는 평가결과에 의해 학습자를 진단하고 학습자 자신에게도 스스로를 이해할 수 있도록 해야 한다. 평가는 측정결과에 대한 판정보다는 원인분석과 학습지도를 위해 활용할 때 더 의미가 있다.
- 동기유발의 기능이다. 학교에서 시험을 보게 되면 자기주도적 학습을 하는 학생들은 내재적 동기가 유발되고 학습에 대한 의욕이 낮은 학생들은 외재적 동기가 생긴다. 이러한 기능을 통해 대다수의 학생들은 학습시간이 증가하고 집중력이 향상되어 학습능력이 증진되도록 한다.
- 수업개선의 기능이다. 교육평가는 학생들만을 평가하기 위한 제도가 아니다. 학생들을 평가하여 얻어진 자료는 교사의 수업지도 방식이나 학습지도 능력을 점검할 수 있는 기회가 된다. 이러한 자료를 교사의 학습지도 방법이나 교육과정에 반영하여 수업의 질을 높일 수 있다. 학생들의 평가

결과는 학생들의 잘잘못만 있는 것이 아니라 교사의 책임도 크다고 볼 수 있다.

- 생활지도의 기능이다. 진정한 교육평가는 학생의 학습능력을 평가하는데 그쳐서는 안 되며 학생의 적성, 흥미, 성격, 지능, 건강, 가치관 등의 개인적 정보까지 정확하게 수집하고 진단하는 것을 말한다. 학생을 정확하고 폭넓게 이해하고 있어야 전인적 인간으로 발달할 수 있는 생활지도를 할 수 있을 것이다.
- 교육정책 수립을 위한 연구기능이다. 교육평가를 통하여 전체 교육현장을 대상으로 교육의 여러 가지 문제들을 진단하여 교육정책을 수립할 수 있다. 제 학년에 적합한 학습수준에 미달되는 학생들을 파악하거나 특정 영역의 학습에 곤란을 느끼는 학생들이 많을 경우에 대한 대책을 정책화 할 수 있을 것이다.

2. 교육평가의 유형

교육평가의 유형은 어떤 기준을 가지고 분류하느냐에 따라 2가지 유형으로 나뉜다. 한 가지 유형은 평가결과를 해석할 때 그 기준을 어디에 두느냐에 따라 규준지향평가와 준거지향평가로 구분한다. 다른 한 가지 유형은 수업이 진행되는 과정을 기준으로 진단평가, 형성평가, 총합평가로 구분한다. 교육평가의 두 가지 유형은 다음과 같다(권대훈, 2010; 임규혁 외, 2007; 이해경 외, 2004; 문은식 외, 2011).

1) 규준지향평가와 준거지향평가

(1) 규준지향평가

규준지향평가는 평가한 결과를 해석할 때 그 기준을 집단의 규준에 두는 것이다. 규준지향평가는 다른 학생에 비해 얼마나 잘 했는지 혹은 못했는지에 의해 평가된다. 이런 방식 때문에 규준지향평가는 흔히 상대평가로 부른다. 이러한 규준지향평가의 장점은 다음과 같다.

- 개인차 변별에 적합하다. 평가결과에 따라 집단규준에 비추어 상대적으로 서열화하기 때문에 전체 인원과 쉽게 비교할 수 있다.
- 학습동기를 유발하는데 적합하다. 다른 학생들과 비교와 경쟁을 하면서 자율적 학습태도를 가진 학생들은 내재적 동기를, 타율적 학습태도를 가진 학생들은 외재적인 동기가 유발될 수 있다.
- 객관적인 평가가 가능하다. 집단 내에서 상대적으로 수행수준을 평가하므로 자신의 상대적 위치를 정확하게 파악할 수 있다.

규준지향평가의 단점은 다음과 같다.

- 진정한 학습이 이루어지기 힘들고 개인적 평가가 어렵다. 상대적인 평가를 하므로 능력이 낮은 학생은 최선을 다해 열심히 노력했다 하더라도 열등감을 느낄 수밖에 없고 높은 능력의 학생은 조금만 노력해도 최고의 성적을 받게 된다. 노력의 내용과 상태를 평가할 수 없게 된다.
- 지나친 경쟁의식으로 정신적 스트레스가 가중될 수 있다. 상대평가 방식의 교육환경에서는 학습결과만으로 학생을 서열화하기 때문에 정서적인 문제가 심각해지고 압박감에 시달리게 된다.
- 학생의 학습향상이나 학력저하에 따른 교수-학습 개선에 정보 제공이

어렵다. 규준집단 속에서 서열화함으로 개인의 진보의 정도나 곤란점 등을 알려주기 어렵고 교사의 입장에서도 어떤 피드백이 필요한지의 정보를 찾기가 쉽지 않다.

(2) 준거지향평가

준거지향평가는 학습자의 현재의 성취수준이나 학습목표 도달 정도를 알아보기 위한 평가방법이다. 준거지향평가는 '무엇을 얼마만큼 성취했느냐?'에 관심이 있다. 평가결과를 다른 학습자와 상대적으로 비교하는 것이 아니라 교육목표의 절대적 기준에 의해 학습정도를 평가하는 것이다. 따라서 학습자가 학습목표와 관련된 행동을 어느 정도 했는지에 관한 정보를 제공한다. 이런 방식 때문에 절대평가 또는 목표지향평가라고도 한다.

준거지향평가의 장점은 다음과 같다.

- 진정한 의미의 성취도 측정이 가능하다. 학생이 현재 학습하고 있는 내용의 습득 정도를 나타내기 때문에 실력 향상에 도움이 된다.
- 학습자 스스로 내적 동기를 유발할 수 있다. 집단 구성원과의 비교보다는 자신과의 절대적 비교를 하게 되므로 학습의 필요성을 느껴 열심히 노력하게 된다.
- 학습자의 성취수준을 교수-학습이론에 적용할 수 있다. 학생들의 성취도를 평가하면서 학습 정도에 맞게 개인적으로 피드백을 하여 보충학습을 할 수 있게 해 준다.

준거지향평가의 단점은 다음과 같다.

- 비교대상이 없기 때문에 개인차 변별이 어렵다. 규준집단 내에서의 비교대상을 설정하지 않기 때문에 상대적 위치를 알아 낼 수 없다.

• 평가의 과정이나 결과에 신뢰도가 낮아질 수 있다. 학습자와 교과목에 따라 각각 학습목표를 다르게 설정해야 하므로 성취도 결과를 판단하기가 쉽지 않다.
• 내적 동기유발이 힘든 다수의 학생들에게 외적 동기유발을 하기가 어렵다. 소수의 자율적인 학습습관이 들여진 학생들은 자신의 학습 향상을 위해 노력할 수 있지만 대다수의 학생들은 경쟁상대가 없어 학습의욕이 낮아질 수 있다.

2) 진단평가, 형성평가, 총합평가

(1) 진단평가

진단평가(diagnostic evaluatoin)는 수업이 시작되기 전에 학습자의 특성과 선수학습의 정도를 파악하기 위하여 실시하는 평가이다. 진단평가는 학습자의 기본적인 학습능력, 학습동기, 선수학습 정도를 확인하는 예진적 기능이 있어 출발점 행동을 진단할 수 있다. 이때 학습자의 신체적, 정서적, 경제적, 문화적 문제에 따른 학습장애 원인을 파악하여 정확한 진단평가 결과를 토대로 학습목표를 설정한다면 적절한 교수전략이나 교수방법을 마련할 수 있을 것이다. 이러한 진단이 교사에게는 효율적인 교수를 할 수 있게 되고 학생에게는 학습의 능률을 향상할 수 있는 계기가 된다.

(2) 형성평가

형성평가(formative evaluatoin)는 수업이 진행되는 과정 중에 학습목표에 맞게 수업이 진행되고 있는지를 확인하기 위하여 실시하는 평가이다. 학습자 수업을 얼마나 제대로 이해하고 있는지를 수시로 점검하고 학습진행 속도를 조절하면서 학생들의 수업이해력, 교과목에 대한 태도, 학습방법 등을 확인하면서 교육과정을 개선할 수 있다. 또한, 학습자에게 피드백을 하여 자기평가를 할 수 있게 한다.

형성평가의 기능은 다음과 같다.

- 수업진행 속도를 조절한다.
- 학습자들의 학습 곤란점을 진단하고 교정할 수 있다.
- 학습자들에게 필요한 강화를 해 줄 수 있다.
- 학습지도 방법을 개선할 수 있다.

(3) 총괄평가

총괄평가(summative evaluation)는 일정기간의 수업이 끝났을 때 학습목표의 달성 정도를 알아보기 위해 하는 평가이다. 총괄평가의 기능은 첫째, 학기 말, 학년 말에 종합하여 평가하므로 학습자의 성적을 결정하게 된다. 둘째, 총괄평가의 결과의 결과에 따라 지식이나 기능 태도 등에 자격이 있는지를 결정한다. 셋째, 총괄평가의 결과는 학습과정에서 향후 성취도를 예언한다. 이는 현재의 학업성취도는 미래의 성적과 높은 상관을 보이기 때문이다. 넷째, 총괄평가는 집단 간의 성취 정도를 비교할 수 있는 정보를 제공한다. 이로 인해 학급별, 학년별, 학교별, 지역별 성취도를 비교하여 교수-학습 계획의 수립이나 교육 정책에 반영할 수 있다.

총괄평가의 기능은 다음과 같다.

- 학습자의 성적을 결정한다.
- 학습자들의 미래 성적을 예측할 수 있다.
- 집단 간에 성적을 비교할 수 있는 정보를 제공한다.
- 학습자의 자격을 인정하는 판단 근거가 된다.

3. 교육평가의 방법

교육장면에서 활용되고 있는 평가방법은 다양하다. 각 평가방법은 각기 다른 용도와 장단점을 갖고 있기 때문에 평가하려는 특성이나 평가목적에 비추어 가장 적합한 방법을 선택해야 한다. 현재 주로 사용되고 있는 평가방법의 종류와 특성은 다음과 같다(성태제, 1996; 권대훈, 2010; 임규혁, 2004).

1) 지필검사

지필검사(paper & pencil test)는 학교에서 성취도를 평가하기 위해 가장 일반적으로 사용되고 있는 방법이다. 이를 필답고사 또는 필기시험이라고도 한다. 지필검사는 일반적으로 응답자의 반응형식을 기준으로 선택형과 서답형으로 분류한다.

(1) 선택형 문항

선택형 문항(selection-type item)은 지시문과 함께 여러 개의 선택지를 제시하고 조건에 맞는 선택지를 고르도록 하는 형식이다.

선택형 문항은 객관적이고 신속한 채점이 가능하고, 문항을 골고루 출제할 수 있다는 장점이 있다. 그러나 단편적인 사실에 대한 기계적인 기억을 측정하는 문항이 출제될 소지가 높다는 단점이 있다. 선택형 문항에는 진위형, 선다형, 결합형이 있다.

① 진위형

진위형(true-false item)은 진술문을 제시한 다음 그것의 진위, 정오 또는 긍정-부정에 대한 이분적인 판단을 기호나 부호로 대답하게 하는 방법이다. 추측을 통해 맞추는 경우가 발생하는 오차를 배제할 수 없고 고등정신능력을 측정하기에는 부적절하다.

〈예시 문항〉

□ 다음 문제를 읽고 내용이 맞으면 O, 틀리면 X로 표시하시오.

1. 규준지향평가는 개인의 점수를 규준집단 내에서의 상대적 위치에 비추어 해석하는 평가방식이다. ( )

진위형 문항의 제작 원리는 다음과 같다(성태제, 1996).

- 질문, 즉 진술문에 중요한 내용을 포함한다.
- 복합적 학습내용을 측정하기 위하여 기초석 자료에 근거한 문항을 작성한다.
- 일반화되지 않은 주장이나 이론의 옳고 그름을 묻지 않는다.
- 하나의 질문에 하나의 내용만 포함한다.
- 부정문을 쓰지 않는다. 이 중 부정은 더욱 삼간다.
- 교과서에 있는 똑같은 문장으로 질문하지 않는다.
- 가능한 간단명료하게 단문으로 질문한다.
- 답의 단서가 되는 부사어를 사용하지 않는다.
- T가 정답인 문항과 F가 정답인 문항의 비율이 한편으로 치우치지 않게 한다.
- 정답의 유형이 고정되지 않고 무선적이 되게 한다.

② 선다형

선다형(multiple-choice item)은 여러 개의 선택지(답지)를 제시해 놓고 조건에 맞는 선택지를 고르도록 구성되어 있다. 최근에는 선택지를 단순한 기억회상이 아닌 고등정신능력을 측정하는 수준으로 높이고 갯수도 5개까지 늘여 추측을 통한 정답률을 낮추고 있다.

〈예시 문항〉

□ 다음 문제를 읽고 가장 적합한 것을 고르시오.

1. 효율적인 교육과정을 위하여 교육현상에 대한 가치를 판단하고 교육활동을 개선하는 활동은 무엇인가?

① 교육목표 수립 ② 교수-학습활동 ③ 교육평가 ④ 교수-학습 지도안 작성

선다형 문항의 제작 원리는 다음과 같다(성태제, 1996).

- 문항은 중요한 학습내용을 포함하여야 한다.
- 문항마다 질문의 내용이 하나의 사실을 묻도록 단순하게 구조화되어야 한다.
- 용어의 정의나 개념을 묻는 질문에서 용어를 질문하고 답지에 용어의 정의나 개념을 나열한다.
- 문항이나 답지를 간단하고 명확한 단어로 서술한다.
- 문항의 질문 형태는 가능하면 긍정문이어야 한다.
- 문항의 질문 내용 중 다음 암시하는 내용은 포함하지 않아야 한다.
- 그럴 듯하고 매력적인 틀린 답지를 만들어야 한다.
- 답지들 중 정답이 두 개 이상일 경우 최선의 답을 선택하도록 환기시켜야 한다.

- 피험자가 옳은 답지를 선택하거나 틀린 답지를 제거시할 수 있는 단서를 제공하지 말아야 한다.
- 답지만을 분석하여 문항의 답을 맞히게 하지 말아야 한다.
- 가능하면 답지를 짧게 하는 것이 바람직하다.
- 문항의 답지들의 내용이 상호 독립적이어야 한다.
- 각 답지에 똑같은 단어들을 반복하지 않는다.
- 답지들의 형태를 유사하게 하여야 한다.

③ 배합형

배합형(matching item)은 문제군과 선택지군에서 조건에 맞는 것을 서로 연결하도록 구성되어 있다. 문제군과 선택지군의 수가 같은 것을 완전배합형이라 하고 문제군보다 선택지군의 수가 더 많은 것을 불완전 배합형이라 한다.

〈예시 문항〉

□ 아래에 든 인명에 관하여 (A)에는 업적이나 관계사실을 고르고, (B)에는 국적을 골라라.

A	B		업적 · 관계사실	국 적
( )	( )	가. 뢴트겐	1. X광선	1. 오스트리아
( )	( )	나. 멘 델	2. 원자폭탄	2. 영국
( )	( )	다. 퀴리부인	3. 결핵균	3. 프랑스
( )	( )	라. 뉴 턴	4. 우성인자	4. 독일
( )	( )	마. 에디슨	5. 중력	5. 미국
			6. 축음기	6. 소련

배합형 문항의 제작 원리는 다음과 같다(성태제, 1996).

- 문제군과 답지군에 각각 동질성이 유지되어야 한다.

- 답지군의 답지수는 문제군의 문제수보다 많아야 한다.
- 문제군의 문제들은 왼쪽에, 답지군의 답지들은 오른쪽에 배열하고 번호를 각기 달리한다.
- 문제군의 문제들과 답지군의 답지들을 배열할 때 각각 문자 순이나 연대 순으로 한다.
- 문제군과 답지군을 같은 페이지에 인쇄한다.
- 문제군의 문제수가 10개 이상이 되지 않도록 한다.
- 문제와 답지들은 가능한 한 짧아야 한다.
- 지시문이 명확하여야 한다(김청자, 2004).

(2) 서답형 문항

서답형 문항(supply-type item)은 문장의 앞부분만 제시해 놓고 답을 스스로 생각해서 쓰도록 하는 형식이다.

선택형 문항에 비해 서답형 문항은 고차적인 학습 성과를 측정할 수 있고 추측으로 정답을 찾을 확률을 최소화할 수 있으나, 채점이 어렵고 객관도가 낮다. 서답형 문항에는 단답형, 완성형, 논술형이 있다.

① 완성형

완성형(completion item)은 문장의 중요한 일부분을 비워 놓고 빈 자리에 단어, 구, 숫자, 기호 등을 써 넣어 불완전한 문장을 완성하도록 구성되어 있다.

〈예시 문항〉

□ 아래 문제의 비어 있는 곳에 들어갈 말을 써 넣으시오.

1. ( )은(는) 강원도의 도청소재지이다.

완성형 문항의 제작 원리는 다음과 같다(성태제, 1996).

- 중요한 내용을 여백으로 한다.
- 정답이 가능한 단어나 기호로 응답되도록 질문한다.
- 교과서에 있는 문장을 그대로 사용하지 않는다.
- 질문의 여백 뒤의 조사가 정답을 암시하지 않아야 한다.
- 여백은 질문의 후미에 두는 것이 바람직하다.
- 여백에 들어갈 모든 정답을 열거한다.
- 채점시 여백 하나를 채점 단위로 한다(김청자, 2004).

② 단답형

단답형(short answer item)은 간단한 개념, 용어, 법칙, 공식 등의 지식의 재생을 검사하는 것으로 가장 오랫동안 사용되어 온 문항형식이다. 문제를 의문문이나 명령문으로 제시한 다음 단어, 숫자, 기호 등으로 답하는 형식이다.

〈예시 문항〉

□ 연극의 3요소는 무엇인가?

(   )

단답형 문항의 제작 원리는 다음과 같다(성태제, 1996).

- 가능한 한 간단한 형태의 응답이 되도록 질문한다.
- 직접화법에 의한 질문으로 한다.
- 교과서에 있는 구, 절의 형태와 같은 문장으로 질문하지 않는다.
- 채점하기 전에 정답이 될 수 있는 답들을 준비한다.
- 계산문제의 경우 정답이 되기 위하여 계산의 정확성 정도나 계산 절차의

수준을 명시하여야 한다.
- 정답이 수로 표기될 때 단위를 표기하여야 한다(김청자, 2004).

③ 논술형

논술형(essay item)은 문제 혹은 질문에 대해 짧게는 몇 개의 문장에서 길게는 여러 페이지에 걸쳐 논술식으로 답을 쓰는 형식이다.

〈예시 문항〉
□ 대원군의 쇄국정책을 다음 항목에 따라 논하라.
가. 쇄국정책을 채택하게 된 주된 이유
나. 쇄국정책의 내용

논술형 문항의 제작 원리는 다음과 같다(성태제, 1996).
- 복잡한 학습내용의 인지 여부는 물론 분석, 종합 등의 고등정신능력을 측정할 수 있어야 한다.
- 논술문항의 지시문을 '비교 분석하라', '이유를 설명하라', '견해를 논하라' 등으로 한다.
- 논쟁을 다루는 논술형 문항은 어느 한편의 견해를 지지하는 입장에서 논술을 지시하지 말고, 피험자의 견해를 밝히고 그의 견해를 논리적으로 전개할 수 있도록 유도하여야 한다.
- 질문의 요지가 분명하며 구조화되어야 한다.
- 제한된 논술문항인 경우 응답의 길이를 제한하는 것이 바람직하다.
- 논술문의 제한된 내용이나 지시문 등의 어휘수준이 피험자의 어휘능력보다 낮아야 한다.

- 여러 논술형 문항 중 선택하여 응답하는 것을 지양하라.
- 문항의 개수를 여러 개로 하여 질문의 내용이 제대로 전달되도록 한다.
- 문항을 배열할 때, 쉬운 문항에서 어려운 문항으로 배열한다.
- 각 문항에 응답할 수 있도록 적절한 응답시간을 배열한다.
- 문항 점수를 제시한다.
- 채점 기준을 마련한다(김청자, 2004).

2) 수행평가

수행평가(performance assessment)는 실제로 학습하는 과정이나 학습결과를 직접 보고 판단하는 평가를 말한다. 즉 수행평가는 학습자가 단순히 답을 선택하는 것이 아니라 학습자 스스로가 답을 구성하거나 작품을 만들거나 어떤 활동을 통해서 자신의 능력과 기능을 직접 입증하도록 하는 평가방식이다. 이런 점 때문에 수행평가를 대안평가, 참평가라고도 한다.

수행평가의 주요 특징은 다음과 같다.

- 통합하여 유의미학습을 촉진한다. 전통적인 평가에서는 수업과 평가가 단절되어 있다.
- 자유반응형 과제(open-ended task)를 사용하여 반응을 구성하거나 활동을 수행하도록 요구한다. 그러나 자유롭고 창의성이 있는 활동에 적합한 평가기준과 학습범위가 모호해지지 않도록 평가자는 전문적 소양을 갖추어야 한다.
- 종합력, 추리력, 문제해결능력, 메타인지능력 등과 같은 고차적인 정신능력을 측정한다. 사전에 평가목표를 명확하게 세워 이러한 능력이 제대로 평가되고 있는지 검증할 수 있도록 해야 한다.
- 학습의 성과는 물론 학습의 과정도 평가한다. 학습과정에 얼마나 성실하게 임했는지 얼마나 인내하며 노력했는지도 중요한 평가항목이 된다. 또

개인에 대한 평가는 물론 집단에 대한 평가도 중시한다.

- 평가과제를 수행하는 데 상당한 시간이 필요하다. 따라서 이에 대한 시간과 비용을 사전에 책정해야 한다.
- 교육목표의 달성도를 실제상황에서 확인한다. 학생 개개인의 성취과정이나 결과를 일일이 현장에서 평가받을 수 있는 장점이 있으나 우리나라 교육여건상 많은 학생들을 동시에 평가하기는 쉽지 않다.
- 학생들에게 평가기준을 개발하고 평가과제를 선택할 수 있는 자율성을 부여한다. 학생들은 많은 학과목과 과중한 과제량 때문에 수행평가 기준을 교과목의 성격에 맞게 객관적으로 선택하기 어려울 것이다.
- 채점은 평가자의 관찰과 판단을 통해 이루어진다. 수행평가가 신뢰롭게 이루어지려면 평가자의 객관성을 확보하는 것이 가장 중요한 과제라 할 수 있다.

수행평가의 방법에는 관찰, 면접, 실기평가, 연구보고서, 실험실습, 포트폴리오 등이 있다. 이 방법들의 특징은 다음과 같다(권대훈, 2010).

(1) 관찰

관찰(observation)은 관찰자가 행동이나 작품 등을 직접 보고 자료를 수집하는 방법이다. 관찰법은 정의적 특성이나 신체적 특성에 관한 자료를 수집하는 방법으로 매우 유용하다. 그러나 관찰과정에 시간과 노력이 많이 소요되고, 관찰자의 주관이 개입되어 관찰결과가 왜곡될 수 있으며, 피관찰자가 평가받고 있다는 사실을 의식할 때 반응을 숨기거나 왜곡할 소지가 있다는 단점이 있다.

관찰은 어떤 기준을 사용하는가에 따라 자료를 수집하고 목적에 맞게 적절한 관찰형태를 선택해야 한다. 관찰결과를 기록하는 도구로는 체크리스트와

평정척도가 흔히 사용된다. 체크리스트는 관찰하고자 하는 행동이나 특성 목록을 작성하여 표시하도록 하는 방법이다. 평정척도는 관찰하려고 하는 동작과 특성의 정도와 수준을 평가할 수 있는 방법이다.

(2) 면접

면접(interview)은 면접자와 피면접자의 대화를 통해서 자료와 정보를 수집하는 방법이다. 면접은 심층적이고 다양한 정보를 수집할 수 있고, 연령이나 언어능력에 관계없이 사용하기 적합하다. 그러나 면접과정에서 시간과 노력이 많이 소요되고, 면접자가 피면접자에게 영향을 미칠 수 있고, 면접결과의 신뢰도가 전반적으로 낮다는 단점이 있다.

(3) 포트폴리오

포트폴리오란 자신이 만든 작품을 지속적이면서도 체계적으로 모아둔 개인별 작품집 혹은 서류철을 이용한 평가방법이다. 예를 들면, 미술대학 지망생이 화가에게 지속적으로 지도를 받으면서 자신의 작품을 그린 순서대로 차곡차곡 모아 자신의 발전과정을 스스로 파악하고, 다른 사람들에게도 쉽게 평가받을 수 있게 하는 것이다. 사진이나 시, 소설 등도 작품집을 이용하여 평가할 수 있다. 이 방법은 학생 자신의 장점, 약점, 성실성, 잠재 가능성 등을 인식할 수 있게 해 주며, 과거와 현재, 미래의 발전방향에 대한 조언을 해 줄 수 있다. 또한, 단편적이고 일회적인 평가에 그치지 않고, 종합적인 평가를 지속적으로 해 줄 수 있다는 장점이 있다.

(4) 실기시험

수행평가에서의 실기시험이란 기존에 이루어졌던 실기시험과는 다르게 평가가 이루어지는 상황이 통제되는 경우가 아니라 실제로 활동하는 것을 여러 번 관찰하여 실제 수행능력을 평가하는 것이다. 자연스러운 상황에서의 실기시험은 음악, 미술, 체육 분야에서 많이 이용되고 있다.

(5) 연구보고서

이 방법은 여러 가지 주제 중에서 학생의 능력이나 흥미에 적합한 주제를 선택하여 자기 나름대로 자료를 수집하고 분석, 종합하여 연구보고서를 작성, 제출하는 것이다. 담당 교사는 연구 진행 상황을 주기적으로 확인, 평가하고 필요에 따라 적절한 지도를 해야 한다. 이러한 보고서 작성을 통해 학생들은 관심 있는 특정부분에 대하여 각종 정보를 수집하는 방법, 다양한 자료를 종합하고 분석하는 방법, 보고서 작성법 등을 익히게 된다.

(6) 실험실습

실험실습법은 자연 과학 분야에서 많이 사용되는 것을 학생들로 하여금 직접 실습하게 한 후 그 결과 보고서를 제출하게 하는 방법이다.

(7) 서술 및 논술시험

서술형 검사란 흔히 주관식 검사라고 하는 것으로 문제의 답을 선택하는 것이 아니라 학생들이 직접 서술하는 검사이다. 논술형 검사도 일종의 서술형의 검사이긴 하지만 자기 나름대로의 생각이나 주장을 창의적이고 논리적이면서도 설득력 있게 작성해야 하는 것이 다르다. 논술형 검사에서는 서술된 내용과 글을 조직하고 구성하는 능력을 동시에 평가하게 된다.

4. 교육평가 도구의 조건

교육현장에서 실시되는 성취도 검사는 학습자의 현재의 학습 정도 진단과 진로에 지대한 영향을 미치는 자료로 사용되기 때문에 평가도구의 적합성을 신중하게 고려해야 한다. 학습자의 학업성취도 평가를 위해서는 평가목적에 적합한 평가도구를 사용해야 한다. 일반적으로 양호한 평가도구는 타당도, 신뢰도, 객관도를 갖추어야 한다.

1) 타당도

타당도(validity)는 평가도구가 측정하고자 하는 것을 얼마나 충실하게 측정하고 있는가를 말한다. 이것은 평가도구가 문항이 제작될 당시에 의도했던 목적을 어느 정도 충실하게 측정했느냐를 보는 것이다. 타당도 검증방법에는 내용타당도, 예언타당도, 구인타당도가 있다.

(1) 내용타당도

내용타당도(content validity)란 평가도구가 평가하려고 하는 내용을 얼마나 충실하게 측정하고 있는지를 분석하는 타당도이다. 내용타당도는 흔히 안면타당도, 교과타당도라고도 한다.

내용타당도의 준거는 교육목표이기 때문에 제시된 목표에 근거하여 분석하는 것이다. 즉, 목표에 대한 내용을 분석하여 논리적으로 사고하여 검사문항의 적합도를 판단하게 된다.

(2) 예언타당도

예언타당도(predictive validity)란 평가도구가 미래의 행동이나 특성을 예측하는 정도를 말한다. 예언타당도는 미래에 발현될 능력이 준거가 된다. 예언타당도를 알아보는 방법은 먼저 시행한 측정결과와 나중에 시행한 측정결과 간의 상관관계를 산출하는 것이다. 예를 들어 대학수학능력시험에서 높은 점수를 얻은 학생이 대학에서 더 높은 성적을 나타냈다면 대학수학능력시험을 높은 예언타당도를 갖추었다고 볼 수 있다.

(3) 공인타당도

공인타당도(concurrent validity)란 지금 사용하고자 하는 평가도구의 측정결과와 이미 타당도를 인정받은 평가도구와의 일치 정도를 말한다. 이 때의 준거는 이미 공인되어 비교가 되는 도구의 측정결과를 말하며, 예언타당도와는 달리 준거가 미래에 있는 것이 아니라 현재에 있다. 예를 들어 대학입학 논술시험 성적과 현재 작문 간의 상관관계를 산출하여 알아본다.

(4) 구인타당도

구인타당도(construct validity)란 조작적으로 정의된 심리적 특성의 구성요인을 설명하는지를 말한다. 구인타당도는 측정하고자 하는 구인을 조작적으로 정의하고 가설을 세워 경험적인 자료를 토대로 제대로 측정했는지를 검증하는 것이다. 구인이란 심리검사에 반영되어 측정되고 있다고 짐작되는 인간의 비가시적이며 가정적인 특성이다. 예를 들어 자아개념, 지능, 태도, 불안, 동기, 흥미 등이 대표적인 구인이다.

구인타당도는 준거 없이 타당도를 검증한다는 점에서 예언타당도나 공인타당도와는 다르다. 실제적인 측면에서 실용적인 면에 관심을 갖는 것이 아니라 이론적인 측면에서 무엇을 재고 있는지를 보는 것이다. 검사결과를 의미 있게 해석하기 위해서는 그 검사를 구성하고 있는 요인들을 밝혀 관찰과 추리와 상상의 과정을 거쳐 검증이 이루어진다. 구인타당도는 이론이 아직 정립되지 않은 새로운 개념에 과학적 이론과 타당성을 부여하는 과정이다.

2) 신뢰도

신뢰도(reliability)는 측정하고자 하는 것을 얼마나 오차 없이 정확하게 재고 있는지를 나타내는 것이다. 즉 같은 평가도구를 여러 번 측정하였을 때 얼마나 일관성 있는 결과가 나오느냐를 말한다. 예를 들어 어떤 사람의 신장을 반복 측정할 때 측정결과가 동일해야 이 척도는 신뢰도가 높은 것이다.

신뢰도를 검증하는 방법은 재검사 신뢰도, 동형검사 신뢰도, 반분신뢰도, 내적 일관성 신뢰도 등이 있다.

(1) 재검사 신뢰도

재검사 신뢰도(test-retest reliability)는 한 개의 평가도구를 동일한 피험자에게 두 번 실시하여 두 얻어진 결과의 상관계수를 산출하는 방법이다. 이것은 처음 실시했을 때의 점수와 두 번째 실시했을 때의 점수 사이에 어느 정도 안정성이 있느냐를 보는 관점이기 때문에 이 신뢰도 계수를 '안정성 계수'라고도 한다. 재검사 신뢰도 검증방법 중 가장 신뢰성 있는 방법이다. 그러나 실시간격은 얼마나 두는지에 따라 신뢰도에 차이를 보일 수 있으며, 한 번 실시했던 것을 재실시하므로 연습효과로 인해 신뢰도가 높아질 수 있다.

(2) 동형검사 신뢰도

동형검사 신뢰도(equivalent-form reliability)는 측정하려는 내용과 난이도는 같으나 문항의 형태가 서로 다른 검사를 같은 피험자에게 실시하여 두 점수 사이에 상관계수를 나타내는 것이다. 이 신뢰도 계수를 '동형 계수'라고 한다.

이 방법은 기억과 연습의 효과를 극소화하고 할 수 있으나 문항특성은 같으면서 문제는 다른 두 번의 검사를 제작하는 것이 쉽지 않다.

(3) 반분신뢰도

하나의 검사 도구를 반으로 나누고 나눈 두 부분을 독립된 검사로 생각하여 두 검사간의 상관계수를 나타내는 것이다. 이 두 검사간의 일치로 혹은 동질성 정도를 알아보므로 이 신뢰도를 '동질성 계수'라고 한다.

두 부분으로 나누는 방법은 전반부와 후반부를 나누는 전후반분법, 홀수문항과 짝수문항으로 나누는 기우반분법 등이 있다.

(4) 내적 일관성 신뢰도

내적 일관성 계수(coefficient of intenal consistency)는 한 검사에서 한 번의 실시 결과에서 얻은 결과로 신뢰도가 결정된다.

피험자의 문항 각각에 대한 반응의 일관성 혹은 합치성의 정도를 알아보는 것이다. 이 방법을 한 문항 한 문항을 각각 한 개의 검사로 생각하여 모든 문항간의 상관관계를 알아보는 것이다. 내적 일관성 신뢰란 문항 내적 합치도라고 하며 Kuder와 Richardson이 개발하였기 때문에 그 이름을 따서 쿠더-리처드슨(K-R) 방법이라고도 한다.

3) 객관도

객관도(objectivity)는 채점자의 채점에 대한 일관성 정도를 말한다. 시험의 채점을 누가, 언제하든 동일한 점수를 얻어야 검사의 객관성을 확보할 수 있다. 한 가지 검사결과에 대해 여러 명의 채점자의 평가가 일치하는 정도를 '평가자간 객관도'라 하며, 시간적 간격이나 상황의 차이에 관계없이 한 사람의 평가자가 나타내는 일관성을 '평가자 내 객관도'라고 한다. 검사의 객관도를 높이기 위해서는 평가자가 평가에 대해 명확한 평가기준이 있어야 한다. 평가자의 감정이나 편견, 추측, 착오 등의 주관적 요인을 최소화해야 한다. 또한 평가자는 평가방법에 대한 전문성을 가지고 있어야 한다. 평가목표가 무엇인지 분명히 인식하여 그에 적합한 측정방법 및 기술 등을 투입해야 한다. 마지막으로 평가도구를 객관화시켜야 한다. 객관식 검사뿐 아니라 논술형 검사에서도 채점의 객관도를 높일 수 있는 방법을 간구해야 한다.

참고 문헌

강명희(2013). 새로운 교육심리학. 서울: 태영출판사.
강신장(2010). 오리진이 되라. 서울: (주)쌤앤파커스.
곽윤정(2004). 정서지능 교육프로그램 모형계발연구. 서울대학교 박사학위논문.
권대훈(2010). 교육심리학의 이론과 실제. 서울: 학지사.
권순달 외(2002). 교육심리학. 파주: 양서원.
구광현 외(2011). 교육심리학. 서울: 동문사.
김계현(1997). 상담심리학. 서울: 학지사.
김동일 외(2011). 학습상담. 서울: 학지사.
김애령(2013). 은유의 도서관. 서울: 그린비출판사.
김언주 외(1999). 신교육심리학. 서울: 문음사.
김영채(1999). 창의적 문제해결, 경기: 교육과학사.
김제한 외(2013). 교육심리학. 파주: 양서원.
김준권 외(2012). 실기교육방법론. 파주: 양서원.
김지영 외(2012). 유아교육개론. 서울: 도서출판 신정.
김청자 외(2004). 교육심리학. 서울: 동문사.
김청자(2011). 교육심리학의 이해. 서울: 동문사.
김태은, 김용래(2005). 교육심리학. 서울: 형설출판사.

김태호 외(2011). 교육심리학. 서울: 태영출판사.
김형태(2001). 집단상담의 이론과 실제. 서울: 동문사.
김희수(2010). 교육심리학. 서울: 도서출판 신정.
김희수(2010). 교육심리학. 서울: 신정출판사.
문용린(1997). 지능과 교육. 서울: 학지사.
문은식 외(2011). 교육심리학. 경기: 공동체.
박도순 외(2007). 교육과정과 교육평가. 서울: 문음사.
박선영(2007). 실기교육방법론. 경기: 교육과학사.
박선영 외(2010). 교육학개론. 서울: 원미사.
박선영 외(1998). 교육심리학. 경기: 교육과학사.
박영진, 장성화(2012). 최신교육학의 이해. 서울: 동문사.
성태제(1996). 문항제작 및 분석의 이론과 실제. 서울: 학지사.
손충기(2011). 교육과정. 서울: 태영출판사.
송명자(1995). 발달심리학. 서울: 학지사.
송명자(1995). 발달심리학. 서울: 학지사.
송인섭 이(2013). 교육심리학. 파주: 양서원.
송인섭(2000). 교육심리학. 파주: 양서원.
송인섭(2012). 현장적용을 위한 자기주도 학습. 서울: 학지사.
신재한, 송휘석(2013). 자기주도적 학습전략. 경기: 교육과학사.
신명희 외(2004). 교육심리학의 이해. 서울: 학지사.
심우엽(2006). 교육심리학. 경기: 교육과학사.
안영진(2012.). 교육학개론. 서울: 창지사.
오만록(2004). 교육심리학. 경기: 교육과학사.
위영희 외(2012). 영유아교수법. 서울: 창지사.
이경숙(2012). 생활지도와 상담. 서울: 동문사.
이경화 외(2010). 교육심리학. 경기: 교육과학사.
이성진 외(2009). 교육심리학 서설. 경기: 교육과학사.
이숙(2005). 아동상담. 파주: 양서원.
이옥형 외(2012). 교육심리학. 성신여대출판부.
이장호, 김환(2005). 상담면접의 기초. 서울: 학지사.
이지연 외(2011). 교사를 위한 교육심리학. 파주: 양서원.
이진경(2013). 철학의 외부. 서울: 그린비출판사.
이태연(2012). 심리학의 이해. 서울: 도서출판 신정.
이해경 외(2004). 교육심리학. 파주: 양서원
임규혁(2004). 교육심리하. 서울: 학지사.

임규혁(1996). 교육심리학. 서울: 학지사.
임규혁(1996). 인간발달연구의 최근발전 동향과 적용. 교육심리연구. 10, 67-85.
임승권(1993). 교육의 심리학적 이해. 서울: 학지사.
임승권(1993). 교육의 심리학적 이해. 서울: 학지사.
임정훈, 한기순, 이지연(2009). 교육심리학. 파주: 양서원.
임창재(2005). 교육심리학. 서울: 학지사.
장선철 외(2010). 교육심리학. 서울: 태영출판사.
전경원(2010). 창의력측정. 서울: 창지사.
정범모(1968). 교육과 교육학. 서울: 배영사.
정황순(2013). 교육심리학. 서울: 태영출판사.
조희숙 외(1994), 아동발달심리. 서울: 학지사.
진동선(2013). 사진예술의 풍경들. 서울: (주)중앙북스.
하주현(2006). 눈이 번쩍 띄는 창의력. 서울: 시그마프레스.
한국교원연수원(2011). 명교사 교수법. 서울: 한국교원연수원.
한상철, 조아미, 박성희(2004). 청소년심리학. 파주: 양서원.
한준상(1995). 학교스트레스. 연세대학교출판부.
허창범(2012). 교육심리학. 서울: 태영출판사.
홍기철(2012). 교육방법 및 교육공학. 경기: 공동체.
홍성훈(2009). 다중지능 혁명: 내 아이의 성공적인 미래설계. 서울: 랜덤하우스 코리아.

Atkinson, J.(1964). An introduction to motivation. Princeton. NJ: Von Nostrand.
Atkinson, J.(1983). Presonality, motivation and action. New York: Pareger.
Brophy(1998). Understanding measuring and enhancing individual creative problem solving efforts. Creativity Research Journal, 11, 123-150.
Bruner, J. S.(1960). The Act of Discovery. Harvard Educational Review.
_______(1966). Toward a Theory of Instruction. Cambridge, Mass: Harvard University Press.
Carroll, J. B.(1963), A Model of School Learning. Teachers College Records, 723-733.
Csikszentmihaly, M.(1996). Creativity. N.Y.: Harper Collins Publishers.
Dweck & Repucci(1973). The role of expectations and attribution in the alleviation of learned helpessness. Journal of Personality and Social Psychology, 31, 674-685.
Eggen, P. D., & Klauchak, D.(1992). Educational Psychology: Classroom Connections, Macmillan Publishing Company.
Elena Bodrova & Deborah J. Leong(1996). 정신의 도구: 비고츠키 유아교육. 김억환, 박은혜

옮김(1998). 이화여자대학교 출판부.
Gilligan, C.(1982). In a difference voice: psychological theory and women's development. Mass: Harvard University Press.
Goleman, D.(1995). Emotional Intelligence. N.Y.: Bantam Books.
Havighurst, R. J.(1952). Developmental Tasks and Education. N.Y. : David
Holstein, C.(1976). Irreversible, stepwise sequence in the development of moral judgment : A longitudinal study of males and females. Children Development. 47, 51-61.
Jensen, A. R.(1969), How much can we boost I.Q. and scholastic achievement? Harvard Educational Review, 29. 1-123.
Joyce, B. & Weil, M.(1980). Model of Teaching. (2nd ed.). N.J.: Prentice Hall.
Kohlberg, L.(1984). The Psycology of moral development; The nature and validity of moral stages (V. 2). N.Y. : Harper & Row.
Nisan, M., & Kohlberg, L.(1982). Universality and variation in moral judgment : A longitudinal and cross-sectional study in Turkey. Child Development. 53, 865-876.
Regeluth, C. M.(1987). Lesson Blueprints Based on the Elaboration Theory of Instruction. In Reighluth, C. M.(ed.). Instructional Design Theories of Instruction,. In Reigeluth, C. M.(ed.). Instructional Design Theories and Models, Hillsdale, N.J.: LEA.
Richey, R. S.(1986). The Theoretical Conceptual Bases of Instructional Design. London: Kogan Page Ltd.
Saylor, J. G., Alexander, W. M., & Lewis, A. J.(1981). Planning for Better Teaching and Learning(4th ed.). N.Y.: Hold & Rinehart.
Shaffer, D. R.(1994). Becoming an Individual : Development of the Self, Social & Personality Development(3rd). Brooks/Colo.
Stipek(1996). Motivation and instruction. In D. C. Berliner, & R. C. Calfee(Eds.). Handbook of educational psychology (pp. 85-113). New York: Macmillan.
Woolfolk(1998). Educational psychology(5thed.). Boston: Allyn & Bacon.

저자 소개

김준권

공주대학교 사범대학 교육학과 교육학사
충남대학교 교육대학원 교육학과 교육심리학 전공 교육학석사
원광대학교 대학원 교육학과 교육심리학 전공 교육학박사
현, 신성대학교 유아교육과 교수

주요저서 및 논문

새로운 교육학개론(공저)
교육방법 및 교육공학(공저)
실기교육방법론(공저)
교육철학 및 교육사(공저) 외 다수

박선영

강원대학교 사범대학 교육학과 교육학사
이화여자대학교 대학원 교육심리학과 문학석사
강원대학교 대학원 교육학과 교육학박사
현, 강릉영동대학교 유아교육과 교수

주요저서 및 논문

교육학개론(공저)
교육심리학(공저)
실기교육방법론(공저)
교육봉사(공저) 외 다수

이현주

성신여자대학교 대학원 교육학과 교육학박사
현, 춘천교육대학교, 칼빈대학교 강사

주요저서 및 논문

실기교육방법론(공저)
교육심리학(공저)
학습심리학의 이해

새로운 교육심리학

초판발행 2014년 2월 15일
3판발행 2016년 2월 25일

저 자 김준권 · 박선영 · 이현주
발행인 김현태
발행처 태영출판사

주 소 (08301) 서울 구로구 구로동 104-10 동남오피스텔 201호
전 화 02 · 839-3757, 839-3752
팩 스 02 · 837-3754
등 록 2005년 5월 30일 제12-421호
http://www.taeyeongbook.co.kr
E-mail tys2005@hanmail.net
ISBN 978-89-6302-138-6 93370
정 가 16,000원

2016. 2.

* 잘못 만들어진 책은 교환해 드립니다.